东北方言艺术研究

佟淑玲 ◎ 著

吉林出版集团股份有限公司

图书在版编目（CIP）数据

东北方言艺术研究 / 佟淑玲著. — 长春： 吉林出版集团股份有限公司, 2023.10
ISBN 978-7-5731-4416-4

Ⅰ. ①东… Ⅱ. ①佟… Ⅲ. ①北方方言－方言研究－东北地区 Ⅳ. ①H172.1

中国国家版本馆CIP数据核字（2023）第 208246 号

东北方言艺术研究

DONGBEI FANGYAN YISHU YANJIU

著　　者	佟淑玲
责任编辑	滕　林
封面设计	林　吉
开　　本	787mm×1092mm　　1/16
字　　数	220 千
印　　张	14.5
版　　次	2023 年 10 月第 1 版
印　　次	2023 年 10 月第 1 次印刷
出版发行	吉林出版集团股份有限公司
电　　话	总编办：010-63109269
	发行部：010-63109269
印　　刷	廊坊市广阳区九洲印刷厂

ISBN 978-7-5731-4416-4　　　　　　　　　　　　定价：78.00 元

版权所有　　侵权必究

前　言

　　东北方言惯用语是汉语语汇的重要组成部分，它来自东北人民日常的生产生活的经验总结，具有表意双层性、结构相对固定、口语色彩浓厚的特点，它忠实地反映出语言、文化、思维三者间的相互关系，是研究东北地域文化及东北人思维重要的语言资料。国家大力推广普通话，使东北方言受到一定冲击，同时也不可避免地削弱了东北方言惯用语在日常交际中的地位和作用。目前，有关东北方言惯用语的研究涉及甚少，仅停留在总体的介绍描写，尚未深入挖掘其自身更为丰富的内涵。

　　为此，本书以东北方言为研究对象，采用田野调查的方法对东北地区惯用语进行实地搜集、归纳、整理，同时结合跨文化交际与语言教学领域的热门理论文化认知，着重揭示东北人的认知心理及独具地域特色的东北文化内涵。本书运用现代语用学的基本理论和研究方法对东北方言进行了较为全面的审视和研究。在具体研究过程中，运用语用学的基本理论尤其是言语行为理论对东北方言进行了比较细致的梳理和分析。

佟淑玲
2023 年 3 月

目 录

第一章　绪论 …………………………………………………… 1
　　第一节　新中国成立后东北方言研究综述……………………… 1
　　第二节　东北方言话语模式的研究意义、研究方法及理论依据……… 11
　　第三节　理论依据及研究特色…………………………………… 14

第二章　东北方言概说 ……………………………………… 17
　　第一节　东北"十怪"与东北方言……………………………… 17
　　第二节　东北方言在汉语中的地位……………………………… 21
　　第三节　东北方言的历史流变…………………………………… 22
　　第四节　东北方言的文化底蕴…………………………………… 29

第三章　东北方言本体概貌 ………………………………… 32
　　第一节　东北方言语音…………………………………………… 32
　　第二节　东北方言词汇…………………………………………… 35
　　第三节　东北方言语法…………………………………………… 56

第四章　东北方言的应用及其价值 ………………………… 77
　　第一节　东北方言的应用范围…………………………………… 77
　　第二节　东北方言的使用价值…………………………………… 91
　　第三节　东北方言拾趣…………………………………………… 100

第五章　东北方言言语行为理论的研究 …………………… 105
　　第一节　言语行为理论的学术意义……………………………… 105

第二节　言语行为类型与言语形式的关系……………………109
　　第三节　言语行为理论的方言研究视角……………………115

第六章　东北方言源流及其语言艺术魅力……………………129
　　第一节　东北方言概述………………………………………129
　　第二节　东北方言的根基与血脉……………………………132
　　第三节　东北方言语言的特征、特色………………………141

第七章　东北方言会话含义与语言的形式结构………………158
　　第一节　语言的抽象意义……………………………………158
　　第二节　关于"语境"的讨论…………………………………165
　　第三节　语境意义……………………………………………168
　　第四节　潜在语义……………………………………………179

第八章　东北民歌方言艺术……………………………………183
　　第一节　东北方言历史发展…………………………………183
　　第二节　东北民歌方言艺术概述……………………………184

第九章　东北方言的文化艺术价值及发展……………………185
　　第一节　热力不减的东北方言艺术…………………………185
　　第二节　东北方言文化艺术价值体现………………………188
　　第三节　东北方言与民间艺术………………………………197
　　第四节　东北方言在当代的发展与演变……………………207

第十章　东北方言认知心理透视………………………………213

参考文献…………………………………………………………225

第一章 绪论

第一节 新中国成立后东北方言研究综述

一、引论

　　方言学的建立和发展是以田野调查为基础的。新中国成立后的方言研究就是以20世纪50年代方言"普查"为契机而大力发展起来的。在此期间，国务院发出指示，新闻媒体积极配合、大力宣传，各省市也相继发挥推广普通话工作委员会的职能，各地中文专业的教师、学生行动起来，投入推广普通话的工作中，这样就掀起了汉语方言研究史上的一次浪潮。在对各方言的普查过程中，整理并使用了《方言调查字表》《汉语方言调查简表》《方言词汇调查手册》《方言调查方法》《国际音标用法说明》等，可以说，在方言调查理论、技术和方法方面积累了宝贵的经验，为进一步对方言进行分析、整理和深入探讨汇集了大量翔实的素材。这次方言调查基本上摸清了各地方言的语音情况，了解了各地方言与普通话的差异，整理出对应关系，初步完成了汉语方言的分区，有力地推动了汉语方言的研究。到目前为止，汉语方言研究在语音、词汇、语法等方面都取得了丰硕的成果，而且已经把方言的研究与文化、民俗、社会联系起来。尤其是吴语、粤语、闽语、晋语的研究比较深入，而和普通话比较接近的北方方言中的一支东北方言的研究，从起步、开展研究到现在，也有了一定的进展。

二、东北方言研究概况

　　东北方言研究按时期可以分为三个阶段，即中华人民共和国成立后到70年代末期的起步阶段、80年代的初级阶段、90年代至今的提升阶段。

（一）起步阶段

东北方言作为普通话基础方言北方方言的一个分支，在20世纪50年代国家进行的方言"普查"中初步完成了语音方面的考察，基本确立了东北三省方言语音系统，弄清了其语音特点，这一点可以参见《通化音系》《辽宁语音说略》和《吉林人学习普通话手册》等语音方面的成果，出版了最早的东北方言词典《常用东北方言词浅释》，所收词语以吉林方言为主。

（二）初级阶段

对于东北方言研究呈现出欣欣向荣的局面，体现为研究范围有所拓展、方法多样、内容深入的特点。

首先，继续关注方言的分区。李荣（1985）采用中古入声调在官话方言中的分派这套音韵标准从整体上将官话方言统一划分为北京、东北、冀鲁、胶辽、江淮、中原、兰银、西南等8个次方言。

孙维张、路野、李丽君（1986）依据古影疑两母开口一二等字今声母的不同，把吉林方言分为东西两个区[1]。郭正彦（1986）根据黑龙江省语音内部的声母、韵母、声调以及词汇的具体差异，分东西两个方言区；站道两侧呈带状分布的站话和虎林、二屯、太平屯等三个方言岛跟东西两区的方言有差别，单列方言岛讨论。[2] 贺巍（1986）依据古影疑两母开口一二等字今声母的不同，把东北官话分为吉沈、哈阜、黑松三个片。以上分区的标准体现出入声的分派可以用作划分官话次方言的标准，方言内部语音、词汇甚至语法的差异可以用作各次方言进一步分区的标准，事实证明了这样的分区标准理念科学、合理，经得起历史检验。同时，几篇论文都列举了北京官话不说的东北方言词。[3] 孙维张、路野、李丽君（1986）确定了20个词条，称其在吉林省或整个东北地区通行[4]；郭正彦（1986）摘录此

---

[1] 孙维张,路野,李丽君.吉林方言分区略说[J].方言,1986(1)：39-45.
[2] 郭正彦.近音易混词语辨析[M].北京：语文出版社,1986.
[3] 贺巍.洛阳方言研究[M].北京：社会科学文献出版社,1993.
[4] 孙维张,路野,李丽君.吉林方言分区略说[J].方言,1986(1)：39-45.

20个词条作为黑龙江方言的基本词汇①;贺巍(1986)在此20词条基础上增至30条作为东北方言的基本词汇,这些词条在今天看来对东北方言特色词研究有一定的参考价值。②

《中国语言地图集》对东北官话的分区分片,标准简单明了,对各区片基本特征的概括也符合事实。

其次,全面关注东北方言的语音、词汇和语法研究。张发明(1986)举出东北方言与北京官话可以通过变调来别词性(9个)、别词义(2个)的例子,如光,做名词、动词、形容词时读阴平,做副词时读上声。刘永发(1982)、马思周(1984)、刘明刚(1985)分别收集了黑龙江、吉林、辽宁的方言词汇、土语,并释义,这些研究工作表明东北方言词汇研究有了一定的加强。王立和(1982)、常纯民(1983)、刘新友(1984)、孙也平(1988)等分别就东北方言中的特色动词、程度副词、形容词和象声词等做了描述和阐释,康瑞琮(1987)对东北方言中的反复问句也做了系统的论述。总起来看,这时期的研究无论数量上、广度上都还不算丰富,关注点集中在面上的描写,显得比较单薄,缺乏细致深入的充分描写与分析归纳,但为语言资源的开发提供了资料,为后面的语音、词汇和语法研究的进一步开展奠定了基础。

20世纪80年代末90年代初期词汇研究成果颇丰,这时相继出版了五本方言词(辞)典,一本是许皓光、张大鸣编写的《简明东北方言词典》,作者为辽宁人,可以认为该词典以辽宁方言为主;一本是马思周、姜光辉编写的《东北方言词典》,收集了流行于东北三省的方言词语,以黑龙江、吉林为主,辽宁次之,该词典语料一部分是从具有东北地方情趣的杂志、故事本、戏曲集和小说(共200余种)中摘录出来的,一部分直接取之于口头言谈,收词量为7500条,词量不算大,但作为比较有代表性的东北方言词典至今仍发挥着作用,2005年再版;还有刘小南、姜文振编写的《黑龙江方言词典》;王博、王长元编写的《关东方言词汇》,侧重于吉林方言;李治亭编写的《关东文化大辞典》,以辽宁词汇为主,收有东北方言词近千条。应该说这几部词(辞)典除了其中有一小部分信息

---

① 郭正彦.近音易混词语辨析[M].北京:语文出版社,1986.
② 贺巍.洛阳方言研究[M].北京:社会科学文献出版社,1993.

需要进一步商榷外，基本上准确反映了东北官话词汇的词源、理据、造词特征、结构特征、民俗风物、历史层次、方言本字等多方面的信息，为词汇的多角度后续研究奠定了良好的基础，也为东北官话的内外分区、分片的词汇标准等整体研究提供了一定的依据，只是这些方面的研究还需要充分展开。

（三）提升阶段

20 世纪 90 年代至今是东北方言研究比较深入的阶段，研究者们发表论文百篇以上，特别是近几年来的一些论著比较有深度和广度，能够把现代语言学的研究方法应用到具体的方言研究中。比如，能够进行细致的观察、充分的描写；能够采用共时描写和历时考察相结合的方法、静态描写与动态考察相结合的方法，运用比较和定量的方法、数量统计的方法，联系人文历史考察方言的方法，也体现出一定的类型学的眼光。

首先，这一阶段几本著作、辞书的出版，标志着东北方言的研究已经趋于成熟。尹世超编纂的《哈尔滨方言词典》是东北方言研究中唯一的一部记录某一城市方言的词典，收词量较大，约 11000 条，附有《哈尔滨方言音档》，另外，《哈尔滨市志·方言志》也收集了数百方言词条。对这几项成果，戴昭铭（1998）的评价很中肯，他说："尹世超教授殚精竭虑笔耕十余载的总计近 130 万字的系列方言著作不仅是对汉语方言学的贡献，它们填补了方言学领域某些方面的空白，而且也无疑是对哈尔滨市文化建设事业的一项重要贡献。"[①]2005 年，聂志平的专著《黑龙江方言词汇研究》出版，该书分十一章介绍他多年来研究黑龙江方言的成果。在"黑龙江方言与北京话"一章中，讨论了黑龙江方言的范围、分区和特点，并把主要精力放在与北京话相似度的研究上；通过谓词词缀、名词词缀、时间词、方位词、代词、介词、连词、助词、量词、儿化词语等 10 种比较封闭的词语类，对黑龙江方言和北京话进行了全面、细致的比较，得出了两种方言一致率为 95.24% 的结论，为林春先生关于北京话来源与形成原因的论述提供了词汇学上的证明。其中"黑龙江方言中的代词"和"黑龙江方言中的介词"两章，对黑龙江方言中两个封闭词类作了全面考察，描写细致，并有独到的发现，如提

---

① 戴昭铭. 汉语研究的新思维 [M]. 哈尔滨：黑龙江人民出版社，2000.

出黑龙江方言中有方位代词这一特殊的代词类别，并进而认为东北方言、北京话中也有方位代词这一词法范畴；结合对黑龙江方言以及北京官话系统方位词缀的考察，认为从北京官话的角度来看，方位词在现代汉语词类系统中应该独立成类。该书"《金瓶梅词话》中的黑龙江方言词语"一章中考证《金瓶梅词话》里有189个黑龙江方言词语，进而推论出《金瓶梅词话》所使用的语言是以北方通语为基础的明官话。可见，一部《黑龙江方言词汇研究》把一直以来停留在描写层面的东北方言研究上升为语法理论的思索和探求，并通过东北方言的词汇、熟语研究，在寻找解释力方面做了重要的尝试。专著《黑龙江站话研究》主要对黑龙江站话的形成演变和基本面貌与特点等进行了研究，是第一本全面系统翔实的站话抢救性著作。另外，马思周、姜光辉的《东北方言词典》在2005年由吉林文史出版社再版，增订中重新选录了一部分埋在语言深层的次方言词语，希望能对乡土文学的创作提供一些具有价值性、实用性的词语。

其次，本体研究逐渐向深度、广度扩展。

近10年来随着对汉语方言研究的深入，方法、视角的更新，视野的扩大，东北方言的研究也和其他方言研究一样，专题研究不断深入，往往通过对方言某一专题的充分描写，更多挖掘方言的特点，揭示方言内部差异，这部分的研究主要体现在近年的硕士和博士论文中。如《官话方言方位词比较研究》《东北方言动词重叠研究》《黑龙江方言附加式形容词研究》等。

研究题材呈现多样化，从以往方言研究偏重语音、词汇研究转向侧重语法研究，加大了研究的力度。具体表现在继续关注东北方言分区。如张志敏（2005）"依据1987年《中国语言地图集》中东北官话的主要特征以及分片和小片的标准，结合最近二十年来东北官话的研究成果和笔者调查的资料，同时考虑其他某些历史地理因素，对东北官话区的范围应该做适当调整"。聂志平（2005）在讨论分区标准问题时有这样的思考："贺巍先生以古影疑两母开口一二等字的今读来划分东北官话的大区，是一种很高明的做法，这个标准对于东北官话乃至北京官话都具有普遍性，但在具体县市分区的归属上要贯彻下去，使用统一标准。"[①]语

---

① 聂志平.黑龙江方言词汇研究[M].长春：吉林人民出版社，2005.

音研究涉及语流音变系统的阐释，在谈词汇合音、语音脱落现象时，姜文振（1997，2002）列举的"他因为啥不来？"与"气得慌、连累"基本展示出黑龙江方言语流音变的具体状况。词汇研究方面，聂志平本着古方普的比较研究的理念，以林燕的观点为立论基础，认为东北方言是北京官话的一部分，通过比较的方法判定《金瓶梅词话》中有189个近似东北方言的词语，为"《金瓶梅词话》中含有北京官话成分"的观点提供了充分的证据，从而试图从《金瓶梅词话》这部著作中寻找能够印证东北方言地位的有价值的结论。

　　李无未等（1998）以《醒世姻缘传》中出现的东北方言词为例，探求"吉林方言与昔日的山东方言"之间"神似"关系的意义，并"确立吉林方言词汇的复合性质，为揭示北方官话词汇系统内部联系提供可行性途径"[①]。图穆热（2000）寻找到《红楼梦》中多条活跃在东北官话中的方言词，旨在证明东北官话与北京官话之间的渊源关系，认为东北方言是清初的北京话。尹世超也描写了一批哈尔滨话和北京话同中有异的方言词语。这些文章已不停留于单点的平面化的简单描写，其中渗透了比较研究的方法，研究的主旨也较为高远。刘晓梅、李如龙运用特征词理论通过对从《现代汉语词典》中抽出的341条方言词的考察，视其在各官话区分布特点确定官话方言特征词等级，从而梳理不同方言区片或方言点之间的亲疏关系，无疑把词汇研究引向深入。语法方面，尹世超（1999，2004，2007）对东北官话的特殊句式、特殊词类的语法现象逐一挖掘，丰富了东北方言研究内容，为建立东北方言的特色语法体系的研究准备了重要的前期成果。

　　柯理思（1995）、王红梅（2005）涉及了东北方言的体貌范畴。陈立中（2004）就黑龙江省肇源县站话形容词的生动形式进行了细致描写和充分解释。同时，还把研究延伸到了文化、民俗、社会领域。解读了东北民风民俗的方言与文化研究，关注了东北方言小品、二人转、小说以及影视剧作等的语言风格、文化内涵研究，关注了满语、蒙古语、俄语、日语等在东北方言遗留的底层研究，关注了方言表达的形象性、生动性、夸张性的语言艺术特色研究。如陈伯霖（1994）、黄锡惠（1997）、曹莉萍（2005）、吴红波（2005）等人揭示了满语作为珍贵的满族历

---

① 李无未．中国历代宾礼 [M]．北京：北京图书馆出版社，1998.

史文化遗产，不仅保存了丰富的满族历史语言资料，还因为它已经深深地沉淀在东北方言及普通话中，形成了一种特殊的文化现象，是语言接触和文化接触的体现；苏春梅、胡明志（2007）通过对哈尔滨方言中的俄语借词的考察和分析，看到两种文化相互作用的历史和发展轨迹，为双方更进一步的交流提供了参考；孙冬虎（1998）、景体渭（2001）、王颖（2004）、王洪杰（2005）等人从文化的角度考察具有简洁生动、粗犷豪放、幽默诙谐等特点的东北方言与东北地区的地理位置、自然环境、经济基础、人文历史、文化背景、民族构成等有着密切的关系。至此，进一步扩充了东北方言研究的题材，把研究引向纵深。

最后，东北方言研究由面到点不断缩小调查范围，加强了方言的小片研究，为大点研究提供了可靠的依据。

既有以大片的省市级方言片为对象的研究，它们多以东北方言、吉林方言、辽宁方言、黑龙江方言或者哈尔滨方言为主标题，也有以许多乡镇小片方言点为对象的研究，如《试析梨树方言中的虚语素"家"》《吉林洮南方言的持续体范畴》等。

总之，这一时期的成果体现出研究范围较广、内容趋于精细缜密、角度多样的特点。

三、东北方言研究中的问题及思考

由于受东北话与北京话、普通话差异不大观念的影响，造成一直以来对东北方言的关注不够。和那些研究历史较长、基础较好、研究人员较多、成果相对丰富的方言相比，东北方言研究还有一定的差距。

（一）缺少领军性的专家、学者以及一个成熟乃至成型的研究梯队

长期以来，东北方言的研究一直处于个人的单打独斗局面，缺少统一的、大规模的、有组织性的、成片的方言调查行动，新手很难有田野调查的实战机会。一直坚持方言研究的人也非常少，在这个领域中比较见地的学者主要有吉林的孙维张、马思周、李无未等，黑龙江的尹世超、戴昭铭、聂志平等。

队伍建设问题直接影响到方言研究的成果。近几年来，东北三省许多高校语

言专业硕士、博士点的建立给方言的研究带来了契机，有许多研究生加入方言研究队伍中，这样不仅加强了专题、小片方言单点的研究，而且在理论上、方法上、深度上都会给东北方言研究的局面带来巨大的影响。方言研究需要从语言事实出发，全面而系统地进行方言调查，充分描写，合理解释，探索方言的共时结构系统、历史源流发展、分区归属以及现时使用情况等，展现其全貌。为了更好地完成这样艰巨的任务，必须继续壮大队伍，建设一支有专业思想、懂专业知识的主力军。

（二）研究成果和其他相对成熟的方言研究相比，还嫌不足，有待提高

纵观东北方言研究的成果，其中往往存在一些表达不准确、推论不合理的地方。有的属于常识性的问题，有的属于知识性的问题，有的属于系统理论的运用归纳问题。这些问题很值得深入思考，也值得后来研究者借鉴。

1. 方言字的使用规范问题

如《谈东北方言中的及物动词 gao》一文，标题中直接使用汉语拼音，和文字放在一起，显得很不协调。文中有这样两处说明："ɡáo，国际音标为［kau］，阳平声，也有少数地方读作 ɡāo，为阴平声，本文为阐述方便，只取 ɡáo 一个音。虽然该字只有读音和意义，没有字形，遍查字典和辞书，也不见踪迹，但却顽强地生存于东北人民群众的口语之中。""ɡɑo 是一个及物动词，表示放置、添加和做、弄等意义，其具体的特征……笔者根据东北方言自身发展规律和 ɡɑo 在交际中的实际需要，并经过认真的思考和比较，觉得能够记录 ɡɑo 的文字符号，非'搞'莫属，让'搞'一字兼两音，既读上声，又读阳平，与汉字发展的总趋势并不矛盾。"① 这两处阐述存在的问题：①使用国际音标时，声、韵、调要标全，而这里的［kau˥］只有声、韵，没有标调，不完整，标调可以使用调号，也可以使用调值来表示，国际音标应标记为［kau˥］或者［kau35］。②术语使用不准确，"阳平声""阴平声"的正确表述应为"阳平""阴平"；"ɡɑo"的本字应该写作"搁［kau˥］"，"搁"字的方言读音与普通话读音不同，意义可通，详释见《哈尔滨方言词典》第 136 页。而作者把"ɡɑo"与意义毫无关系只是语音

---

① 周臣，黄文娟．谈东北方言中的及物动词 ɡáo[J]．齐齐哈尔大学学报（哲学社会科学版），2004(3)：69．

相同的"搞"字联系起来讨论，显然不妥。由于没有弄清楚所讨论的关键词的书写形式，得出的结论也不会可靠。这类问题在研究中具有一定的代表性，因此有必要谈一下它的规范问题。

针对方言字词的研究，一般的规范要求有方言字的写出本字，并标注其读音，特别是如果它所属方言的读音和它在普通话中的读音不同，一定要标注清楚它的方言读音；能够写出方言本字的直接写出本字；不能写出方言本字的应使用国际音标标注，而一般不使用汉语拼音代替。

2.有些结论论据不够充分，论证不够严谨，需要继续商榷

如《浅谈东北方言四字格的结构及修辞特点》中关于"四字格的结构类型"的讨论。认为"勾笠不舍"（《哈尔滨方言词典》作"勾嘎不拾"）属于"非联合型 2+2 支配式"。①实际上，因为否定词"不"的存在，这种格式决定了"勾笠不舍"或属于偏正或属于陈述，而此式属于"非联合型 2+（1+1）偏正式"比较恰当。认为"横踢马槽""随帮唱影"属于"非联合型 1+1+2 状中式"。实际上，"横踢马槽"应该属于"非联合型（1+1）+2 支配式"，而"广随帮唱影"应该属于"非联合型 2+2 偏正式"。这部分中值得商榷之处还有：一是"状中式"术语的使用问题，一般在分析词或固定词语（相当于词）时使用偏正式就可以了，不必再细分定中、状中，而在分析句法成分时要区分定中和状中关系；二是既然区分了内部构成方式，那就要描述清楚，可以使用符号"（ ）"形式标注其先后结合的状况。认为"稀里马哈、软拉古耐、长巴咧些、贱不喽嗖、闷大呼哧、乌拉巴涂"属于'词根+中缀+后缀派生型'一类，也有问题。对于这种形式，邢军（2006）描写为"AXYZ 式"，即"词根+多音节词缀"，如干巴拉瞎、死性巴拉、西巴连千、支棱巴翘，较为得当。

再如《浅析满语对东北方言与普通话的影响》一文，在谈"汉语东北方言中的满语词汇"时有这样一段论述："在语法上满语对东北方言也有一定的影响，如有的谓语后置，普通话说的'你看不看'，东北人会说'你看不'，《红楼梦》

---

① 蔡文婷.浅谈东北方言四字格的结构及修辞特点[J].呼伦贝尔学院学报,2006(5):62-63+68.

里的'将来只怕比这更奇怪的笑话儿还有呢',都是例子。"[①]这里面存在的问题:对"谓语后置"的概念把握不准,例句"你看不"不属于谓语后置,是方言中反复问句的一种特殊表达形式。文中所举的两个例句性质明显不同,不应放在同一问题中阐释。例句"将来只怕比这更奇怪的笑话儿还有呢"是清代"比较句"的一种表达形式。故很难让人认同"在语法上满语对东北方言有一定的影响"的结论。

因而,对东北方言的深入研究迫切需要研究者具备扎实的专业素养、较高的研究水平,有把问题做实、做透的毅力和耐力。

3. 东北方言词典的编撰工作需要继续加强和完善

东北方言已经出版了一系列的方言词(辞)典,可以肯定的是每一部词(辞)典绝大部分词语的解释都是合理或比较合理的,但疏漏也还是存在的。几部东北方言词(辞)典在搜词数目、搜词范围上还存在一定空间,在词位确立、词语释义方面也存在一定问题,表现出不够细致的一面。拿出版较晚的一本《哈尔滨方言词典》来说,其词位确立、词语释义方面就存在一些问题。第一,关于词位确立,聂志平(2005)对《哈尔滨方言词典》进行质疑,提出"词组不收;动词或形容词的重叠形式应与其基式视为同一词条来处理;由于语流音变引起的形式略有不同而词义完全相同的词应该属于同一词条;只是词缀'儿'和'子'色彩不同的一组词属于同一词条;可以归并为词汇扩展形式的词与其基式属于同一词条"等收词的标准。同时还指出了该词典中有收词重复和漏收别称的现象。第二,关于词语释义,戴昭铭(1998)、王大新(2003)对于《哈尔滨方言词典》中个别词语的解释提出了商榷。聂志平在戴、王两位先生讨论过的问题外,提出《哈尔滨方言词典》在词语释义方面存在的三点问题:"释义空泛;释义有误;漏收义项。"通过翻阅词典逐条对照,几位先生提出的问题确实存在,说明在大型词(辞)典的编纂中确实存在对有些资料和条款把握失当的情况。这就需要一些对方言研究感兴趣的人士来关注这些词典,对其词条逐一推敲、考证,使其释义准确、有条理。期待能够尽早有一本反映东北官话词汇全貌且分片描写的较大规模的词典问世。

(三)东北三省的地方志语言部分相对薄弱

东北三省地方志的语言部分编写得不够充分,缺乏系统的能够反映语言全貌

---

① 苏婷.浅析满语对东北方言与普通话的影响[J].南昌教育学院学报,2012(6):49.

的方言词条。其中，做得较好的是黑龙江省，《哈尔滨市志》收集了数百方言词条，而吉林、辽宁两省相对滞后。省级以下的地方志语言部分很少涉及方言志方言词语条目，有的仅仅不加整理地列举一些词条，缺乏代表性。这种状况对地方语言的研究不利，应发挥当地语言工作者的作用，加大投入，尽早改变这一状况。

东北方言是北方方言的重要次方言，虽然与北京话比较接近，但它毕竟不是北京话，有着自己的特点、自己的体系，也有着自己特殊的发展历史，故应进行深入挖掘，为汉语史的研究提供佐证。对东北方言多层次、多角度的深入系统研究是一项艰巨浩大的工程，迫切需要更多有志于东北方言研究、热爱东北方言研究的有识之士的共同参与。

第二节　东北方言话语模式的研究意义、研究方法及理论依据

一、研究意义

以赵本山、高秀敏（已故）、潘长江等演员为代表的以东北方言为载体的小品、电视剧热播全国，引起了人们对东北方言、东北文化的广泛兴趣和热切关注。但相对而言，对东北文化、东北方言的研究明显滞后。基于东北方言本体的基础性研究及东北方言的语用学研究更为薄弱，而这应该是东北方言研究的重点内容，是弘扬东北文化的基础性工作。

东北方言属于北方方言区，是构成普通话的基础方言之一。表面看来，东北方言在语音、语义、语法方面与普通话的差别较小，这也是东北方言研究比较冷寂的原因之一。但事实上东北方言与普通话的差异也很大，尤其在语言交际策略、话语表达模式方面存在着明显的差异，这恰恰构成了东北方言的独特本质，决定了东北方言的形式特征、语义特征和语用特征，构成了东北方言的独特面貌。

本节并不单纯把东北方言作为静态的对象去分析它的语言形式、语法规律和词汇构造，而是着眼于语用学的动态考察和对比研究；用话语分析的方法，研究东北方言的言语交际规律和交际策略，进而完成对东北方言话语行为和话语模式

的研究和考察。因为"我们看到：虽然发音和语法等语言学习的各方面十分必要，但是大多数的交际失误并不是发音偏误和语法糟糕造成的。在跨文化交际背景中，交际失误的主要原因在于话语模式的差异"①。

"语言是文化整体中的一部分，但是它并不是一个工具的体系，而是一套发音的风俗及精神文化的一部分。"② 辽阔的东北平原养育了豪爽、热情、好客的东北人，东北方言同样养育了这些民众，包容了这些民众，并最终表现了他们灵魂的色彩。要想了解东北人，首先必须了解东北方言。俗话说，一方水土养育一方人，我们只有深入了解他们的言语意义、话语模式，以及他们的思维方式，才能真正走进他们的生活、他们的内心及情感深处。

语言在文化中占有极其特殊的位置，它本身既是文化的一部分，又是文化的重要载体，因而在方言研究中应该重视对方言人的心理、民俗、文化的考察。民间语言现象是"民众在特定的文化背景之下进行的模式化的语言活动，是一种复合型的文化现象，包括以口语为主的语言形式及其运用规则、类型化的语言行为及与之关联的生活情景，和支配语言行为并与语言的意义、功能凝结在一起的民众精神或民俗心理"③。我们期望通过对丰富的方言现象的考察，对交际形式的归纳整理，洞见东北方言在独特的文化背景、地理环境之下所凝结成的独特的话语模式类型和内涵，为进一步研究东北方言做一点微薄的努力。

由于特殊的历史和地域、经济等原因，东北方言的研究相对比较薄弱。今天，历史处于崭新的时期，振兴东北经济和文化的任务已经摆在我们面前，语言研究无疑是其中必不可少的一部分；而且，语言研究应走在东北文化研究的前列，提供真实的、准确的、有前瞻性意义的研究成果。

充分的方言研究，可以给其他学科提供最直接的材料。并以此为契机，反观东北文化自身的意蕴，思考其在整个中华文化中的历史地位和独特价值，研究东北文化在发展过程中与其他地域文化的交融和碰撞、与中华大文化的融会与贯通。

---

① 罗纳德·斯考伦，苏珊·王·斯考伦. 跨文化交际：话语分析法 [M]. 施家炜，译. 北京：社会科学文献出版社，2001.
② 马林诺夫斯基. 文化论 [M]. 费孝通，译. 北京：中国民间文艺出版社，1987.
③ 黄涛. 语言研究的民俗学视角 [J]. 北方论丛，2000(3)：106-111.

二、研究方法

话语分析的主要任务基本上有两方面：一方面，话语分析要通过日常话语的分析揭示超句话语和社会交际的结构；另一方面，话语分析要揭示谈话双方在语境中理解话语的过程。基于这样的研究任务，话语分析的主要研究方法是记录、搜集日常会话语料，语料越真实、生动，越典型、丰富，就越有价值和意义。鉴于我们的研究重点主要是东北方言的口语交际行为，问卷法、调查法、访问法均会影响谈话人对自然场景的感知，对主体反应产生抑制，最终导致交际状态失真，所以我们对语料的搜集使用颇费踌躇、较为慎重。最后，我们把语料主要锁定在比较典型的东北方言剧本《刘老根1》《圣水湖畔》《插树岭》及典型的东北方言小品上。

"这是因为何庆魁、郝国忱、冯延飞和薛立业等是有着丰富乡土生活经验和浓郁乡土情结的作家，他们熟悉黑土地，热爱黑土地。"[①]薛立业、万捷在《刘老根1》的剧本创作中大胆使用了原汁原味的东北方言，其方言性较其他作品更为真实、典型。《圣水湖畔》的作者是何庆魁（吉林扶余人），作为土生土长的东北人，有着20多年打鱼经历的农民作家，他的作品更是散发着扑面而来的地地道道的方言气息，体现着东北方言的独特魅力。陈玉谦、曲晓平（黑龙江人）创作的电视剧《插树岭》也运用了非常典型的东北方言，生活气息异常浓厚。这些作品有一个共同的特点，那就是运用原汁原味的东北方言。以至于《光明日报》有人撰文指出："东北方言形象、幽默，极具亲和力，充满了张力和情趣。幽默的东北话所具有的极强的形象性，使得它走出了地域的限制，成为吉林电视剧走向全国的敲门砖。"[②]这些作家所居省份不同，生活、工作的背景不同，他们的作品有较为广泛的代表性。

本书在尽可能搜集东北方言言语交际的生动、真实的语料基础上，以理论和材料相结合、以西方话语分析理论和本土理论相结合的方法，从话语形式、言语行为、语言策略等方面加以整理，进行理论分析、描写归纳、分析综合等研究，

---

① 曾毅，钱建强．"吉林电视剧现象"解析 [N]．光明日报，2006-7-28．
② 曾毅，钱建强．"吉林电视剧现象"解析 [N]．光明日报，2006-7-28．

总结出东北方言交际的话语模式，借以阐明一向不被重视的、真实的、民众的文化活动及精神状态和特点。本书重点研究东北方言的言语交际行为和策略，其文化意味、民间意味，还有与以其他方言或者普通话为载体的亚文化群体相碰撞时产生的诸种尴尬、隔阂及补足性。

第三节　理论依据及研究特色

一、理论背景

从20世纪六七十年代开始，世界语言研究热点有了明显的转移，由对语言内部结构系统的本体研究，转向对语言外部使用的功能研究。重视对具体言语交际事实的观察、对具体言语交际规则的归纳、对具体言语意义推演的途径等的分析研究。人类语言学、语用学、交际社会语言学、话语分析语言学等新的学科和新的研究方法相继产生，使得今天的语言研究呈现出丰富多彩的态势，充满无限生机。

话语分析是在20世纪60年代末70年代初发展起来的一门新兴学科。"主要研究在实际运用中具有一定交际目的的口头和书面言语交际单位的结构特点，如话语结构模式和构成规则、话语类型和话语的语体变体、话语交际中的各种语义特点、话语生成和接受中表现出来的语用特点，等等。"[①]很显然，话语分析的研究对象可以是口语，也可以是书面语，但以口语为主。其研究兴趣和以往的传统语言研究不同，不是在封闭的系统内研究静态的语言要素和语言结构，而是在言语交际的开放场景中研究话语，主要侧重于语言表达、理解的规则、模式、策略或者意义推演过程。关于"话语分析"，大部分学者把它当作一门新兴的学科，但是也有的学者把话语分析看作是一种可以回答人类和社会科学等学科提出的各种问题的系统而严格的研究方法。

目前国内还没有从语用学角度或者从话语分析角度来研究方言的先例，或许

[①] 刘虹. 会话结构分析[M]. 北京：北京大学出版社，2004.

我们还没有见到。我们见到的语用学著作，多注重基础理论的介绍和研究，如何自然、何兆熊、姜望琪、索振羽、陈克守等先生的语用学著作。这些成果对奠定、繁荣中国的语用学研究是非常可贵、极为有益的。近些年来，国内也有学者开始致力于对汉语语用学理论的研究探讨。较为代表性的有：陈宗明的《中国语用学思想》、左思民的《汉语语用学》、钱冠连的《汉语文化语用学》、刘伯奎的《中华文化与汉语语用》等，从中国文化的角度对汉语语用现象、语用思想进行研究，对汉语语用理论进行了积极可贵的探索。这些研究能够结合汉语的一些语用现象对国外语用学理论作了验证和评价，是为建立基于中国文化、基于汉语语言实践的汉语语用学而做的基础性工作。

话语分析研究成果（主要指侧重口语研究的成果），我们见到的主要有美国的罗纳德·斯考伦和苏珊·王·斯考伦合著的《跨文化交际：话语分析法》（2001），李悦娥、范宏雅编著的《话语分析》（2002），刘虹著的《会话结构分析》（2004）等。这些成果比较侧重于跨文化（尤其是中西方文化）交际中的语用、语误及教学研究。

二、研究特色

学术界一般把言语行为理论和会话含义理论看作是语用学的基本理论，是语用学成为一门独立学科的标志。本书主要是从语用学的角度来研究东北方言的话语模式。本书把"话语模式"看作是具体言语社团的交际行为模式，不仅把话语看作是一种言语行为，而且"把话语作为一种生活和行为方式进行分析，认为话语实践是我们作为一个特殊文化成员的知识和行为的一部分"①。

从语言运用角度讲，话语模式是由具体的交际场景、言语事件、言语行为构成的，其中还涉及言语交际的形式结构、策略调整、含意推演等要素。我们期望从言语行为理论入手，动态、深入地研究具体语言社团所遵从的语言运用的那些内部制约条件，构成这种言语行为类型模式的文化、心理意味。

无论是语用学研究，还是话语分析研究，在国外也只有二三十年的历史，因

---

① 李悦娥，范宏雅. 话语分析 [M]. 上海：上海外语教育出版社，2002.

为发展时间较短，因而相关的理论体系还很不完善，可以说现在公认的语用理论大都是以英美语言和文化为参照的，那么这种理论有多大的适应性，是具有普遍特征的规律，还是只有一定的文化适应性？这些研究还很不充分。我们期望以现有语用理论和研究方法为参照，对东北方言作具体的深入研究，揭示东北方言语用的原则、策略、行为模式，即话语模式，同时对一些语用理论的适用性做进一步的验证，得出适当的结论。

以往语用学的研究倾向于对语言运用的普遍规律、规则的揭示和研究，多是演绎式的；对不同言语社团、文化社团的语言运用规律差异的研究明显不够，而这正是语用理论研究充分展开的前提和基础。比如，就言语行为理论而言，"一个直接目的就在于了解不同言语行为在不同文化中的实现模式、手段、语言资源及其实现机制，了解实施相同言语行为所需用的不同言语手段，对比它们在语言学习和跨文化交际中的表现差异及导致差异的原因，而最终目的则是为语言教学、语言学习及跨文化交际服务"。

我们尝试结合言语行为理论、话语分析理论，从语言运用角度对东北方言的话语模式、言语形式做一种具体的梳理、归纳和研究，为东北方言研究做一点微薄的努力，也为汉语语用研究做一点探索和尝试。

第二章　东北方言概说

第一节　东北"十怪"与东北方言

说到东北方言与东北文化，不能不先说说东北的"十怪"。

东北有"新十怪"和"旧十怪"。"新十怪"虽然并不是每个人都熟知，但一般都知其一二：

头一怪：秋林面包像锅盖，禁咬抗嚼又抗拽，又好吃又好带，搁上十天半月都不坏。

第二怪：红肠小肚供不上卖，味道独特不爱坏，探亲访友作礼品，到哪都是上等菜。

第三怪：越冷越吃凉冰块，糖葫芦冰棍销得快，冻梨冻柿子冻水饺，想吃就吃哪都卖。

第四怪：狗拉爬犁比汽车快，常搞越野拉力赛，冰雪天荒郊外，享不尽冰雪情趣生态。

第五怪：冬泳健儿大有人在，松花江里游得快，冰雪助阵齐喝彩，哎呀哎呀真能耐。

第六怪：老年秧歌贼来派，一色老头老太太，冰雪名城添风采，欢乐无尽春常在。

第七怪：貂皮大衣毛朝外，贼拉敢穿又敢戴，大姑娘美小伙子帅，个顶个地把人爱。

第八怪：喝起酒来像灌溉，酒量大来速度快，经常举办啤酒节，专有那喝啤酒大奖赛。

第九怪：冰雪大世界造得快，冰雕雪塑千姿百态，五光十色放异彩，誉满神州海内外。

第十怪：冰天雪地花不败，满街都是大头菜，三九寒冬冻不死，腊月寒风吹不败。

秋林面包是哈尔滨秋林百货公司经营的俄罗斯面包，也称"大列巴"，比一般家庭用的蒸锅要大，是当地的特色食品。红肠小肚是当地的风味食品，在当地和外地都比较受欢迎。冰糖葫芦、冰棍现在在各地都比较常见。冻梨和冻柿子是东北地区一种常见的冬季储藏水果。由于冬季东北气温很低，梨和柿子在储藏时受温度影响结冻，成为冻梨和冻柿子。东北地区人们把结冻的梨和柿子不经过解冻，洗干净就可以直接食用。狗拉爬犁是东北地区原来的运输工具，现在多成为旅游项目，由狗牵引前进。冬泳在东北很常见，而且现在还经常举办各种比赛。秧歌也称东北大秧歌，平时多是老年人聚集在一起组成秧歌队，不仅成为锻炼身体的一种方式，现在也成了表演项目。貂皮大衣现在在北方已经成为常见的服饰了。东北人豪爽，饮酒也如此，所以就有了"喝起酒来像灌溉"的说法。第九怪和第十怪都是描绘东北冬季景色的，冰雕、雪雕在东北成为吸引游客的特色项目。冬季还有培植的结球甘蓝，成为绿化的品种，常用于美化市容。

随着东北特色旅游的开展，"新十怪"为很多人所熟识。但是"旧十怪"，不仅非东北人中很多人不知道，就是东北人中，很多的年轻人也不一定知道，甚至即使是上了些年岁的东北人也未必说得全。东北"旧十怪"是：

窗户纸糊在外，大姑娘叼烟袋，养活孩子吊起来，嘎拉哈姑娘爱，火盆土炕烤爷太，百褶鞋脚上踹，吉祥喜庆黏豆包，不吃鲜菜吃酸菜，捉妖降魔神仙舞，烟囱砌在山墙外。

早年东北地区比较贫困，人的思想也比较守旧。窗户上面一律用十分厚实的"麻纸"把窗棂糊起来。窗户纸糊在外面一方面可以防止室内温度过高窗户纸因受热膨胀绷紧，另一方面也可以减轻窗户纸的损坏率。同时用麻纸糊窗户，透明度很小，增加了私密性。所以，玻璃出现之后很长一段时间，人们还是用纸糊窗户。

"大姑娘叼烟袋"在过去的东北农村比较普遍。据说原来满族格格"猫冬"

的时候，以抽烟袋来起到取暖的作用，或是闲暇时间以抽烟袋来打发时间。也有一种说法，就是借用抽烟袋的方式来驱逐蚊、蝶，起到防止蚊虫叮咬的作用。现在抽烟的现象虽然存在，但已经不是普遍现象了，而且基本没有人抽烟袋，而是抽卷烟了。

"养活孩子吊起来"是指原来在东北地区，新生儿出生后放在一种长形、两头椭圆或半圆形的摇篮里，然后将摇篮用绳索固定在房梁上或以其他方式悬挂起来的一种特有的民俗现象。这种摇篮在当地称为"悠车子"，据说这种方式源于满族。满族有新出生的小孩"睡脑袋"的说法，就是只有把脑袋睡得圆圆平平的，才聪明好看。同时还有"绑腿"的说法，为了使孩子长大后腿比较直，要把孩子的双腿捆绑在一起，然后将孩子放到"悠车子"中，悠着长大。"睡脑袋"和"绑腿"就是"睡体形"。其实把孩子放在"悠车子"里的主要目的是让孩子在"悠车子"中酣睡，以便大人在炕上、屋内干活或到附近的田间劳作。

"嘎拉哈"是满语词，是猪拐骨或羊拐骨的意思，学名髌骨。髌骨有四个面儿，较宽的两个面分别叫"坑儿""肚儿"，两个侧面分别叫"砧儿""驴儿"，这是原来东北农村孩子，尤其是女孩的主要玩具。这种游戏当地称为"软嘎拉哈"或"软嘎拉"。每年杀年猪时，把髌骨攒下来，再用旧布头儿缝制一个小方口袋儿，装上粮食或枇谷，俗称"籽儿"。游戏时，把"籽儿"抛到空中，然后迅速把炕上的"嘎拉哈"改变方向，在"籽儿"落下时及时接在手中。如此往复，直到炕上所有的"嘎拉哈"都改变过四个方向为止。

"火盆土炕烤爷太"是对原来东北地区冬季取暖的一种形象描述。东北地区气候寒冷，农村因贫穷多半没有人买煤烧炉子取暖，多是用稻草、秸秆、木柴等烧土炕取暖。因为房子不保温，而且土炕热的时间不够持久，于是就用一个泥制的盆子，俗称"火盆"，装上燃烧后的火炭或带着余火的热灰，放在炕上取暖。

火盆还有一个作用，就是可以在里面埋上鸡蛋、土豆、地瓜或黏豆包等，通过余热使之熟透或起到加温的作用。

"百褶鞋脚上踹"也说成"百褶皮鞋脚上踹"，因为贫穷买不起棉、胶、皮鞋穿，人们就地取材，用干蒲草编成鞋子穿在脚上，以御风寒。蒲草叶片中有蜂窝状的空隙，具有防寒隔热的功能。用这种草编出的鞋有许多褶，故称"百褶鞋"。

"吉祥喜庆黏豆包"反映的是东北特有的饮食文化。黏豆包又称饽饽。"饽饽"是满语词，吃黏豆包也主要来源于满族人的饮食习俗。满族喜黏食，如大黄米干饭、大黄米小豆干饭、黏糕、油炸糕、黏火烧、黏豆包等。饽饽分很多种，如小米面饽饽、苞米面饽饽、高粱米面饽饽等，也形成了春做豆面饽饽，夏做苏叶饽饽，秋冬做黏糕饽饽的习俗。冬天东北没有什么新鲜、好吃的东西，进入腊月人们就把大黄米磨成面，包上豆馅，上屉蒸熟，然后冻起来，以后随时想吃，就从外面拿回来化开，热一下就可以吃。

"不吃鲜菜吃酸菜"也是东北原来的饮食习俗。原来东北地区不是不吃鲜菜，而是没有鲜菜可吃。进入冬季，人们为备越冬蔬菜，除了在地窖里贮藏白菜、萝卜外，家家都渍酸菜。腌制酸菜一般是用白菜，把鲜菜洗干净，用热水浸烫后放到大缸中，一层菜一层盐，灌上一些水，上面再用大石头压起来，一段时间过后，大白菜就发酵变酸。酸菜一直可以保存到第二年开春。

"捉妖降魔神仙舞"反映的是东北地区的一种封建迷信现象。原来东北农村医疗条件落后，加之当时科学知识普及不够，人们在生病时，就以为是妖魔鬼怪附体，当地称招了"没脸的了"，于是就请巫医神汉，当地称为"大神""二神"或"帮兵"，连唱带跳地给病人"跳大神儿"来驱魔降妖。据说，"跳大神儿"实际是萨满（巫师）的舞蹈。萨满舞是巫师在祈神、祭礼、祛邪、治病等活动中所表演的舞蹈，满族称萨满舞为"跳家神"或"烧旗香工"表演时，萨满腰系长铃，手持抓鼓或单鼓，在击鼓摆铃声中，请来各路神灵，请来神灵后就要模拟所请之神的动作进行各路神灵的表演。

"烟囱砌在山墙外"反映的是东北农村的建筑文化。过去盖房子时受到砌砖技术的影响，如果烟囱从屋顶出去，下雨时雨水会沿着烟囱流进屋子，造成湿墙根的现象。为了避免这个麻烦，建造房屋时，就把烟囱建在房山头儿一侧。

"窗户纸糊在外，大姑娘叼烟袋，养活孩子吊起来"，原是满族人的"三大怪"，后来延伸到了整个东北。"旧十怪"现在基本已经很难看见了。

"旧十怪"反映了东北的文化，同时也记录着东北的方言。东北方言属于北方方言，作为汉语北方方言的一种次方言，是东北地域文化的一个载体。东北方言具有多元性，不仅体现了北方少数民族的习俗和文化，也反映了汉民族迁徙的轨迹以及少数民族与汉族融合的历程。东北方言在特有的地域文化浸染下受到了洗礼，成为语言百花园中一朵独具魅力的奇葩。近年来随着东北语言艺术，尤其是赵本山及其团队的小品和赵家班影视剧作品在全国产生越来越大的影响，东北方言也逐渐受到越来越多的关注。

第二节 东北方言在汉语中的地位

一般认为，东北方言形成的时间不是很长，但是在汉语中还是处于很重要的地位。

首先，东北方言影响了普通话的形成。东北方言是汉语北方方言的次方言。普通话以北方方言为基础方言，而作为北方方言中影响较大的东北方言，在汉语各大方言中占有重要的地位。虽然现在普通话和东北方言之间的关系还不是十分明确，但是由于讲东北话的人分布范围广、民族多，一般认为东北话最接近普通话。这在很大程度上决定或者影响了东北话在各大方言中的地位。东北话尽管有自己的地域性，但同北方其他地区的方言相比，还是更接近于标准的普通话。语言学家曾做过这样的调查比较，即从官话方言八个次方言区各选一个城市的方言为代表，即北京话、哈尔滨话、烟台话、济南话、洛阳话、银川话、成都话、扬州话，将它们与普通话相比较。结果显示，东北官话比较接近北京官话。比如，"母鸡"一词，北京、哈尔滨叫"母鸡"，河北、山东、江淮一带方言中叫"草鸡"，西南地区叫"鸡婆"。又如"公猫"，北京、哈尔滨等地叫"公猫"，而其他地区方言则有"牙猫""男猫""儿猫""郎猫"的叫法。语法方面，东北话与普通话就更加接近，如表示"给我一本书"的意思，北京和哈尔滨都作"给我一本儿书"，而其他方言各不相同，如"把我一本书""把一本书把我""把一本书我"等。所以一般认为，东北话对普通话的形成起到了重要的作用。

其次，"东北方言热"的形成。近年来东北话强势崛起，开始风靡大江南北，

"东北方言热"逐渐形成,并呈现出燎原之势。事实上,原来东北话通常被认为是"土气""生硬"的地方话,很多离开东北的东北人进入其他地区学习、生活,都在学当地的方言。但是两股力量的崛起促使东北话几乎在一夜之间红遍大江南北。一是赵本山强势进军春晚造成了东北话对全国方言的冲击。赵本山及其团队以铁岭一带方言为主体用语的小品连续多年登上春晚,形成了全国人民跟学、跟风的现象,使东北话初露头角。随后,黄宏、宋丹丹、范伟、高秀敏、巩汉林、小沈阳等一大批东北话小品演员连续登上央视春晚,在语言类小品中,东北话独占鳌头,占据绝对的优势。二是随着赵本山、东北二人转以及东北小品的知名度不断提高,不少东北话作品也以影视剧的方式出现在荧屏上。《篱笆、女人和狗》、《刘老根》系列、《马大帅》系列、《关东大先生》、《东北一家人》、《乡村爱情》系列以及《猫和老鼠》东北话版等都对"东北话热"的形成起到了不可忽视的推动作用。

据有关媒体的统计显示,在地方方言作品中,东北话的影响力以及数量都排在各地方言电视剧的首位。随着东北方言小品、东北二人转以及孙红雷、小沈阳等以东北话为主体用语的新一代代表人物的出现和崛起,东北话正处于迅速发展的强势阶段。以至于有人认为,至少目前来看,东北话在方言中的新主地位还是难以撼动的。

第三节 东北方言的历史流变

一、东北方言的形成

(一)东北方言形成的三个阶段

西汉扬雄著《輶轩使者绝代语释别国方言》将当时的汉语划分为十二大方言区,东北方言当时划归"燕代方言区",燕早在周武王灭殷商之前就起源于东北,号"东夷"。秦统一中国后,九夷完全同化于华夏族。燕人活动区域从燕山以东到辽东半岛及至朝鲜半岛北部、松花江南岸,活动区域很大。在2000多年的流动变化中，燕人不断与逐渐流入东北的齐人、赵人融合。随着人口的流动，不同方言之间互相影响、整合，逐渐形成比较稳定的新方言，这是东北方言形成的第一个时期。

从秦汉时期开始，由陆路和海路到达东北的汉人相当多。其中，燕人、赵人主要从陆路到达辽东一带，齐人则乘船从海上前往东北各地。进入东北的汉人"八世而不改华风"，长期以来就形成了汉语新的方言。秦汉、魏晋、唐宋时期不断有鲁、冀、豫、晋等各省人口流入东北。大量流入东北的汉人带来了汉族的文化和不同地区的方言，汉人及汉文化的影响已经覆盖整个东北。魏晋、隋唐几千年的接触融合，成为东北方言形成的第二个时期。

元明清以来，尤其是清代以来，汉民族及少数民族南北流动，特别是明清以来关内失业的农民大量流入东北，又促成汉满融合的良好局面，成为汉语东北方言形成的第三个历史时期。满汉接触是其中重要的原因，表现在政治、经济、文化等各个领域。清朝政府在婚姻政策方面允许满汉通婚。满汉通婚往往使得家庭交际语言由单语转为双语，汉语方言受到满语影响就成为必然；进入统治阶层的汉人必然一定程度上讲满语习满文，因此满语也必将影响汉语方言，在汉语方言中留下一定的印迹；满汉之间的经济和商业往来在很大程度上加快了满汉两种文化的融合和满人学习、使用汉语的进程。

（二）东北方言是东北少数民族和不同种族语言融合的结晶

自古以来，东北就是不同民族和种族的交汇地。历史上汉族居民长期与女真族、契丹族、扶余族、高句丽族、蒙古族、满族等不同少数民族共生共存，不同民族的民族语言在东北方言中至今都能找到相应的痕迹。例如，女真语没有"知""吃""失"三声母，辽东话（沈阳语）受此影响，也失去了这三个声母。另外，女真语没有"r"，受此影响，辽东话中原声母为"r"的音，发生了所谓的零声母化，声母变为"y"。例如：

汉字	沈阳语	冀东语
插	cā 阳平	chā 阳平
差	cāi 阴平	chāi 阳平

沉	cán 阴平	chán 阴平
充	cōng 阳平	chōng 阳平
吹	cuī 阴平	chuī 阳平
洒	sǎ 上声	shǎ 上声

辽东话的这种特点直到现在依然有所表现，辽宁的抚顺、锦州、鞍山、岫岩地区现在仍存在 zh、ch、sh 与 z、c、s 不分的现象。满语对东北方言的影响就更加明显，如：

（1）哈什蚂：一种蛙，可以油炸、酱制，雌性哈什蚂腹内有脂肪状物质哈什蚂油，可做中药药材。

（2）哈巴（狗）：一种狗的名字。

（3）萨满：是满族所信仰的宗教——萨满教中的巫人。

（4）萨其马：满族的一种糕点，用糖将油炸短面条等黏合即可做成。

（5）嘎拉哈：意思是"羊拐骨"。

（6）阿玛、玛玛：汉语中意思为"父亲"，辽宁北镇一些地区有这样说法。

（7）额娘、纳纳：汉语中意思为"母亲"，在满语中的意思与汉语相同。

（8）haleba：在辽宁地区的方言中意思为"动物的肩胛骨"，来源于满语，意思同汉语。

在东北，汉人与俄罗斯人、日本人曾长达半个世纪混合居住，日语、俄语也对汉语东北方言的形成产生了一定的影响。如：

"沙楞的"，意思为"加快速度"，就是借用俄语的"沙"；"喂哒罗"（装水的小桶）、"布拉吉"（连衣裙）、"骚骱子"（士兵）都是俄语的音译；"黑列吧"来源于俄语，意为"面包"，"笆篱子"来源于俄语，意为"监狱"。"博役"意为"勤杂工"，源于日语。

二、东北方言的发展

近年来东北方言频频被人们广泛使用和传播，全国各地一片东北方言之声。同时作为一种方言，它在语言发展的大背景下，本身也在不断发展。

（一）部分方言词语逐渐消亡

随着社会的发展，一些不合时宜的东北方言词正逐渐消亡。有人曾对哈尔滨方言词语的使用情况进行过调查，发现有一些方言词语在人们交际中的使用频率越来越小，或被不同程度地取代。例如，"布拉吉"已被"连衣裙"取代，"毡疙瘩"已很少见了。

东北方言是以一种地域文化特色为基础的方言，东北地区戏曲和说唱艺术形式是以当地的方言为依托的。以二人转为例，这种曲目通俗浅显，深受东北地区人们喜爱，但是在东北戏曲二人转中有一些"脏话"和渲染迷信的词语，如"聚魂""搬竿子"等，随着社会的发展进步已经基本不再使用了。

（二）部分东北方言词语的使用范围不断扩大

一般来说，方言仅限于本地区使用，但在东北方言中有一些词语不仅走出了方言区，而且在全国范围内广泛使用。例如，"忽悠"一词，原本是一个口语性极强的东北方言词语，一般只在当地口语中广泛使用。自2002年春晚赵本山的小品《卖拐》使用"忽悠"一词点燃了"忽悠"流行的导火索以来，直到现在，"忽悠"并没有随着时间的发展而退出流行舞台，而是一直站在流行的前沿，甚至《现代汉语词典》已经将"忽悠"作为词条收录。尤其是《现代汉语词典》更是增收了较多的东北方言词语。

三、东北方言的影响

东北方言近年来的影响逐渐增大。这种影响除原来对普通话的形成产生相应影响外，现在更主要的是不仅对普通话产生影响，而且对不同方言区也产生着越来越大的影响。随着东北语言艺术团队的形成和扩大以及网络等传媒的大众化，东北方言的影响更加显著。据说中国传媒大学某研究生在面试中无意间流露出一句"哎呀妈呀"，考官都认为这位考生是东北人，其实这位考生来自江南，语出此音是受同宿舍东北同学的方言影响。"张龙的博客"讲述了一个真实的故事：作者回母校与文学院领导及一位国际友人共进午餐。外国友人语言能力很强，可以用十国语言自由交谈。其间文学院院长（A）与国际友人（B）有如下一段对话：

A：我们这儿的话你都能听懂不？

B：你们这里讲的都是中国普通话，我都可以懂。

A：东北方言你也都能听懂吗？

B：东北方言其实就是普通话，应该没问题。

A：那你听听这句：一瞅他那可球样：埋了咕汰，贱不喽嗖，洋了二正，像个欠儿登似的，玻璃盖咯（ká）出血了也不说扑喽扑喽，自己猫椅甲里，得瑟啥呀！

这让我们想到了两个问题：一是从讲话人的角度看，东北话已经成为一种可以讨论甚至可以欣赏的东西，这在以前是比较少见的。如果东北话没有相应的地位，没有产生一定影响，一般不会有人拿它上大雅之堂当作谈资。再从外国友人的角度看，把东北方言就看成是普通话，当然有对方言认识方面的误区，但这更直接地说明，东北方言有着不可忽视的地位。

东北方言的影响尤其表现在"东北方言热"方面。一方面，以东北方言为载体的影视剧等语言类作品数量激增，艺术形式逐渐多样化。东北方言作品最初走出东北，面向全国并登上媒体主要是东北方言小品，尤其以赵本山及其团队的作品为代表。以央视春晚小品为例，从1990年开始，《相亲》《小九老乐》《我想有个家》《老拜年》《牛大叔提干》《三鞭子》《红高粱模特队》《拜年》《昨天、今天、明天》《钟点工》《卖拐》《卖车》《心病》《送水工》《功夫》《说事》《策划》《火炬手》《不差钱》《捐助》《同桌的你》相继登上央视春晚，并年年获奖。继小品之后，以东北地区为题材，以东北方言为载体的电影、电视剧开始不断涌现。除赵本山团队之外，有越来越多的人参与到这队伍中来。另一方面，东北方言成为很多人愿意学习的对象。以东北方言为载体的艺术形式此前在东北地区普遍受到欢迎，如东北二人转等。随着东北方言的影响逐渐扩大，东北方言已经开始走向全国。

四、东北方言的覆盖范围

东北方言是一种官话方言，包括东北官话和胶辽官话。这里主要介绍东北官话，并简单介绍胶辽官话。

（一）东北官话

东北官话是属汉藏语系汉语族的一种声调语言，是官话语群的一个分支，分布于辽宁、吉林、黑龙江的大部分地区，以及内蒙古和河北等部分地区，一般把东北官话分为吉沈片、哈阜片和黑松片。

1. 吉沈片

吉沈片共有五十二个县市，分布在辽宁省、吉林省和黑龙江省。

（1）蛟宁小片十四个县市

黑龙江省：宁安、东宁、穆棱、绥芬河、海林、尚志、鸡东、鸡西。

吉林省：蛟河、舒兰、吉林、桦甸、敦化、永吉。

（2）通溪小片三十二个县市

吉林省：通化市、通化县、柳河、梅河口、白山、靖宇、安图、抚松、集安、长白、临江、江源。

辽宁省：沈阳、西丰、开原、清原、新宾、法库、调兵山、抚顺市、抚顺县、本溪市、本溪满族自治县、辽中、辽阳市、辽阳县、灯塔、鞍山、海城、凤城、铁岭市、铁岭县。

（3）延吉小片六个县市

吉林省：延吉、龙井、图们、汪清、和龙、珲春。

2. 哈阜片

哈阜片共有六十七个县市，分布在黑龙江省、辽宁省、吉林省和内蒙古自治区东部。

（1）肇扶小片十八个县市

黑龙江省：哈尔滨、庆安、木兰、方正、延寿、宾县、巴彦呼兰、阿城、五常、双城、肇源、肇州、肇东、安达。

吉林省：松原、扶余、前郭尔罗斯、大安。

（2）长锦小片四十八个县市旗

吉林省：长春、榆树、农安、德惠、九台、磐石、浑南、东丰、伊通、东辽、辽源、公主岭、双阳、四平、梨树、双辽、长岭、乾安、通榆、洮南、白城、镇赉。

辽宁省：阜新市、阜新县、锦州、昌图、康平、彰武、新民、黑山、台安、盘山、盘锦、大洼、北宁、义县、北票、凌海、葫芦岛、兴城、绥中、建昌。

内蒙古自治区：通辽、乌兰浩特、阿尔山、突泉、扎赉特旗、科尔沁右翼前旗。

3. 黑松片

其中的嫩克小片和佳富小片共有六十五个县市旗，主要分布在黑龙江省以及内蒙古自治区的部分地区。黑松片的站话小片零散分布于十一个县市，这十一个县市主要是黑松片的嫩克小片方言。

（1）嫩克小片四十三个县市

黑龙江省：嫩江、黑河、讷河、富裕、林甸、甘南、龙江、泰来、杜尔伯特、大庆、绥棱、铁力、五大连池、北安、克山、克东、依安、拜泉、明水、青冈、望奎、海伦、通河、塔河、漠河、呼玛、孙吴、逊克、嘉荫、绥化、兰西、齐齐哈尔。

内蒙古自治区：满洲里、呼伦贝尔、扎兰屯、牙克石、陈巴尔虎旗、鄂温克族自治旗、莫利达瓦达斡尔族自治旗、阿荣旗、鄂伦春自治旗、根河、额尔古纳。

（2）佳富小片二十二个县市

黑龙江省：伊春、鹤岗、汤原、佳木斯、依兰、萝北、绥滨、同江、抚远、富锦、饶河、宝清、集贤、双鸭山、桦川、桦南、勃利、七台河、密山、林口、牡丹江、友谊。

（3）站话小片

零散分布于黑龙江省西部的肇源、肇州、林甸、齐齐哈尔、富裕、讷河、塔河、嫩江、呼玛、黑河、漠河等十一个县市的部分地区。

（二）胶辽官话

分布在山东境内的胶辽官话，有三十个县市，分布在辽宁境内的胶辽官话有十四个县市，共有四十四个县市。根据方言的内部差别，可以分为青州、登州和盖桓三片。

1. 青州片十六县市

山东省：青岛、潍坊、胶县、益都、临朐、沂水、五莲、胶南、诸城、安丘、昌邑、高密、崂山、平度、掖县、即墨。

2. 登州片二十二个县市

山东省：荣成、文登、威海市、牟平、乳山、烟台市、海阳、长岛、蓬莱、黄县、楼霞、招远、莱阳、莱西。

辽宁省：长海、新金、庄河、金县、丹东市、大连市、复县、东沟。

3. 盖桓片六个县市

辽宁省：盖县、桓仁、营口市、营口县、岫岩、宽甸。

第四节　东北方言的文化底蕴

一方水土养一方人，不同的民族、不同的地理位置、不同的气候条件、不同的地域特色，会形成不同的人文景观，自然会产生与之相应的民族文化。下面我们从不同的文化形态角度分别介绍东北方言中缊含的民族文化。

一、人文性格

东北地处中国最北的区域，冬季严寒而漫长，气候恶劣。相比其他地区，大漠莽林、大风大雪、大江大河、大山大林、大群野兽是"东北板块"的独特形态。这里独特的自然环境，不仅影响了东北人的生活方式，也塑造了东北文化的整体特点，包括东北独特的文化气质。独特的地域环境造就了东北方言的粗犷豪迈和东北人的乐观自信。

东北方言的豪迈与东北人性格的豪气有关。例如，普通话的"怎么办"，东北人说成"咋整"，而且与"整"搭配的对象极其广泛，如"整事、整明白、整点饭、整点吃的"等。东北人语言操作的力度比较大，如北京话里的"侃大山"、山东话里的"拉呱"，到东北人这里就变成了"瞎白乎"。普通话里的"很多、极多"到了东北人这里就是"老鼻子了"；东北人说话大嗓门，直截了当，如把"干啥"说成"gan ha"，把"上哪儿去"说成"上哪疙瘩去"，表示认可就"嗯那"一声等。

东北方言中有很多体现出东北人辛勤劳作、乐观进取、不畏困难的人生观。

如牧羊时说"一只也是赶,两只也是放",打猎时说"舍不得孩子套不着狼",面对挑战时说"没有弯弯肚子不敢吃镰刀头""没有金刚钻不揽瓷器活""没有过不去的火焰山"等。

东北方言根植于民间,来源于日常生活,充满浓厚的乡土气息,从而使一些习惯用语生动形象、夸张惊人、俏皮幽默。例如,"五迷三道"意思是"迷迷糊糊",把悲伤哭泣说成"抹眼掉泪、掉金豆子、挤猫尿"等,说得轻松俏皮。

二、饮食文化

东北的饮食文化带有多元民族特征,其中包括很多特色食品。广为人知的有满族的"萨其马""豌豆黄""白肉血肠",朝鲜族的"冷面""打糕",但平时常见的是"饽饽"。在东北农村,春天吃"豆面饽饽",又称"豆面卷子",夏天吃"哞罗叶饽饽"(用柞树叶包裹),秋冬时节吃"黏豆包"。在东北农村,这些食品大多数人都会做。此外还有"苏子叶饽饽",因其形像耗子,又叫"苏耗子"。做这些"饽饽"本是满族的风俗。满族人喜欢吃黏食,因为黏食禁饿,便于人们外出打猎。另外,"黏饽饽"还是他们祭祀的食品。

三、服饰文化

东北人的服饰文化与各民族的生活习性有关,例如,东北特有的一种鞋——"靰鞡鞋"(也叫"乌拉鞋")——是满族人发明的,一般用牛皮或鹿皮缝制。帮与底为一整块皮子,鞋脸带褶并有穿鞋带的耳子,鞋里要絮靰鞡草,因此得名。东北还有一句因此产生的歇后语"靰鞡头子迈门槛——先进者儿"。"者儿"与"褶儿"谐音,以靰鞡鞋头部褶多为缘由。整个东北地区都有这种"靰鞡鞋"的样式,体现了简洁实用的美感。由于传统的狩猎生活影响,东北少数民族的服饰最多的是用兽皮加工制成的,如萨满袍、赫哲人的鱼皮鞋和衣服等。

四、建筑文化

东北的建筑文化是与东北的严寒特点紧密相关的。东北有一句俗语:"口袋房，万字炕，烟囱出在地面上，说的就是满族的传统居室。为了抵御严寒，房子坐北朝南，大多东边开门，形如口袋，便于取暖。屋内南、北、西三面有火炕称为"万字炕"。现在的建筑对传统格局有继承也有改善。"地窨子"最早是赫哲族人的原始居所，赫哲语是"胡日布"，主要在冬季寒冷时居住。现在一般指室内地面低于室外的低矮简陋的小房子，门窗一般设在阳面，屋内有的搭铺、有的搭炕，现多作为渔猎时的临时住房。东北还有一种称为"马架子"的简陋住所，以树木支撑，上铺树枝，抹上草泥，室内只有低矮的地铺，就地生火取暖，外呈马鞍形，旧名为"马架子"，多为看护瓜菜时的临时住所，也叫"窝棚"。

五、用具文化

东北地区的用具很有特点，其中之一是"悠车儿"，也叫"悠车子"：它是悬在半空中可以悠荡的摇篮，是满、鄂伦春、达斡尔等民族的传统育儿工具，在东北汉族农村地区也比较流行。摇篮的四壁有彩绘，有的在悠车的绳上系着铃铛和玩具，这也是东北的"三大怪"（"旧十怪"）之一"养活孩子吊起来"。"爬犁"（雪橇）是东北林海雪原中重要的交通工具，有牛爬犁、马爬犁等，其中最著名的是赫哲人的狗爬犁，赫哲人称之为"金不换"。现在东北地区的一些地方还可以看到狗爬犁，不过大部分已经成为旅游景点的特色项目了。

另外，东北的山水、城市、动植物等以少数民族语言命名的也有很多。例如，"乌苏里江"，"乌苏里"是满语"天王"之意，意即"顺流而下"；"佳木斯"是赫哲语，意为"尸体"，相传这里为古代的墓地，在佳木斯东郊曾发现过金元时期的墓群；"高丽参、高丽果儿"，高丽是朝鲜历史上的一个王朝，现在多用于指朝鲜或朝鲜的物产。

第三章 东北方言本体概貌

第一节 东北方言语音

"东北话"就是普通话的看法，不仅很多外国人有，就是很多方言区的人，也认为普通话和东北话很相像。学界也认为，东北话和普通话之间的确有非常密切的关系。东北话和普通话之间究竟是什么样的关系，目前也是学界在研究的一个问题。相对于其他方言，东北话的语音系统与普通话之间的差异确实要小，但是不等于没有差异。就整个东北方言来讲，其语音系统中也有21个辅音声母、39个韵母、4个声调。但是在语音的具体调配方面，东北话与普通话之间还有一定差异。这种差异表现在声母、韵母和声调方面，尤其是声调方面的差异要更大些。

一、东北话与普通话声、韵、调的比较

（一）东北话与普通话声母的比较

东北话作为一种方言，其声母的运用也存在一些特征，主要表现在部分零声母音节的缺失、辅音声母改换、改换韵头、改换主要元音、舌尖前后不区分等方面。

普通话中很多韵母是可以自成音节的，如 a（啊）、ai（哀）、an（安）、ao（凹）、ang（昂）等，没有声母，就可以成为一个独立的音节，这样的音节统称为零声母音节。但普通话以 a、o、e 开头的零声母音节在东北方言的某些次方言中，如黑龙江、辽宁的某些地区，常常要加上声母 n，例如：

哀 āi-nāi　　埃 āi-nāi　　捱 á-nái　　挨 á-ná
蔼 ǎi-nǎi　　矮 ǎi-nǎi　　碍 à-nà　　爱 à-nà
艾 à-nà　　隘 à-nà　　安 ān-nān　　鞍 ān-nān

庵 ān-nān	揞 ān-nān	暗 àn-nàn	埯 ǎn-nǎn
按 àn-nàn	岸 àn-nàn	案 àn-nàn	昂 áng-náng
蛾 é-né	鹅 é-né	额 é-né	俄 é-né
讹 é-né	饿 è-nè	恶 è-nè	扼 è-nè
鄂 è-nè	我 wǒ-nè	恩 ēn-nēn	欧 ōu-nōu
殴 ōu-nōu	藕 ǒu-nǒu	偶 ǒu-nǒu	偶 ǒu-nǒu

棉袄——mián ǎo（普通话）——miǎn nǎo（东北话）

昂扬——áng yáng（普通话）——Anángyǎng（东北话）

热爱——rè ài（普通话）——Arè, nài（东北话）

恶人——è rén（普通话）——Aně rén（东北话）

欧式——ōu shì（普通话）——nōu shì（东北话）

抠气——òu qì（普通话）——nòu qì（东北话）

普通话中的 r 声母音节在东北部分地区也会发生变化，即 r 声母通常读成 l 声母或零声母化。

普通话中的塞音和塞擦音声母有"送气"和"不送气"之分。东北方言在这一点上与普通话是一致的。但是在具体的音节中往往发生变化，主要表现为 b-p、d-t、j-q 等的混淆。

舌尖前音和舌尖后音不区分，即平翘舌不区分的现象在东北很多地区都比较常见。东北方言中，舌尖前音（平舌音）和舌尖后音（翘舌音）都有，而且单独发音都可以发得出来，但是落实到具体音节上就会发生不做区分的现象。平舌向翘舌改动或翘舌向平舌改动都没有规律可循，属于音位学中讲的自由变体情形。如"三十四"中的三个音节分别为"平舌—翘舌—平舌"，但在东北方言中可以随便变读。

（二）东北话与普通话韵母的比较

韵母包括介音、主要元音和韵尾三个部分。东北话的韵母与普通话相比，区别主要在于介音替代、主要元音改换和韵母整体替换三种情形。

东北话中存在用 ü 介音代替 u 介音的情形。

东北话中也有以 e 代替 o 的情形。普通话的双唇音声母 b、p、m 和唇齿音声母 f 直接与圆唇音的单韵母 o 相拼，而不与单韵母 e 相拼。而东北方言却正好相反，常以 e 代 o。

早期东北话中以 iao 代 üe 是比较常见的，如"好好学（xue）习"往往说成"好好学（xiao）习"，"欢呼雀跃（yue）"说成"欢呼雀跃（yao）"。不过这种情形大多在老年人中间比较常见，年轻人则很少这样讲了。

（三）东北话与普通话声调的比较

汉语中的声调主要体现在音高和音长的变化上，是音节的必有组成部分，具有辨别意义的作用，如"期中"和"其中"、"睡觉"和"水饺"等的不同主要依靠声调来区别。东北话的声调虽然在不同次方言区或方言点都还有各自的特征，但与普通话相比，整体上主要表现为调值不到位和部分字调不一致等方面。

东北话调值不到位主要表现在这样几个方面。普通话的阴平调是"55"调值，东北话一般是"44"或"33"；普通话的阳平调是"35"调值，东北话一般是"13"或"24"；普通话的上声调是"214"调值，东北话一般为"213"；普通话的去声调是"51"调值，东北话一般为"53"或"52"。

东北话与普通话字调不一致的地方很多，事实上还看不到系统的规律性。

一般认为，北京话中的轻声数量比较大，而且有些轻声还有区别词性、区分词义等功能。事实上，东北话中轻声现象也普遍存在。从本质上讲，东北方言中的轻声与普通话的轻声没有区别，但在构词、表意等方面与普通话存在一定的差异。总体上看，东北话中轻声的使用频率比较高。

东北方言中的儿化现象也非常多，如：

半腰儿，帮虎吃食儿，傍响儿，薄扇儿，的背兜儿，背香完儿，蹦蹦儿，镯子儿，鬏儿，喽边儿，拉擦劲儿，波棱盖儿，脖溜儿，不离儿，不错眼珠儿，不打奔儿，不大离儿，不得劲儿，不丁点儿，不懂嘎儿，不断溜儿，不断捻儿，不对劲儿，不妨事儿，不服劲儿，不跟脚儿，不紧不离儿，不开面儿，不落体儿，不让份儿，不上溜儿，不识闲儿，不吐口儿，不消闲儿，不许乎儿，不一点儿，不一丁点儿，不着边儿，扯闲白儿，扯闲嗑儿，吃不住劲儿，吃瓜落儿，抽抽儿，臭球儿，出彩儿，出花儿，出溜儿，出说儿，凑合事儿，凑整儿，打横儿，打呼噜语儿，打滑刺溜儿，打零杂儿，打磨磨儿，打蔫儿，打起根儿，打人儿，打挺儿，打一小儿，大喷儿，大荒儿，大面儿，上大钱儿，当事儿，当腰儿，当院儿。

　　东北方言中的儿化作用与普通话基本相同。东北方言中儿化在区别不同词语方面也有很重要的作用，如"蹦蹦"是动词的重叠式，"蹦蹦儿"是名词，一种车的称谓；"打人"是述宾短语，是一种动作行为，"打人儿"是形容词，有引人注意的意思。

第二节　东北方言词汇

　　普通话以北方方言词汇为基础，东北方言是北方方言的重要组成部分。一方面，东北方言的某些词汇已经进入普通话词汇；另一方面，受普通话的影响，东北方言中也大量吸收和使用普通话的词汇。同时，东北方言中还保留了一些该地区的特有词汇。这些词汇或者与东北的历史、地理、民俗、文化心态相关联，或者与其来源相联系，反映着东北话词汇的特异性。下面有选择地介绍一些比较有特点的东北方言词汇。

一、反映东北人生活情状的词语

　　仓子，地窖子，马架，马架子，撮落子，茅楼儿，房箔，笆篱子，坑梢儿，坑头儿，出满月，揣（怀孕）落草儿，猫屋，猫炕，猫月子，猫下，藏猫猫，打滑刺溜，撸锄杠子，蹲风眼，卖大炕，抿怀儿。

　　上面的"仓子、地窖子、马架、马架子、撮落子"都是与建筑、居所相关的词语，其中，"仓子、马架、马架子、撮落子"都是小窝棚，"地窖子"是地洞。"茅楼儿"是厕所，一般都是建在住房之外的某个地方。"房箔"是用苇子、秫秸、枝条或窄木板等做成的房子的顶棚，上面附泥后再覆盖瓦片。"笆篱子"指监狱。"出满月、揣落草儿、猫屋、猫炕、猫月子、猫下"都与生育相关，其中"出满月"是指孩子出生后满一个月，在东北这个日子一般是要有庆祝仪式的。

"揣"即"怀孕"之意。"落草儿"指婴儿降生,"猫屋、猫炕、猫月子、猫下"都指妇女生孩子,按照原来东北的风俗,妇女生孩子后固定的时间内不能出门。"藏猫猫、打滑刺溜"是东北常见的游戏形式,其中,"藏猫猫"是捉迷藏,"打滑刺溜"是在冰面上滑行。"撸锄杠子"是指在田间劳作,东北用锄头榜地叫"搀锄杠子",也指相关的一些劳动行为。"蹲风眼"是"蹲拘留所","卖大炕"是"卖淫","抿怀儿"是用手将上衣合紧但不系扣。

二、表示时间、空间的词语

半晌,傍黑(儿),傍亮(儿)傍晌儿,擦黑儿,才刚儿,程子,春脖子,春起,春头子,多晚儿,多咱,赶后儿,管多,管多晚儿,管多咱,过晌儿,黑等半夜,黑家,黑家晚儿,后晌儿,后尾儿,今儿,今儿个,落黑儿,临末了儿,临了儿,临完,半腰,半当腰,当巴腰儿,当间儿,当央儿,浮上儿,浮头儿,旮旮旯旯儿,旮旯儿,犄角旮旯儿。

上面的"半晌,傍黑(儿),傍亮(儿)傍晌儿,擦黑儿,才刚儿,程子,春脖子,春起,春头子,多晚儿,多咱,赶后儿,管多,管多晚儿,管多咱,过晌儿,黑等半夜,黑家,黑家晚儿,后晌儿,后尾儿,今儿,今儿个,落黑儿,临末了儿,临了儿,临完,半腰,半当腰,当巴腰儿"等,都是表示时间的词语,大部分都跟"晌、晚、黑"相关,"晌"指中午,"晚、黑"指晚上或傍晚,由此加上相应的成分构成表示时间的词。大多透过构成成分就能理解词语的基本意义,如"傍亮儿"中"傍"为靠近、接近之意,"亮"指天亮的时间,"傍亮儿"就是天快亮的时候。上面"半腰、半当腰、当巴腰儿、当间儿、当央儿、浮上儿、浮头儿、旮旮旯旯儿、旮旯儿、犄角旮旯"都是表示空间的词语。"半腰、半当腰、当巴腰儿"是指垂直观察时中间的部分,"当间儿、当央儿"一般指平面观察时中间的部分,"浮上儿、浮头儿"是指表层,"旮旮旯旯儿、旮旯儿、犄角旮旯"指偏僻的角落。

三、标记身体部位的词语

东北方言中还有一些表示身体特定部位的词语，与普通话差异较大，比如：

波棱盖儿，大拇哥儿，肚囊子，耳台子，耳丫子，胳棱瓣儿，后脊梁，后脑勺儿，脊梁骨，肩膀头，脚脖子，脚孤拐，脚片儿，脚丫子，脚趾盖儿，卡巴裆，胯骨轴儿，肋叉子。

"波棱盖儿、胳棱瓣儿"都指膝盖，"大拇哥儿"是拇指，也称大拇指，因为东北话中"食指"也称"二拇哥"。东北地区有一首童谣《数数歌》就跟这个相关：

大拇指，二拇哥，三拇指，四拇哥，老五最小心眼多，你打好酒我来喝，我醉了，你睡了，呼噜呼噜尿炕了。

"耳台子"是耳根，"耳丫子"就是耳朵。"后脊梁"是指后背，"脊梁骨"除了指脊椎骨外，也有"后背"的意思。"脚脖子"是脚踝，"脚孤拐"指大趾和脚掌相连向外突出的地方。"脚片儿、脚丫子"都指"脚"，但含有"脚大"的意思。"脚趾盖儿"就是"脚趾甲"。"卡巴裆"是指裤裆，有"胯下"之意。"肋叉子"是胸部两侧肋骨的下面。东北方言中关于身体部位的词语基本上由词语本身大致能够猜出词语的意思，但是有一些词语的读音可能不同的地区会有一定的差异，如"卡巴裆"就有"kabadang"一说，也说"卡步裆"（kabudang）。

四、表示生产生活用具的词语

生产生活的用具，有些是东北地区特有的，有些是普遍都使用的，但在东北方言中往往有特殊的叫法，比如：

棒子，冰穿，掸瓶，电棒儿，掸子，电匣子，匣子，戏匣子，风匣，盖帘儿，广锹，果匣子，马勺，马勺子，背兜儿，被垛，麻花被，胯兜儿，臭球儿，电驴子，带车子，倒骑驴，驴吉普，花拉棒，花梨棒儿，火铲儿，火盆，家把什，炕琴。

"棒子"是指"瓶子"，也称"洋棒子"。"冰穿"是一种带有十字形木柄，装着铁尖儿的破冰工具。"电棒儿"是手电筒。"掸瓶"一般都是颈部细长、腹部圆大的瓷瓶。原来东北人在削好的木棍或竹棍的一端用将糊把鸡毛逐圈粘贴固定，用于打扫家具上的尘土，这个工具叫"掸子"，一般也称为"鸡毛掸子"。装棒子的瓶子就称为掸瓶。"电匣子、匣子、戏匣子"都指收音机。"风匣"就是风箱，是用于鼓风的工具。"盖帘儿"一般是用线将高粱秆以横纵相交的方式穿成的用具，一般用于放置食品或覆盖缸口或锅口。"广锹"就是铁锹。"果匣子"是装点心的盒子。东北人把糕点一般称为"果子"，装"果子"的容器称为"果匣子"，一般都是用较硬的薄纸板制成的。"马勺、马勺子"是炒菜的大勺，也称"大广勺"。"背兜儿"是背包。"被垛"是把被子按一定方式叠好并堆放在一起，一般直接放在炕头、炕梢或者放在炕琴上。"臭球儿"就是樟脑球，因其特有的味道而直接称为"臭球儿"。"电驴子"是摩托车。"带车子"是手推车，也叫"带子车"。"倒骑驴"是车身在前的三轮自行车，多用于短途运送货物。"驴吉普"是一种类似农村大车的小型两轮车，由毛驴拉着，很轻便。"花拉棒、花梨棒儿"是拨浪鼓，也叫"哗啦棒"，应是摹拟拨浪鼓摇动发出的声音的拟声词。"火铲儿"是烧火时用于铲燃料或灰土的工具，也称"火锹、掏火锹"。"火盆"是用于装未燃尽的木头（东北一般称为"火炭"）的容器，一般用泥烧制而成。在东北农村，冬季把火盆装上火炭放在室内用于取暖。"家把什"是用具、器物的统称。"炕琴"是放在炕上的用于装放衣物、被子的长形柜，一般放在炕梢儿。

五、表示服饰的词语

包包鞋，靴粮鞋，成衣铺，大布衫子，带大襟儿，褂子，汗褐儿，耳钳子，金钳子，金镏子，镏子，疙瘩鬏儿，呱嗒板儿。

"包包鞋"是女孩出嫁前做好的用包袱包起来的鞋。"成衣铺"是服装加工店。"大布衫子"是长而肥的布衫，也读为"dabushanzi"。"带大襟儿"是在身体一侧开口的上衣，一般衣襟比较大。"褂子"就是上衣。"汗褐儿"是夏天贴身穿的中式小褂。"耳钳子、金钳子、金镏子、镏子"都是饰品，其中"耳钳子"是耳环，"金钳子"是金耳环，"镏子"是戒指，"金镏子"是金戒指。"疙瘩鬏儿"是头发在脑后盘成的结，也叫"疙瘩纂儿"。"呱嗒板儿"是木制的拖鞋。

六、表示植物（农作物）的词语

苞米，车赛辘菜，大头菜，地豆儿，地瓜，地瓜花，老来变，疙瘩白，灰菜，培针狗尿苔，狗尾巴草，菇蒜儿，谷瘪子，猴腿儿，后老婆针，老母猪跷脚儿，猫耳朵菜，猫爪子，癞瓜。

"车轱辘菜"是车前草，"大头菜、疙瘩白"是结球甘蓝，"地豆儿"是马铃薯，"地瓜"是甘薯。"灰菜、猴腿儿、后老婆针、猫耳朵菜、猫爪子"都是指某种野菜。"老母猪跷脚儿"是指一种矮颗品种的高粱。"地瓜花、老来变"都是花的名称。"培针"是一种多年生木本植物，枝梗上带刺，其果实可以食用，俗称"酸枣"。"狗尿苔"是一种有毒的蘑菇。"狗尾巴草"是一种草的名字，也叫"莠子"或"毛莠子"。"菇赛儿"是一年生草本植物，其果实可以入药和食用，它的果实也称为"菇薪儿"。"谷瘪子"是结得很不饱满的谷粒。"癞瓜"是指苦瓜。

七、表示动物的词语

长脖老等儿，臭鸹鸹，老抱子，家雀儿，老鸦，刀螂，狗蹦子，老螳蚂螂，扁担勾，蛤蟆骨朵，马蛇子，狗驼子，黑瞎子，黄皮子，豆鼠子，老克畜，耗子，壳郎。

"长脖老等儿、臭鸹鸹、老抱子、家雀儿、老鸦"都是鸟名。"长脖老等儿"是腿和脖子都比较长的一种鸟，学名"苍鹭"，"臭鸹鸹"是布谷鸟，"老抱子"是孵过小鸡的老母鸡，"家雀儿"是麻雀，"老鸦"是乌鸦。"刀螂、狗蹦子、蚂螂、扁担勾、蛤蟆骨朵、马蛇子"包括昆虫和小型动物。"刀螂"是螳螂，"狗蹦子"是跳蚤，"老螳"是蟀螂，"蚂螂"是蜻蜓，"扁担勾"是身子比较长的蝗虫，"蛤蟆骨朵"是蝌蚪，"马蛇子"是蜥蜴。"狗驼子、黑瞎子、黄皮子、豆鼠子、老克畜、耗子、壳郎"都是动物。"狗驼子、黑瞎子"是黑熊，"黄皮子"是黄鼠狼，"豆鼠子"是田鼠，"老克畜"是老母猪，"耗子"是老鼠，"壳郎"是指半大的公猪。

八、表示人及人的情态的词语

　　表示某一类人或人的某种情态的词语在东北话中有很多，有一部分通过构词成分可以推测出词语的基本意义，有一些如果不是刻意学习就不好理解。"带葫芦子"是指女人与前夫所生的子女；"丁香儿的"是指巫师；"高草"是指难以对付的人；"猴七儿"是说人像猴子一样爱动，哪有事哪到；"后老儿"是指后爹；"胡子、花子对儿"都指土匪；"花舌子"是指能说会道、花言巧语的人；"家姑佬儿"是指没有出嫁的老姑娘；"尖子"指心眼多的人；"街溜子"是游手好闲的人，读为"gailiuzi"；"绝户气、绝户头、绝户头子"是指无儿无女或无后代的人家；"哭巴精"指爱哭的孩子；"老倒儿"是城里人对农村人的蔑称；"老客"指以经商为职业的人；"老蒯"指老伴儿；"姥娘、老娘"是外祖母；"老娘婆"是接生婆；"老吠儿"用于称山东人或有这个地方口音的人；"连桥儿、一担挑儿"是连襟的意思；"马子"是女流氓；"奶奶婆婆"是丈夫的奶奶，也称"奶奶婆"；"熊巴精"指老是哭哭啼啼的孩子。

九、表示气候地理等的词语

　　东北地区的气候特点是冬季漫长、寒冷、干燥、北风刺骨，冰冻时间长，因此在东北也形成了一些能够反映这个区域气候特征的词语。"冰溜子"是房上积雪融化后在房檐处因温度低而形成的倒挂在屋檐上的冰柱子。"冰坨子"是很重的冰块。"大雪泡天"是下大雪的天气，"大烟泡"指大风，"米棒子"是如小米大小的雪粒，"棉花套雪"多读为"miáo huā tào xuě"，是多片雪花黏结在一起形成的像棉絮一样的雪。"雪窝子"也读"xuě wōzǐ"，是降雪受风吹而在地面上形成的有坑状的积雪堆。"冰锥子、冰车子"是冬季东北孩子冰上滑行的一种工具，"冰锥子"多是在木柄上装上带尖的金属钎子做成，"冰车子"一般是在装订好的小木车下面安装两根金属条，人坐在或骑在冰车上然后用冰锥子触冰使其前行。"冰窟窿"是在冰面上用工具打出的洞，"冰灯"是用冰雕出来各种造型，里面可以放置灯火。"雪橇、狗爬犁"是东北雪上或冰上的交通运输工具。

十、表示食物的词语

东北地区有一些食品或者是食品的名称原是独有的,但是目前基本大家都比较熟悉了,这里只是列出一些比较有特点的。"饽饽"是东北平时和节日的主要食品,一般用黏米做成,有豆面饽饽、苏叶饽饽和黏糕饽饽等。豆面饽饽是用大黄米、小黄米磨成细面,再加进豆面蒸制而成;苏叶饽饽是用黏高粱面和小豆的豆泥混合拌匀,外面用苏叶包起来蒸熟而成;黏糕饽饽是用大黄米浸泡之后磨成面,在黄米面中间包上一些豆泥蒸熟而成。"补面"是制作面食时用的干面粉,也称"薄面、饽面"。"槽子糕"是流行于东北的传统糕点,由于是用槽形模具成形烘制,所以称作"槽子糕"。"馇子"是指玉米碾成的碎粒,也指用它制成的食品,也称"苞米馇子"。"刺嫩芽子"又称"刺芽、刺老芽、刺老鸦、刺楞芽子",可以生食、炒食、酱食、做汤、做馅,或加工成不同风味的小咸菜,味美香甜,清嫩醇厚,野味浓郁,是著名的上等山野菜,被誉为"山野菜之王"。

"大饼子"是用玉米面贴在锅的周围烙成的饼子。"锅出溜儿"是一种类似饼子的面食,制作时把面和稀,放在锅里烙。"糊米茶"是炒焦的高粱米泡的水。"花生豆儿"是花生米。"嚼谷、嚼果"泛指好吃的食物。"嗑籽儿、毛嗑儿"都是指向日葵的种子,作为食品时就这样称呼。"焖子"是东北地区特色小吃,现在在山东、河北、河南等地都有,不同地方,焖子的做法有差异。烟台、大连焖子用地瓜淀粉作为原料,河北行唐、定州焖子用精瘦猪肉和山药粉面灌制而成,河南禹州焖子用特殊红薯制作成半成品粉条压制而成,丹东焖子的原料是淀粉。"面起子"就是苏打粉,常用作食品制作过程中的膨松剂。

十一、东北方言中的俗谚

各地方言中都有一定数量的俗语、谚语,反映着这个地区不同方面的特征。东北话当然也不例外,也有一些俗谚蕴含着这里不同方面的文明和文化。

(一)与东北气候有关的俗谚

三九天穿裙子——美丽动人

冬天不戴帽子——动脑筋

你这个人是腊月生人——喜欢动手动脚

吃雪团打哈哈——满口冷笑

野鸡扎雪堆——顾头不顾尾

下雨天打孩子——闲着也是闲着

开河的蛤蟆——没油水

八月的天气——一会儿晴，一会儿雨

三月扇扇子——春风满面

头伏萝卜二伏菜，三伏还能种荞麦。

一九二九不出手，三九四九冰上走，五九六九沿河看柳，七九河开八九雁来，九九加一九，耕牛遍地走。

东北地区四季分明，尤其冬季气候寒冷。在长期的生产生活中，劳动人民创造了一些与气候有关的俗语、谚语、歇后语。"三九天穿裙子——美丽动人，冬天不戴帽子——动脑筋，你这个人是腊月生人——喜欢动手动脚"都是谐音歇后语，"动"是"冻"的谐音。"吃雪团打哈哈——满口冷笑，野鸡扎雪堆——顾头不顾尾，下雨天打孩子——闲着也闲着"是间接地反映东北地区的气候特征，是人们在长期的生产生活中创造出来的。东北冬季的雪天，人们有出去逐猎的习惯.就是雪后人们到山野里追逐捕获动物。野鸡被追得筋疲力尽后会扎进雪堆中躲避，但往往因为其尾巴较长而被发现，故有"顾头不顾尾"一说。东北雨天一般是东北人赋闲的日子，无法外出劳作，在这样的天气中打孩子，故而出现"闲着也是闲着"的说法，其实也不一定真的打孩子。经过寒冬，河流开始解冻，这时青蛙开始活动，表明的也是季节特征。《九九歌》可能除了东北，其他地区也有。东北地域的《九九歌》是应着节气来的，也反映了当地的气候特点。

（二）与东北饮食相关的俗谚

窝窝头翻个儿——现大眼儿

土豆搬家——滚球子

大拇指蘸酱——自己吃自己

骑毛驴吃豆包——乐颠馅儿

小鬼子吃高粱米——实在没法子啦

卖了孩子买笼屉——不蒸馒头争口气

庄稼佬不认锅烙——硬觉着不错

窝窝头掉地上踩一脚——不是个好饼

喝酱油放屁——闲的呀

傻子喝酒——锦州

老太太喝粥——锦西（现辽宁省葫芦岛市）

老太太靠墙喝稀粥——卑鄙无耻下流

王八啃西瓜——滚的滚爬的爬

喝酱油耍酒疯——闲的

核桃皮熬汤——全是坏水

铲子切菜——不地道

苣荬菜熬鲶鱼——苦了大嘴了

过年吃豆腐渣——心里没啥

吃苣荬菜拿接碟——摆谱

地瓜去皮——啥也不是

十坛醋泡一根黄瓜——你就可劲儿酸吧

烟袋锅炒爆米花一直蹦——有话直说

快刀切豆腐——两面光

猪八戒啃猪蹄儿——不知自觉

武大郎卖豆腐——人熊货也囊

小葱拌豆腐——一清二白

茶壶煮饺子——有嘴倒不出来/心里有数

土地佬喝烟灰——有那口神累（瘾）吃柳条拉筐子——肚子里编

凉水沏茶——硬充

擀面杖吹火——窍不通

豁牙子啃西瓜——道道多

凉锅贴饼子——溜了

连鬓胡子吃炒面——里挑外撅

马尾穿豆腐——提不起来

饺子破皮——露馅了

王八吃秤砣——铁心了

卤水点豆腐——一物降一物

当然，由于构造歇后语的需要，与饮食相关并不等于纯粹就是饮食类的歇后语。从这一类型的歇后语来看，主要取材于东北地区常见的食品，如"窝窝头、酱、豆包、高粱米、馒头、锅烙、土豆、粥、苣荬菜、馇鱼、豆腐渣、地瓜、黄瓜、爆米花、豆腐、猪蹄儿、小葱、饺子、炒面、饼子"等。当然也有一些歇后语没有出现典型的食品，但是有相关的制作食品的工具，如"笼屉、接碟、快刀、茶壶、擀面杖、凉锅"等。窝窝头一般是玉米面做的，圆锥形，底部有一个向里面凹进去的口，故得名"窝窝头"。窝窝头在蒸制时凹口朝下，故有"窝窝头翻个儿——现大眼"一说。"小鬼子吃高粱米——实在没法子啦"是有典故的。"没法"是"没伐"的谐音，"没伐"就是没有加工的。伪满期间，日本人只吃大米，不吃高粱米。1945年日本投降后，在东北的日本人没有大米吃，也吃高粱米饭，到后来没伐的高粱也吃了，于是就出现了如上的歇后语。"锅烙"是东北小吃，尤其在东北东部地区盛行。锅烙形状与饺子相同，但比饺子略大。制作锅烙一般是先在锅中加少许油，抹匀，油热后放入包好的锅烙，大火加热，待底部煎至微黄后加少许水，转小火，待熟后食用。因为锅烙是煎制的，所以边缘一般较硬，"庄稼佬不认锅烙——硬觉着不错"，这个歇后语就语出于此。"觉着"东北话中一般读为 jiaozhe\jiaozi，锅烙被看成是硬饺子，于是这个歇后语就产生了。苣荬菜，是菊科植物，又名荬菜、野苦菜、野苦荬、苦葛麻、苦荬菜、取麻菜、苣菜，味苦、性寒，所以"苣荬菜熬绘鱼——苦了大嘴了"这个歇后语就产生了。苣荬菜在东北地区很常见，其食用方式也很简单，洗净蘸酱即可食用。"接碟"是进餐过程中用于接住饭菜的专用餐具，如果在吃苣荬菜的时候使用接碟，就显得不伦不类，故而吃苣荬菜拿接碟就当然是摆谱了。

（三）与动物有关的俗谚

东北地广人稀，各种动物就比较多，如"鹿、獐、狗、熊、虎、兔、雉鸡、山羊、野猪"等，在原来的东北都是比较常见的。有很多动物人们都非常熟悉其习性，在长期的生产生活中，人们就利用动物的某些习性特征创造了大量的俗语、歇后语，当然也有一些是人们刻意创造出来的。

黑瞎子打立正——一手遮天

黑瞎子把门——熊到家了

黑瞎子推碾子——挨累还闹个熊

狗熊钻烟囱——太难过

耗子给猫当三陪——你挣钱不要命了

狗撵鸭子——呱呱叫

乌鸦落猪身上——只看到猪黑，没看到自己黑

猪鼻子插葱——装像

小王八屁股——新规定

王八屁股长疮——烂规定

老虎屁股——摸不得

小黄牛拉磨盘——没长劲儿

狗长椅角——整洋事儿

蚊子放屁——小气

癞蛤蟆掀门帘儿——露一小手

鸡屁股拴绳——扯淡

黄鼠狼摸电门——抖起来了

胡同里赶猪——直来直去

老虎打哈欠——神气十足

黑瞎子吃山梨——满不在乎

黑瞎子掉山涧——熊到底

黑瞎子劈苞米——劈一穗丢一穗

野猪舔牙——凶相外露

野鸡扎雪堆——顾头不顾尾

香獐子的肚脐——钱眼

马蜂的尾巴——真毒

黄鼠狼看鸡——越看越稀

牛犊子扑蝴蝶——心灵蹄子笨

黑瞎子耍门框——人熊家什笨

割猪割耳朵——两头遭罪

王八钻灶坑——又憋气，又窝火

黄皮子下豆雏子（田鼠）——一代不如一代

小家雀儿下个大鹅蛋——你口气不小

牛犊子逮老家贼——心灵身子笨

王八瞅绿豆——对眼了

懒驴不上套——欠抽

猴拿虱子——瞎掰

狗拿耗子——多管闲事

傻狗不识真

狗肉贴不到羊身上

吃屎的狗，断不了吃屎的路

狗肚子装不了二两香油

好狗不挡道

与动物有关的俗谚大都比较好理解，只要熟悉这种动物的活动习性，基本可以理解歇后语的意义。如"乌鸦落猪身上——只看到猪黑，没看到自己黑"，乌鸦全身黑色，另外，原来在东北地区养猪，基本都是黑猪，不像现在白猪居多，这样就造成了如上的歇后语。"小黄牛拉磨盘——没长劲儿"也说"小驴拉磨——没长劲儿"，小的牛或驴因为没有发育成熟，不能长时间劳作，所以就出现了这样的歇后语。

事实上，东北方言中有关动物的词语数量也比较大，如：

猴拉拉的（非常，特别）

猴脾气（喜怒无常的脾气）

猴七儿（好动、好事的人）

猴头巴脑的（瘦小难看，调皮不稳重）

猴头八相的（同"猴头巴脑的"）

虎吧的（傻）

虎车车的（缺心眼儿，傻）

虎大山粗（人身体高大结实）

虎蛋（做事莽撞，傻里傻气的人）

虎虎嘈嘈的（又愣又傻）

虎拉吧唧（同"虎虎嘈嘈"）

虎拉吧儿的（无缘无故地）

虎拉胱叽（傻，缺心眼儿）

虎皮色（做出点成绩）

虎势（敢闯敢干；威武的样子）

虎实实（威武的样子）

虎着脸（脸色阴沉，露出凶相）

虎噪噪（鲁莽，冒失；愣头愣脑）

驴脸搭瓜（脸长而板着，不高兴）

驴脸瓜搭（同"驴脸搭瓜"）

驴年马月（何年何月）

驴脾气（暴躁，不讲理的脾气）

熊包（软弱无能的人）

熊包蛋（同"熊包"）

熊蛋（同"熊包"）

熊蛋包（同"熊包"）

熊拉吧唧的（形容人软弱无能）

熊气（胆怯，懦弱）

熊色（软弱无能的样子）

熊样（同"熊色"）

熊色样（同"熊色"）

熊住（把人整治住）

十二、东北方言中的数字词

数字词语在任何语言和方言中都存在，东北方言中也存在数量较大的数字词，如：

一嗷嗷（异口同声）

一半会儿（短时间）

一扯气儿（一口气）

一程子（一些日子）

一跛一滑的（走一步滑一步）

一打（自从）

一担挑儿（连襟）

一道货（一路货）

一迭声儿地（连声）

一对儿（一起）

一对双儿（双胞胎）

一个点儿（连续，不间断）

一挂二手（捎带着）

一哄哄的（纷纷传说）

一截股（一段，一截儿）

一劲儿（一直不停）

一惊一乍（说话时大惊小怪的样子）

二赖子（不务正业，游手好闲的人）

一来一来的（有招法，会做事）

一老本实儿（老老实实）

一愣一愣的（发愣而不知所措）

一连气儿（一连）

一连声儿（连声）

一连下儿（同"一连气儿"）

一溜儿（一排）

一溜气儿（一口气儿）

一溜十三遭（用很长时间很大力气）

一溜歪斜（歪歪扭扭，也说"里溜外斜"）

一码（ma）儿（可能，大概，全部）

一门儿（老是，一直）

一门心思（思想专一，不想别的）

一时半会儿（同"一半会儿"）

一顺水儿（全部一样的）

一抬一夯地（你一句我一句地）

一哇哇（声音非常响）

一嗡嗡的（声音大而嘈杂）

一窝一块儿（一伙儿的，一起的）

一窝子（一家子）

一小儿（从小，小时候）

一心巴火（一心一意）

一影不差（一点不差）

二八月庄稼人（对农活似懂非懂的人）

二把刀（一知半解，技艺不精湛的人）

二百五（不精明，缺心眼的人）

二半潮子（同"二百五"）

二不愣（傻子）

二不愣登（傻里傻气）

二潮扣（缺心眼，发傻的人）

二马天堂（糊里糊涂）

二杆子（做事固执，脾气倔的人）

二乎（马虎，不认真；傻，糊涂）

二虎（傻，缺心眼儿）

二虎巴登（傻里傻气）

二虎吧唧（同"二虎巴登"）

二荒地（种过又荒了的土地）

二混子（二流子）

二混屁（同"二混子"）

二甲子（三年生的人参）

一块堆儿（同一处；一起）

二流大挂（懒懒散散，流里流气）

二二乎乎的（犹犹豫豫，迷迷糊糊）

二皮脸（脸皮厚）

二五眼（眼力差；能力差）

二五子（一知半解的人）

二意忽忽（三心二意，犹豫不决）

二意思思（同"二意忽忽"）

二影没差（非常相像，毫无区别）

二影不差（同"二影没差"）

三吹六哨（说大话，夸口）

三老四少（民间秘密结社的青帮称帮里的人为三老四少）

· 50 ·

第三章 东北方言本体概貌

四脚落地（最后决定下来；放下心）

三亲六故（亲戚朋友）

三日两头（间隔时间短）

三天两头（同"三日两头"）

三星晌午（半夜过后）

四脖子（满脖子）

四散大开（彻底敞开）

四方大脸（方形的大脸）

四棱四角（非常整齐）

四棱窄线儿（同"四棱四角"）

四六不懂（什么都不懂）

四马汗流（浑身流汗）

四五大六（知识，道理）

四五六（同"四五大六"）

四仰八叉（仰面朝天）

四正（整齐，利索）

四枝八叶（整洁，齐全）

五大三粗（身体魁梧，结实）

六够儿（表示程度严重）

七大八（大概）

七大姑八大姨（泛指一般的亲戚）

七三八四（责怪的话说得很多）

七早八早的（特别早）

八瓣儿（比喻零碎）

八出戏（家庭等复杂的矛盾）

八打儿（八成，大概）

东北方言中的数字词语很多都是约定俗成的，有些已经不好看出其原意，而且有些词语在实际交际中变读的情形比较多。如"一半会儿"经常读为"yibanhuier",表示"一起"的"一对儿"读为"yiduier","一来一来的"多读为"yilaieryilaierde","二不楞登"读为"erbulengdeng"。

十三、东北方言与普通话差别较大的词语

东北方言词汇具有生动形象、简洁明快、通俗易懂、幽默蕴藉的特质,特别富有节奏感,这与东北人豪放、直爽、乐观、向善的性格极其吻合。有一部分东北方言词与普通话词语有很大区别,上面我们列出的一些就是这样的。下面有选择地再列举一些:

(一)生理类

髟儿头——额头

胳肢窝——腋窝

波棱盖儿——膝盖

筋梁骨——脊背

票虎——屁股

跑破鞋——不正当的男女关系

哈喇子——口水

缺心眼儿——理智不健全

咂咂——乳房

刺挠——痒痒

身板儿不利索——指怀孕

捎色——褪色或丢脸

双棒儿——双胞胎

大腿拌儿——大腿弯

秃老亮——秃顶或秃头的人

(二)动物类

牛犊子——小牛崽

猪羔子——猪崽儿

羊羔子——小羊崽儿

虎犊子——骂人的话

兔羔子——兔崽子（骂人话）

王八犊子——骂人话

蚂螂——蜻蜓

始蝴儿——蟋蟀

曲蛇——蚯蚓

大眼贼儿——田鼠

豆杵子——田鼠

长虫——蛇

马蛇子——蜥蜴

老鸰子——老鹰

蛤蟆骨朵儿——蝌蚪

臭鸹鸹——布谷鸟

老家贼——麻雀

黑瞎子——黑熊

张三儿——狼

花大姐——七星瓢虫

（三）称呼类

屋里的——老婆或妻子

往们——我们

捶们——他们

拖油瓶——后娘带来的孩子

个个——自己

自己个——自己

老娘们儿——专指成年女性或指老婆

孙男弟女——指同族的老少辈人

护肚巾——兜肚

小分子——小孩

半拉子——半个劳动力

姑嫂俩——哥俩的媳妇

老花子——叫花子

（四）物品类

茅楼儿——厕所

毛道儿——羊肠小路

拐香、香晃——墙角或角落

电驴子——摩托

公母俩——夫妻俩

地蹦子——不踩高跷的秧歌

电匣子——收音机

牯轳棒子——没结婚的老男人

饴格话——含糊话

胡子——土匪

胡巴烂啃的——烧焦的样子

绝户——指没有儿子的人家

手捂子、手闷子——棉手套

手巴掌——手套

双响子——二踢脚

麻雷子——较大的爆竹

盖帘儿——高粱秆串的板

灶坑——烧火做饭的地方

羹匙儿——小勺儿

家把巴什——工具

（五）形容人的词语

嚼哦嘴喷——形容说话絮絮叨叨

捯（dáo）饬捯饬——梳洗打扮

瞎掰、白话——瞎说

扒楞扒楞——用手动一动

滚犊子——滚蛋、滚开

踅（xué）摸——寻找

麻溜的——快点的

搁了搁了——搅拌

欠儿登似的——能显或多嘴多舌

嘚瑟——形容能显能吹忘乎所以的样子

喊哧咔嚓——形容爽快、干脆

秃噜反帐——不讲信用，反复

隔路、隔色——形容人性格与众不同

哆目卡哧眼的——不干净，不整洁

老鼻子了——形容特别地多

磕碜（kē chēn）——难看

螳朗子——指软弱可欺的人

走道了——改嫁了

急头掰脸——急赤白脸、急头白脸

三老四少——民间秘密结社的青帮

犟眼子——固执

三七疙瘩话——牢骚话

（六）其他类

不夸堆儿——形容东西少，不够数

浮溜浮溜的——容器满了要溢出来了

咔嚓——象声词，形容声音

寒碜——丑陋、难看、丢脸

老奋儿——对河北唐山人的称呼

钟大劲——使出最大力气或尽最大努力

两眼一抹黑——指人生地不熟

埋汰——不干净

闷咔闷咔——语迟、有数不愿意说

欻欻（chuā chuā）的——象声词，形容队伍走得整齐

瓢了——物体变形

秃噜扣儿——定准的事又改变了

欠儿欠儿的——形容喜欢多事

死个丁的——食物不松软、不暄腾

外道——不实惠，过分客气

第三节　东北方言语法

语法包括句法和词法两个部分。从方言和普通话比较的角度看，东北方言与普通话的差异一般认为在语法方面是最小的，即东北方言语法的内部一致性以及与普通话相比较的相同性方面都是最大的。但东北方言在语法方面也有一些独特的地方值得研究，主要表现在构词、句式、语序、语气词等方面。

一、东北方言的构词法

汉语构词主要采取复合法，即词根和词根通过特定的关系组合在一起构成词的方式。汉语中还有附加构词、重叠构词等方法。东北方言基本也采用这样的构词法，但是在具体构成方面有一定的特点。下面主要介绍东北方言中的附加构词法和重叠构词法。

（一）东北方言中的附加构词

东北方言的附加构词主要有前加式、中加式和后加式三种。

1. 东北方言中的前加构词

东北方言中的前缀不是很多。普通话中的前缀"老 -""第 -""阿 -""初 -"大多数在东北话中也用，如：

老师，老虎，老鼠，第一，第二

第三，阿姨，阿飞，初一，初二

同时东北方言中还有一些比较特殊的词汇，如：

老抱子（孵过小鸡的老母鸡）

老背（lǎo bèi，最后一个）

老鼻子（很多）

老倒儿（城里人对农村人的不礼貌的称呼）

老疙瘩（排行最小的子女）

老赶（对某种知识一无所知）

老家贼（麻雀）

老客（以经商为职业的人）

老闷儿（少言寡语的人）

老末儿（落在最后的）

老蕉儿（老实、不爱讲话的人）

老娘们儿（对妇女的称呼，有轻蔑的意味）

老娘婆（接生婆）

老呔儿（对山东人或是说话有这个地方口音的人的称谓）

老外（外行）

老蜂（螳螂）

老猪腰子（抱定不放的主意）

此外，东北方言中还有两个比较常用的前缀，即"精 -""稀 -"，如：

精细，精稠，精瘦，精薄，精稀，精湿，精泞（jīng néng），精潮

稀软，稀碎，稀烂贱，稀烂，稀瘪，稀酥，稀脆，稀软，稀碎

"精，稀"都带有程度意义，表示"很、非常"，同时表示说话人对事物等

所处状态的一种排斥的感情，如"还减肥啊，都那样精瘦精瘦的了"；表示说话人建议不要再减肥，"瘦"的状态已经不是很正常了。"这饭煮得稀烂，还怎么吃啊"是说饭煮得有些过火，不适宜食用。

2. 东北方言中的中加构词

一般认为，东北方言中有所谓的中缀，常用的有"不""了巴""了咕"等，如：袅儿悄儿——袅儿不悄儿 冷丁——冷不丁

附加中缀构词在东北方言中虽然数量不是很大，但这种现象比较普遍。由原词附加中缀构成另外一个词，往往在某些方面也发生变化。这些词大多是形容词，在未附加中缀之前，多是性质形容词，也就是说，它们大都可以说成"很埋汰、很恶心、很憋屈、很阿磅、很牙磅、很糊涂、很啰唆、很花哨、很糊涂、很土气"，但是附加中缀后，或者直接变成状态形容词，或者使原来的状态形容词更加具有生动色彩，同时还能够表达说话人某种特定的情感取向，而且往往都是消极的取向。

3. 东北方言中的后加构词

在词根上附加后缀构成新词，是东北方言中比较常见的一种构词方法。这一类词在东北方言中占有相当大的比例。

（1）巴

"巴"作为后缀，在东北方言中的构词能力很强，可以构成名词、动词、形容词，如：

哑巴（名词兼动词）

瘫巴（名词兼动词）

尾巴（yiba，名词）

泥巴（名词）

磕巴（名词兼动词）

锅巴（名词）

嘴巴（名词）

嘎巴（名词兼动词）

这类词语大部分已经进入普通话，但有些词在东北方言中有特定的读音，如"尾巴"常读为"yǐ ba"，"嘎巴"常读为"gā ba"。

带"巴"作后缀构成的动词数量比较大，一般都是附加在单音节的词根后面，如：

擦巴，揉巴，捏巴，搓巴，捆巴，勒巴，安巴，掐巴，拔巴，抹巴，洗巴，涮巴，刷巴，挑巴，拣巴，抻巴，扯巴，缠巴，造巴，锤巴，撕巴，试巴，涂巴，砍巴，剁巴，卸巴，拆巴，切巴，攥巴，拧巴，德巴，拽巴，挽巴，砸巴，凿巴，写巴，算巴，搅巴，嚼巴，搀巴，扫巴，拖巴，卷巴，绑巴，推巴，拉巴，揪巴，蹭巴，抿巴，择巴

这类动词往往表示动作的一种随意性、反复性，有做事较为容易、技艺精湛的褒义色彩，有时也含有做事不认真、敷衍了事、马马虎虎的贬义色彩，如：

擦巴擦巴就行了，不用太认真。

他捏巴捏巴就做好了一个泥人儿。

这玩意儿好择，摺巴摺巴就行！（赵本山小品《同学会》）

带"巴"作后缀构成的形容词在东北方言中也比较常见，如：

紧巴，干巴，皱巴，窄巴，抽巴

糊巴，褶巴，葛巴，歪巴，赖巴

这些形容词与其词根的基本意义大致相同，如"紧巴"的意思与"紧"、"干巴"的意思与"干"大致都是一样的。但是从使用上来看，带有"巴"后缀的形容词口语色彩浓重，更加适合在口语中使用。从说话者所表达的感情色彩上讲，这类形容词多带有贬义，表达说话者不满、厌恶等情绪，如：

这花一天不浇水就干巴了。

一个大男子汉却长得抽儿巴儿的。

这些"巴"作后缀的形容词往往可以以一定的方式重叠，如：

紧巴，紧巴巴，紧紧巴巴；皱巴，皱巴巴，皱皱巴巴；干巴，干巴巴，干干巴巴；窄巴，窄巴巴，窄窄巴巴

（2）嗒

东北方言中，以"嗒"为后缀的构词现象也很常见。通常情况下，"嗒"与

动作性强的动词词根搭配使用，而且这类动词词根必须是单音节的，如：

拍嗒　　冒嗒　　敲嗒　　扭嗒　　磕嗒　　扑嗒　　呲嗒　　喝嗒

倔嗒　　出嗒　　点嗒　　蹽嗒　　忽嗒　　颠嗒　　摔嗒　　吧嗒

撼嗒　　掂嗒　　跺嗒　　甩嗒　　悠嗒　　捶嗒　　耸嗒　　蹦嗒

"嗒"作为后缀的动词具有明显的口语色彩，这些动词也可以重叠，如：

拍拍嗒嗒　　敲敲嗒嗒　　扭扭嗒嗒　　呲呲嗒嗒　　喝喝嗒嗒

倔倔嗒嗒　　蹽蹽嗒嗒　　忽忽嗒嗒　　颠颠嗒嗒　　摔摔嗒嗒

甩甩嗒嗒　　悠悠嗒嗒　　耸耸嗒嗒　　蹦蹦嗒嗒　　遛遛嗒嗒

这类词在使用中往往表现动作的重复、随意，口语化色彩更加浓重，如：

老爷爷磕嗒磕嗒烟袋，又吧嗒两口烟。

你总和长辈拍拍嗒嗒的，多不礼貌！

这孩子一点都不稳当，老是蹦蹦嗒嗒的！

（3）拉

"拉"作后缀可以构成动词、副词、名词等不同词性的词。当以"拉"为后缀构成动词时，一般要读轻声，而且后缀"拉"可以用后缀"楞""喽"替换，如：

划拉　　划楞　　划喽

扑拉　　扑楞　　扑喽

抖拉　　抖楞　　抖喽

扒拉　　扒楞　　扒喽

豁拉　　豁楞　　豁喽

归拉　　归楞　　归喽

这些动词都具有明显的口语色彩，一般都可以重叠，如：

划拉—划拉划拉　　扑拉—扑拉扑拉　　抖拉—抖拉抖拉

扒拉—扒拉扒拉　　豁拉—豁拉豁拉　　归拉—归拉归拉

动词的重叠式在使用中表现出一种随意性和动作的反复性，如：

一会儿来戚儿了，你先把屋子归拉归拉。

把布衫子抖拉抖拉，省得都尘土。

把桌子上的书简单归拉归拉，多乱啊！

"拉"后缀构词有时候能构成副词或形容词，如：

忽拉　　贼拉　　血乎拉　　热乎拉　　稀拉

这种方式构成的词往往具有形象色彩，如：

忽拉围上来一帮人。

你穿这身衣服贼拉带劲！

别说啦，血乎拉的。

什么天，热乎拉的，直憋得慌。

他那还叫头发啊，就稀拉几根毛。

有时候还可以说成"血乎拉拉、热乎拉拉"，基本意思是一样的，但口语色彩更加浓重。

"拉"读成上声（lǎ），可以加在表示处所的词语后，"拉"在东北方言的部分地区还可以儿化，如：

上边拉，下边拉，左边拉，右边拉，前边拉，后边拉，东边拉儿，南边拉，西边拉，北边拉，旁边拉儿，这边拉儿，那边拉，一边拉

在处所词后附加后缀，没有改变词的意义，但更加口语化，在东北方言口语中很常见，如：

我旁边儿拉儿坐着个小丫头。

东边儿拉儿有口井，就去那儿挑水。

这边儿拉儿都是我们堡子的，你去那边儿拉儿翅摸翅摸吧。

（4）挺/得慌

"挺"和"得慌"是东北方言中比较常见的后缀，它们作用相同，词义也基本相同。"挺"作为后缀读为轻声，多数含有"挺"后缀的词有贬义色彩，表达说话人不满意的情绪，如：

闹挺　烦挺　憨挺　愁挺　累挺　闷挺　堵挺　挤挺　饿挺

勒挺　购挺　蛰挺　胀挺　箍挺　喳挺　硌挺　冻挺　窝挺

别挺　压挺　呛挺　烤挺　烧挺　熏挺　烫挺　热挺　酸挺

乏挺　吹挺　捂挺　撑挺　扎挺　晃挺　磨挺　晒挺　绷挺

上述说法中"挺"都可以用"得慌"替换，如：

闹得慌　烦得慌　憋得慌　愁得慌　累得慌　闷得慌　堵得慌

勒得慌　饿得慌　蛰得慌　胀得慌　箍得慌　噎得慌　珞得慌

这些成分都表示某种特定的状态，在东北方言口语中比较常用，如：

我就觉（jiǎo）得闹得慌，想出去走走。

屋里闷得慌，出去遛遛儿去。

人是铁饭是钢，一顿不吃饿得慌。

（5）哧

"哧"后缀一般用在单音节动词的后面，单音节动词加"哧"后缀后仍然是动词，表示特定的动作，如：

抠哧，挠哧，揉哧，拧哧，掰哧，拉哧，撩哧，翻哧

这类动词动作性比较强，通常与手部动作有关，口语色彩浓厚，可以单独使用或重叠使用，如：

你闲着没事老撩哧别人干啥？

这事儿我得跟你好好掰哧掰哧。

把面好好揉哧揉哧，好发得快点。

（6）咕

东北方言中的"咕"后缀多与单音节动词搭配，且读轻声，如：

捏咕，捅咕，挤咕，扎咕，抹咕，拽咕，摸咕

戳咕，拧咕，捣咕，眨咕，叨咕，搭咕，嘀咕

这类动词多表示动作的幅度小及连续性，可以单独使用，也可以重叠使用，如：

你别老捅咕我，有啥话你直接说！

他们互相眨咕眨咕眼，真不知道他们葫芦里卖的什么药。

（7）巴拉

"巴拉"多用作形容词后缀，有增添生动性的作用。与"巴拉"搭配的词根通常为双音节形容词，如：

难受巴拉，痛苦巴拉，窝囊巴拉，恶心巴拉，邪乎巴拉

二虎巴拉，闹心巴拉，淘气巴拉，磕碜巴拉，憋屈巴拉

烦人巴拉，伤心巴拉，揪心巴拉，操心巴拉，费劲巴拉

咯应巴拉，碍事巴拉，小气巴拉，埋汰巴拉，糊涂巴拉

与"巴拉"搭配的形容词差不多都是形容人心情烦闷或含有贬义色彩的形容词。"巴拉"后缀往往使形容词贬义色彩更加浓厚，如：

雅安地震弄得全国人民都难受巴拉的。

他这人总是小气巴拉的。

事情一多就弄得我闹心巴拉的。

你看你吃东西的样子，恶心巴拉的！

（8）了吧唧

"了吧唧"是东北方言中使用较为广泛的一个后缀，与其搭配的词根通常是单音节形容词，其中"了"读轻声。"了吧唧"可以附加在表示气味、颜色等意义的形容词后面，如：

酸了吧唧，甜了吧唧，馊了吧唧，苦了吧唧，辣了吧唧，咸了吧唧，臭了吧唧，膻了吧唧，涩了吧唧，淡了吧唧，腥了吧唧，糊了吧唧

表示气味的形容词词根附加"了吧唧"后缀后，多表达说话者不满意或厌恶的情绪，如：

这菜甜了吧唧的，一点都不下饭。

什么东西，酸了吧唧的，赶紧扔了。

涩了吧唧的，你还说好吃呢。

"了吧唧"附加在表示颜色的形容词词根后面，构成特定的形容词，如：

绿了吧唧，粉了吧唧，黄了吧唧

紫了吧唧，青了吧唧，黑了吧唧

"了吧唧"与表示颜色的形容词搭配时，多表示颜色不纯正，表达说话者厌恶的情绪，如：

这衣服紫了吧唧的，多显老！

还好看呢，黄了吧唧的，一点都不好看。

黑了吧唧的，太阿够了。

"了吧唧"通常也可以加在表示人的情形状态的词根后面构词，如：

笨了吧唧，傻了吧唧，着了吧唧，虎了吧唧，二了吧唧，牛了吧唧，病了吧唧，狂了吧唧，疯了吧唧，傲了吧唧，浑了吧唧，蠢了吧唧，奸了吧唧，刁了吧唧，横了吧唧，呆了吧唧，驴了吧唧，贱了吧唧，屁了吧唧，损了吧唧，得了吧唧，倔了吧唧，闷了吧唧，凶了吧唧

这类形容词词根本身就带有贬义色彩，加上后缀"了吧唧"之后加深了贬义的程度，而且增添了口语色彩。

"了吧唧"还可以附加在表示事物属性的词根后面构词，如：

烂了吧唧，硬了吧唧，稀了吧唧，破了吧唧，旧了吧唧，瘪了吧唧，扁了吧唧，黏了吧唧，细了吧唧，湿了吧唧，水了吧唧，软了吧唧

这类形容词词根有的含有贬义色彩，有的没有，加上"了吧唧"后缀后都变成贬义词，表达说话者不满意的情绪，如：

这饭煮得硬了吧唧的，怎么吃啊？

什么啤酒，水了吧唧的！

这什么粥，稀了吧唧的，退回去。

（9）不溜丢

"不溜丢"是东北方言中常见的一个后缀，其作用与"了吧唧"不同，往往表示说话人喜爱的色彩，如：

酸不溜丢，甜不溜丢，苦不溜丢，辣不溜丢，咸不溜丢

绿不溜丢，粉不溜丢，黄不溜丢，紫不溜丢，黑不溜丢

在交际中，东北方言区的人经常使用这样的差异进行表述，如：

这橘子酸不溜丢儿的，挺好吃。

这橘子酸了吧唧的，一点儿都不甜。

（10）不愣登

"不愣登"也是带有贬义色彩的后缀，如：

直不愣登，虎不愣登，二不愣登，傻不愣登，倔不愣登

浑不愣登，横不愣登，驴不愣登，屁不愣登，闷不愣登

与"不愣登"相似的还有一个后缀"不溜星"，但使用范围不是很广，如：

成天屁不愣登的，没个正形。

别屁不溜星的，好好的，有点样儿。

前者往往不能表示喜爱，后者有时候可以。

（二）东北方言中的重叠构词

重叠构词在普通话中也比较常见，如：

猩猩，姥姥，潺潺，皑皑，瑟瑟

姐姐，哥哥，爹爹，仅仅，刚刚

其中"猩猩、姥姥、潺潺、皑皑、瑟瑟"中的"猩、姥、潺、皑、瑟"都只是音节，不能够单独在交际中使用。"姐姐、哥哥、爹爹、仅仅、刚刚"中的"姐、哥、爹、仅、刚"本身就是语素，有时也可以单独成词，可以在交际中直接使用，这是普通话中重叠构词的情形。东北方言中也有重叠构词的情形，而且很多重叠词能够表现东北方言的特征。

1. "AA"式重叠词

东北方言中的 AA 式重叠词就是由两个相同的音节或语素以重轻格构成的词，如：

哔哔（bī 乱说）

跺跺（不停地跺脚）

梗梗（gěng 直挺着脖子）

勾勾（gōu 弯曲不直）

祸祸（浪费，糟蹋）

眯眯（眼睛眯成缝）

抽抽（紧皱）

绷绷（bēng 收紧）

觑觑（qū 眯缝眼睛看）

歪歪（歪斜）

以上这些重叠词都是动词，如：

下回都别在这里瞎哗哗！

他把这东西都祸祸坏了。

孩子4岁，近一周孩子看东西总爱觑觑眼，咋回事？

你歪歪个脑袋，干啥呢？

还有一些动词表示以特定方式发出声音，往往与人的发音器官的动作相关，如：

吧吧（不停地说）

叨叨（连续地说）

嘴嚼（不住嘴，瞎说）

咧咧（到处说三道四）

嗡嗡（一群人小声说话）

哼哼（哼唱）

哽哽（从鼻子或嗓子发出不明朗的声音）

这些词多是表示说话或发出特定声音，可以表示这个动作，有时也可以表示伴随动作的状态，如：

成天瞎吧吧啥，就不能干点正经的。

小嘴成天吧吧的，正事没看干多少。

就知道整天瞎嘴嘴，能不能实惠地干点事。

别胡咧咧，压根儿就不那么回事。

另外还有一些动词，表示心理感受或特定动作，如：

惦惦（惦记）　念念（念叨）　突突（心跳加快）

2 "AA 的"式重叠词

东北方言中的"AA 的"式重叠词大多是状态形容词或者是副词，表示某种状态，常用的"AA 的"式重叠词如：

饱饱 de（吃得很饱的样子）

晃晃 de（走路摇动的样子；闲逛）

噌噌 de（行动迅速的样子）

登登 de（形容走路有力；满满的，紧紧的）

嗷嗷 de（相当于"非常"）

杠杠 de（相当于程度副词"非常"）

这些重叠词多是描写某种状态，在东北方言的日常口语中使用频率比较高，如：

吃得饱饱的好下地干活。（一定要吃饱，然后到田地里干农活。）

那个人走路晃晃的，很难看。（那个人走路摇摇晃晃的，很难看。）

人家都忙得够呛，你却晃晃地没事干。（我们都非常忙，你却很闲，没有事情做。）

别看他都七十多岁了，走起路来还登登的呢。

衣服买小了，穿身上登登的。

麻袋塞得登登的，再也装不下了。（麻袋装得满满的，再也装不进其他东西了。）

那家伙嗷嗷的，没治了。（那个东西非常非常好。）

这机器杠杠的，用个十年八年没问题。（这机器很好很耐用，使用十年左右没有问题。）

这机器杠杠好。（这机器非常非常好。）

3."ABB"式重叠词

东北方言中有一部分 ABB 式的重叠词，多是状态形容词，用于描写某种特定的状态，如：

胖乎乎，肉筋筋，闷乎乎，傻乎乎

唱嗷嗷，白生生，黄焦焦，大咧咧

盛叨叨（兴冲冲），横叨叨（态度蛮横），狠呆呆

这些词也可以归入附加式构词，因为重叠的 BB 往往可以看成是叠音的词缀。这些词基本使用词根的基本意义，叠音的词缀往往有增加程度的作用，使词语更加生动、形象，如：

那小小子胖乎乎的，老招人稀罕了。（那小男孩胖胖的，特别讨人喜欢。）

她说我傻，说我闷，干啥不保根，办事肉筋筋的。（做起事来性子缓慢）

成天横叨叨的，干什么玩意儿？（整天态度不温和，为什么呀？）

4. "ABAC" 式重叠词

东北方言中的 ABAC 式重叠词是重叠中的一个成分，其他两个成分 BC 可以成词，也可以不成词，如：

胖头胖脑，鬼头鬼脑，虎头虎脑，假声假气

瓮声瓮气，浪声浪气，动手动脚，假模假式

这些重叠词有些是动词，大多是形容词。形容词多用于描写某种特定的状态，如：

那小小子虎头虎脑的，老招人疼了。

瞧她那浪声浪气的样儿，看着就恶心。

别跟我假模假式的，我还不知道你狗肚子里盛多少香油！

5 "AABB" 式重叠词

东北方言中的 AABB 式重叠词主要是动词或形容词。动词往往能够表示出动作连续的状态，形容词往往有增加程度意义的作用，如：

疯疯癫癫，骂骂咧咧，诈诈呼呼，热热闹闹，筋筋拉拉，丝丝拉拉，抖抖擞擞，利利索索，婆婆妈妈，埋埋汰汰，磨磨丢丢，神神道道，扁扁哈哈，瘪瘪瞎瞎，二二思思，笨笨卡卡，癫癫疤疤，赖赖唧唧，意意思思

这些词在日常交际中的使用频率比较高，如：

一天到晚骂骂咧咧的，跟谁欠她多少钱似的。

什么破玩意儿，扁扁哈哈的，成难看了。

瞅他那笨笨卡卡的样，也不会是什么高人。

6. "ABAB" 式重叠词

东北方言中的 ABAB 式重叠词的构词方式与普通话中动词的重叠构成方式基本一致，所以如果 AB 不成词，东北方言中的 ABAB 可以看成词法中的构词方式；如果 AB 成词，也可以看成动词的重叠形式，如：

隔叽隔叽（挠痒痒，有亲昵之意）

沫叽沫叽（把液体状的脏东西弄得到处都是）

咯叽咯叽（因为小事拌嘴）

呱唧呱唧（鼓掌）

提巴提巴、搓巴搓巴、揉巴揉巴

二、东北方言中数词的使用

数词是用来表示基数或序数的。在现代汉语普通话中，数词具有较强的构词能力。在东北方言中，数词也往往被运用得恰到好处，使方言表达更加生动、形象。

（一）数词的嵌入

东北方言中，数词的嵌入往往使得东北方言形象而生动，如：

七大八（大概）

七早八早的（形容特别早）

七大姑八大姨（泛指一般的亲戚朋友）

七三八四（形容责怪的话说得很多）

四脖子（满脖子）

四敞大开（彻底敞开）

四方大脸（呈方形的大脸）

四棱四角（非常规矩、整齐）

四六不懂（什么也不懂）

四棱窄线儿（非常规矩、整齐）

三亲六故（亲戚朋友）

三日两头（隔不长时间）

三吹六哨（说大话，夸口）

一条道跑到黑（坚持一件事）

两眼一抹黑（对情况不了解）

八竿子打不着（没有关联）

一溜十三遭（用了很长时间，费了很大气力）

七股肠子八股拽（心眼多，不靠谱）

东北方言中，还可以用数词"八"表示"基本""多数"等意思，如：

八分饱　八成新　一春带八夏　一只脚踏八只船　一个姑娘找八个婆家　离八百丈远　八辈子没吃着了　八九不离十　有个七老八

同时，还可以由数词"三"与"四"组合起来，表示"全、足"等意思，如：

有再一再二，可没有再三再四的。（不可以多次重复）

三铺四盖（铺盖充足）

事不过三（做错事多次，就过分了，不能再宽容）

四下不够天（有缺欠，不完备，不够使用）

四大崩散（全面溃散，缺损）

（二）表非数功能

在东北方言中，有这样一类由数词与数词或由数词与其他词组成的词语，其中的数词并没有表示数量的功能，比较如下两组对话：

A1：这个桌子多少钱？

A2：二百五。

B1：那个人工作怎么样？

B2：简直是二百五。

上面 A2 中的数词"二百五"是"二百五十元"，指桌子的价格。而 B2 中的"二百五"表示"头脑简单，什么也不懂，做事草率、莽撞"的意思。数词的这一用法在东北方言中很常见。由数词"二"组成的词语，在东北方言中大多带有贬义色彩，如：

二五眼——质量低或成色差

二乎赖——不合规格，不标准

二赖子——无赖，流浪汉的贬称

二小子——指甘愿受人奴役、驱使者

二半破子——类同"二五子"

二褶子——说话办事不地道者

二流子——游手好闲不从事劳动的人

二傻子——外观形象或举止像傻子，二虎八叽的，傻乎乎地略带点粗野

二扯扯的——言谈举止不庄重，不典雅，二乎乎的，糊里糊涂，不放在心上

二五子——一知半解的人

三、东北方言中"的"的使用

东北方言中"的"的用法与普通话相比有较大差异，它可以在使用中代替动词和形容词。

（一）"的"代替动词

在东北方言中，"的"（一般读为 di）代替动词有两种情况：第一，用在否定副词"不"的后边，表示对某种要求的拒绝或说明某种情况不再延续；第二，用在否定副词"别"的后边，表示对某种行为的制止，如：

甲：你喂喂牛。

乙：我不的。（我不喂）

甲：那么你去割捆草。

乙：我不的！（我不去）

在东北方言口语中，这种用"的"代替相关动词的用法相当普遍。如果"的"字后边出现相应的语气词，虽然整个句子的意思仍然表示拒绝，但语气上变得相对平和，如：

甲：进来坐坐吧。

乙：不的了（不坐了），我还有事。

这个例子中的"不的了"表示很客气地拒绝邀请。

以上的对话都是说话人提出某种要求，听话人用"不的"表示拒绝。还有一种情形，如果说话人询问某种情况，听话人回答"不的"不再表示拒绝，而是表示情形的变化，一般是表示由一种情形向相反的情形变化，如：

甲：你还经常头疼吗？

乙：现在不的了。

甲：你妈妈还老打你吗？

乙：现在不的了。

如"你还经常头疼吗？"的答句中的"不的了"不是表示拒绝，而是表示"经常头疼"的情形不再延续，即"现在不经常头疼了"；对"你妈妈还老打你吗？"进行回答的"不的了"表示"不经常打"的意思。

东北方言中的"的"用在"别"后，通常表示否定性建议或制止，如：

甲：这些破东西我帮你扔了吧？

乙：别的，我还有用呢！

甲：这本书我拿走了。

乙：别的，我还没看完呢！

对"这些破东西我帮你扔了吧？"的回答，"别的"表示建议对方不要实施扔这样的行为；对"这本书我拿走了"的回应"别的"，表示"不要拿走"的意思。这种用法的"的"后面有时候可以出现语气词"啦"，这时往往表示某种做法完全没有必要，如：

甲：我把饭给你热一热。

乙：别的啦（别热啦），我凉吃可以。

甲：这稿子我再抄一遍吧？

乙：别的啦（别抄啦），我看那样就行了。

（二）"的"代替形容词

东北方言中，"的"代替形容词用在"不"的后边，表示原来的某种情况到说话的时间已经结束，如：

甲：我的脸还红吗？

乙：现在不的了。

甲：你那屋子还潮吗？

乙：现在不的了，去年可真潮。

对"我的脸还红吗?"进行回答,"不的了"表示从说话的时间开始,原来"红"的状态已经结束;对"你那屋子还潮吗?"进行回答,用"不的了"是说现在已经不潮了,但以前的某一段时间是潮的。

四、东北方言中的几种语序

语序也叫词序,简单地说,就是句子中不同词语的排列顺序。汉语句子的语序比较稳定,如主谓结构一般都是主语在前、谓语在后;定中结构一般都是定语在前,中心语在后。在特定的方言口语中,由于交际需要,也存在一些比较有特异性的语序。东北方言中也有一些常用的语序,下面介绍一些常见的情形。

(一)主语后置

主语后置的情形在各种方言中都有。主语后置主要是说话人想把个人认为重要的信息先讲出来,这在普通话中也是存在的。但是主语后置的情形在东北方言的某些区域使用频率相对要高,几乎是普遍使用。反映东北生活的电视剧《马大帅》中范伟饰演的角色,他的口语中就经常使用主语后置的句子。

(二)状语后置

状语后置在普通话中出现,往往表现为某种特定的表达功能。一般地说,如果说话人把状语放在后边,多是强调这个状语前面的部分,如"走不走,现在?"是强调"走不走",东北方言中状语后置是比较常见的现象。

(三)其他情形

东北方言中还有一些其他情形的语序,和普通话往往有一定的差异,如:

东北方言	普通话
你干啥去?	你去干什么?
你干啥来了?	你来做什么?
这太好了,唱的!	这唱得太好了!
这太香了,吃的!	这吃得太香了!
这是什么玩意儿啊,演的?	这演的是什么啊?
你说你这叫什么事儿啊,干的?	你说你做的这叫什么事啊?

在"你干啥去？"中，说话人主要强调的内容还是"干啥"，这时它后面的"去"往往轻读，"去"的意义也不是很实在。如果这个句子中的"去"重读，就是另外的一个句子，表示"你为什么去"。"这太好了，唱的！"是东北话中常用的另外一种句式，目前还没有人进行专门的研究。"这太好了，唱的！"的意思就是"唱得太好了！"

五、东北方言中的语气词

语气词是表达特定语气的词，属于功能性成分。从语气词在句子中出现的位置来看，主要包括：句中语气词，如"啊、吧、了、呢、么"等；句末语气词，如"的、了、吧、呢、啊、着、啦、呗、喽"等。语气词在各种语言及其方言中都发挥着重要的交际作用。在东北方言中，尤其是在口语当中，语气词运用的频率是非常高的，如：

你这不废话嘛你！/你干啥呀？/你咋这样呢？/啥玩意儿啊！/缘分哪！

老伴儿呀，咱这一个字一个字是生活积累的精华呀！

水是有源的，树是有根的，到电视征婚也是有原因的，兜里没钱就是渴望现金的，没家的滋味是水深火热的，打这些年光棍谁不盼着结婚呢？都笑话谁呀？

我不想知道我是怎么来的，我就想知道我是怎么没的。

我一定要寻一位三十以里的，是独身的，最好是没有结婚的，马上就跟我成亲的，我的妈呀，感觉找到了。

我觉得你们那服装是给别人看的，我们的服装表示的是冲到劳动第一线的。

听说他不当厨子改防忽悠热线了，竟敢扬言再不上当受骗了，残酷的现实已直逼我的心理防线了，今年我要不卖他点啥，承诺三年的话题就没办法跟观众兑现了。

抬起来呀，往前走哇，脚下的路哇，看清楚哇，黑的是泥呀，黄的是土哇，加把劲儿啊，上山坡喽，把劲儿鼓哇，加油抬呀。

但是大爷，我没有搞懂呀，不可思议啊，它这个到底是化学反应啊？还是物理反应哪？

你这二十块钱装多长时间啊？一会儿啊，还是一天哪？是不是还得在这儿过夜呀？

这条路哇，真难修哇，全是坎儿呀，净是沟哇。

我明白啦，你看我老香水不值钱啦，在家没事干快一年啦，所以你一见到我就有点心烦啦，爱情的小歌基本唱完啦！

南来的北往的注意了噢，注意自己的腿噢，看有没有毛病噢，没病走两步噢，走痛了我把拐卖给你噢！

这是我们随意从东北演员小品中摘录出来的句子。从上面的例子中我们可以看到这样的几个特点：首先，东北方言中语气词的使用频率很高。在上面不足600字的话语中，出现了63个语气词，这样的使用频率应该是很高的了。其次，东北方言中语气词的使用种类少，却不单调。以东北方言小品为例，其中使用的语气词的种类不多，一般都是基本语气词"啊"的音变，也有个别东北方言中的语气词，如"喽""噢"这些语气词的使用，给小品语言带来了生机和活力，也给东北方言带来了活力和生机。最后，东北方言中语气词的使用，能够使内容连贯清晰，语言自然流畅，让观众听起来清晰悦耳。如：

咱们那地方剧团办成气功训练班了，排练场租给小商小贩卖货摆摊了，把我这副科级给我挤靠边上，整的我一周七天全是礼拜天了。

上面例子中"了"的使用就达到了这样的效果。如果把"了"去掉，这种表达上的美感就荡然无存了。语气词的这种使用方式，还能够使表达具有活力，具有动态的美感，如：

抬起来呀，往前走哇，脚下的路哇，看清楚哇，黑的是泥呀，黄的是土哇，加把劲儿啊，上山坡喽，把劲儿鼓哇，加油抬呀。

上面一句话中总共使用了十个语气词，分别为"呀""哇""哇""哇""呀""哇""啊""喽""哇""呀"，可以分为四类。这些语气词交叉出现，使表达显得生动、新鲜、有活力。

东北方言是在漫长的历史发展过程中逐渐形成的。由于东北地区特定的地理位置，同时受到不同历史时期移民的影响，东北方言的语音、词汇，包括语法方面都形成了相应的特征。东北方言具有独特的语言魅力,展示着东北地区的自然文化和人文历史,是宝贵的语言资源和文化财富。随着东北方言的影响逐渐扩大,东北方言的语音、词汇甚至语法都慢慢对其他方言以及普通话产生了一定的浸染作用,它表明东北方言逐渐为越来越多的人所接受和喜爱。

第四章 东北方言的应用及其价值

第一节 东北方言的应用范围

任何一种语言或方言，都是用于交际的工具，是特定地区的人们最主要的交际工具。也就是说，任何一种方言首先都是特定地区的人们的日常用语。除了日常生活中使用之外，以方言为载体，也会形成相应的不同类型的作品，形成相应的语言艺术。

一、东北话的日常使用

东北地区人们交际主要使用东北方言，但是由于受到普通话的影响，目前有些东北方言词汇的使用不是很普遍了。在农村，年龄较大的人的东北话讲得还很地道，年龄越小，东北话的熟知程度就越低。尤其是接受过高等教育的人，东北话的熟知程度就很低了，有些东北方言中的词汇，几乎不能理解。下面是网友对东北话日常用语的描绘，主要是日常用语中词汇的使用情形，括号中是日常用语的举例：

在东北，有一种不耐烦，叫滚犊子；（滚犊子，我正忙着呢，没工夫搭理你。）

在东北，有一种傻，叫虎了吧唧；（瞅他那样，虎了吧唧的，赶紧走。）

在东北，有一种脑残，叫山炮；（真他妈山炮，离他远点。）

在东北，有一种可能，叫备不住；（还寻摸啥，备不住早叫人拿走了。）

在东北，有一种不可能，叫够呛；（他能考上大学，我看够呛。）

在东北，有一种另类，叫隔路；（跟那个隔路的玩意儿交朋友，真倒霉。）

在东北，有一种脏，叫埋汰；

[街（gai）上成埋汰了，别出去了。]在东北，有一种闲侃，叫扯犊子；（吵吵啥，没事闲扯会儿犊子，不行？）

在东北，有一种聊天，叫唠嗑；

（人家在那儿唠嗑儿，瞎掺和啥？）

在东北，有一种开始，叫原先；（我原先不是老师，是工人。）

在东北，有一种不着急，叫赶趟；（赶趟，着什么急？）

在东北，有一种唠叨，叫磨叽；（别磨叽啦，我这就写。）

在东北，有一种错误，叫岔劈；（我还寻思是个小小子呢，整岔劈了。）

在东北，有一种显摆，叫嘚瑟；（别跟我穷嘚瑟，再嘚瑟看我不削你。）

在东北，有一种舒服，叫得劲儿；（闷了吧唧的天吹上电扇，老得劲儿了。）

在东北，有一种能耐，叫尿性；（让你请客吃饭，你就不请，真尿性。）

在东北，有一种口吃，叫磕巴；（他有点磕巴，让他慢慢说。）

在东北，有一种费劲，叫吭哧瘪肚；（行啦，吭哧瘪肚半天，不还没写出来。）

在东北，有一种角落，叫旮旯；（她把铺子塞哪旮旯她自个儿都不知道了。）

在东北，有一种地方，叫那嘎达；（俺们那嘎达三亲六故的老亲了。）

在东北，有一种农村，叫屯子；（他下屯子了，明个来吧。）

在东北，有一种挑逗，叫撩哧；（你再撩哧她，她就该急眼了。）

在东北，有一种坚强，叫皮实；（这小小子老皮实了，卡了一跤啥事没有。）

在东北，有一种赶紧，叫沙楞的；（沙楞的，别磨磨叽叽的。）

在东北，有一种寻找，叫撒摸；（还撒摸啥，早没了。）

在东北，有一种口水，叫哈喇子。（哈喇子都流二尺了，还不馋呢。）

下面是两段东北地区日常生活中的用语：

性格内向的呢，多和人沟通，说话别老吭哧瘪肚的，做事要喊哧咔嚓、麻溜儿、利索儿的。

咱东北人注意啦啊，咱这疙儿眼瞅要降温了，大家出门多注意啊，别洋了二正地到处撒摸，践一跤，埋了巴汰的。

二、东北话在文学作品中的使用

（一）东北作家群

东北话在文学作品中的应用，比较地道的应该是东北籍作家对方言的使用。东北作家形成的群体，一般称为东北作家群，是指"九一八"事变以后从东北流亡到关内的文学青年，自发地开始文学创作而形成的群体。当时从东北流亡到上海及关内其他各地的文学青年，如萧红、萧军、端木蕻良、杨晦、穆木天、师田手、舒群、罗烽、白朗、铁弦、高兰、李辉英、辛劳等人，习惯上被称为"东北作家群"。

萧红，原名张乃莹，笔名萧红、悄吟，主要作品有长篇小说《生死场》《马伯乐》，散文集《商市街》（与萧军合作），回忆性长篇小说《呼兰河传》，回忆故乡的中短篇小说《牛车上》《小城三月》等。

端木蕻良，原名曹汉文、曹京平，辽宁省昌图县人。1935年完成长篇小说《科尔沁旗草原》（第一部）的创作。1936年到1938年，完成了长篇小说《大地的海》以及《鹭鸶湖的忧郁》《遥远的风沙》等一系列短篇小说的创作。1942年后，开始《大江》《大时代》《上海潮》《科尔沁旗草原》（第二部）和其他中短篇小说的创作。20世纪50年代到60年代初，他创作了《墨尔格勒河》《风从草原来》《花一样的石头》等大量散文作品。

杨晦，原名杨兴栋，辽宁辽阳人，1923年在北平《晨报》副刊发表四幕剧《来客》，1925年与冯至等组织沉钟社，创办《沉钟》，译作有《贝多芬传》（罗曼·罗兰原著）、《雅典人舌满》（莎士比亚原著）等。

穆木天，原名穆敬熙，吉林伊通人，初期以诗歌创作为主，后来主要翻译巴尔扎克、纪德等人作品。

萧军，原名刘军、田军、刘鸿霖，辽宁锦县人（现辽宁省锦州市凌海），代表作是长篇小说《八月的乡村》，其他长篇小说有《五月的矿山》《第三代》《过去的年代》等。师田手，原名田质成、田凤章，吉林扶余人，抗战后期在解放区、重庆发表作品，大多发表于《抗战文艺》与《大公报》副刊。

白朗又名刘莉、刘东兰，辽宁沈阳人，曾在哈尔滨《国际协报》主编文艺副刊，从事小说、散文创作，1941年后出版短篇小说集、散文集、报告文学集、长篇小说等共20种左右。

舒群又名李书棠、李旭东，黑龙江哈尔滨人，1936年在上海生活书店出版《没有祖国的孩子》，影响甚广。

铁弦又名张铁弦，吉林人，作品有诗集《天蓝色的信封》《康庄大道》等。

罗烽又名傅乃奇，辽宁沈阳人，1945年后出版短篇小说集《呼兰河边》、中篇小说《归来》。

高兰又名郭德浩，黑龙江爱辉人，主要著作有《高兰朗诵诗集》《高兰朗诵诗新辑》《高兰朗诵诗选》等。

李辉英又名李连萃，吉林永吉人，主要作品有长篇小说《万宝山》等。

辛劳又名陈晶秋、陈中敏，黑龙江呼伦人，代表作为长诗《捧血者》。

此外还有邹绿芷、丘琴、雷加、骆宾基、姚奔等人。

文学创作是源于生活的。东北作家群的文学作品中浓郁的民俗文化描写体现了当时的时代特色，同时更加体现了那个阶段的东北文化。东北方言在当时的文学作品中也有反映。

（二）东北作家群作品中的东北文化和东北话

东北籍作家的作品，尤其是小说中有大量反映当时东北文化的内容，其中也包含东北话的成分。这里我们择取萧红和萧军作品作为样本进行简单介绍。

1. 东北籍作家作品中反映的东北文化现象

东北籍作家早期的作品记录了东北民间的风俗习惯，反映着东北地区不同的文化形式。下面介绍的都是东北早些年间的一些风俗习惯，代表着当时的文化特点。

（1）东北谷场

原来在东北地区，秋收之后把收割下来的各种庄稼堆放在谷场上进行人工脱粒处理，当地就称为打场（chǎng）。谷场一般就称为场，多是选一个平坦的地方，用石磙【当地也称为"遛球"（líu qiu）】将松土压实，这个过程称为压场。压场时也会在松土中撒上枇谷等一些东西,使场更坚实。不同类的庄稼脱粒时程序也不相同,例如,高粱脱粒一般是把经过晾晒的高粱穗沿场摆上一周,然后让牲畜拉着石碑碾压,高粱粒脱下后,将其集中在一起,这时高粱粒中还有很多的尘土或是高粱穗上留下的杂物,在磨制高粱米前,还需要扬场,然后装袋。扬场就是用特制的木锹或铁锹将脱粒的高粱向天空扬撒,在高粱粒落下之前,其中的尘土或其他杂物就随风吹走了。随着农业生产的进步,这些场景在东北也几乎看不到了。但是在东北籍作家的作品中,还能见到这样的场景。下面是《生死场》中描绘的打场场景。

老马自己在滚压麦穗,勒带在嘴下拖着,它不偷食麦粒,它不走脱了轨,转过一个圈,再转过一个,绳子和皮条有次序的向它光皮的身子摩擦,老动物自己无声的动在那里。种麦的人家,麦草堆得高涨起来了!福发家的草地也涨过墙头。福发的女人吸起烟管。她是健壮而短小的,烟管随意冒着烟;手中的耙子,不住的耙在平场。

(萧红《生死场》)

(2)跳大神儿

"跳大神儿"是发源于东北辽源黑土地中的萨满巫教文化,是一种活人与死人邪祟沟通的方式。"跳大神儿"多由两个人共同完成,一个是大神,一个是二神。大神是灵魂附体的对象,二神是助手。现代人很少见过"跳大神儿",但多半听说过。下面是《呼兰河传》中记录的"跳大神儿"的场景。

大神坐的是凳子,她的对面摆着一块牌位,牌位上贴着红纸,写着黑字。那牌位越旧越好,好显得她一年之中跳神的次数不少,越跳多了就越好,她的信用就远近皆知,她的生意就会兴隆起来。那牌前,点着香,香烟慢慢地旋着。

那女大神多半在香点了一半的时候神就下来了。那神一下来,可就威风不同,好像有万马千军让她领导似的,她全身是劲,她站起来乱跳。

大神的旁边,还有一个二神,当二神的都是男人。他并不昏乱,他是清晰如常的,他赶快把一张圆鼓交到大神的手里,大神拿了这鼓,站起来就乱跳,先诉说那附在她身上的神灵的下山的经历,是乘着云,是随着风,或者是驾雾而来,说得非常之雄壮。二神站在一边，大神问他什么，他回答什么。

好的二神是对答如流的，坏的二神，一不加小心说冲着了大神的一字，大神就要闹起来的。大神一闹起来的时候，她也没有别的办法，只是打着鼓，乱骂一阵，说这病人，不出今夜就必得死的，死了之后，还会游魂不散，家族、亲戚、乡里都要招灾的。这时吓得那请神的人家赶快烧香点酒，烧香点酒之后，若再不行，就得赶送上红布来，把红布挂在牌位上，若再不行，就得杀鸡，若闹到了杀鸡这个阶段，就多半不能再闹了。因为再闹就没有什么想头了。

这鸡、这布，一律都归大神所有，跳过了神之后，她把鸡拿回家去自己煮上吃了。把红布用蓝靛染了之后，做起裤子穿了。

有的大神，一上手就百般的下不来神。请神的人家就得赶快的杀鸡来，若一杀慢了，等一会儿跳到半道就要骂的，谁家请神都是为了治病，请大神骂，是非常不吉利的。所以对大神是非常尊敬的，又非常怕。

跳大神儿，大半是天黑跳起，只要一打起鼓来，就男女老幼，都往这跳神的人家跑，若是夏天，就屋里屋外都挤满了人。还有些女人，拉着孩子，抱着孩子，哭天叫地地从墙头上跳过来，跳过来看跳神的。

跳到半夜时分，要送神归山了，那时候，那鼓打得分外地响，大神也唱得分外地好听；邻居左右，十家二十家的人家都听得到，使人听了起着一种悲凉的情绪，二神嘴里唱："大仙家回山了，要慢慢地走，要慢慢地行。"大神说："我的二仙家，青龙山，白虎山……夜行三千里，乘着风儿不算难……"

（萧红《呼兰河传》）

（3）放河灯

放河灯是华夏民族的传统习俗，用以悼念逝去的亲人，为活着的人们祈福。农历七月十五日中元节夜，在水上点燃莲花灯，称为"放河灯"。放河灯流行于汉、蒙古、达斡尔、彝、白、纳西、苗、侗、布依、壮、土家族等不同民族。东北地区也有放河灯的习俗，《呼兰河传》中就记录了东北地区人们放河灯的情形。

河灯有白菜灯、西瓜灯，还有莲花灯。和尚、道士吹着笙、管、笛、箫，穿着拼金大红缎子的褊衫，在河沿上打起场子来在做道场。那乐器的声音离开河沿二里路就听到了。

一到了黄昏，天还没有完全黑下来，奔着去看河灯的人就络绎不绝了。小街大巷，那怕终年不出门的人，也要随着人群奔到河沿去。先到了河沿的就蹲在那里。沿着河岸蹲满了人，可是从大街小巷往外出发的人仍是不绝，瞎子、瘸子都来看河灯（这里说错了，唯独瞎子是不来看河灯的），把街道跑得冒了烟了。

大家一齐等候着，等候着月亮高起来，河灯就要从水上放下来。七月十五日是个鬼节，死了的冤魂怨鬼，不得脱生，缠绵在地狱里边是非常苦的，想脱生，又找不着路。这一天若是每个鬼托着一个河灯，就可得以脱生。大概从阴间到阳间的这一条路，非常之黑，若没有灯是看不见路的。所以放河灯这件事情是件善举。可见活着的正人君子们，对着那些已死的冤魂怨鬼还没有忘记。

但是当河灯一放下来的时候，和尚为着庆祝鬼们更生，打着鼓，叮地响；念着经，好像紧急符咒似的，表示着，这一工夫可是千金一刻，且莫匆匆地让过，诸位男鬼女鬼，赶快托着灯去投生吧。

念完了经，就吹笙管笛箫，那声音实在好听，远近皆闻。同时那河灯从上流拥拥挤挤，往下浮来了。浮得很慢，又镇静、又稳当，绝对的看不出来水里边会有鬼们来捉了它们去。

这灯一下来的时候，金呼呼的，亮通通的，又加上有千万人的观众，这举动实在是不小的。河灯之多，有数不过来的数目，大概是几千只。两岸上的孩子们，拍手叫绝，跳脚欢迎。大人则都看出了神了，一声不响，陶醉在灯光河色之中。灯光照得河水幽幽地发亮。水上跳跃着天空的月亮。真是人生何世，会有这样好的景况。

一直闹到月亮来到了中天，大昴星、二昴星、三昴星都出齐了的时候，才算渐渐地从繁华的景况，走向了冷静的路去。

（萧红《呼兰河传》）

（4）娘娘庙大会

庙会是民间的宗教性节目。旧时东北各地有许多庙宇，佛教寺院供奉如来、观音，道教观宇有关帝庙、娘娘庙、城隍庙、药王庙等。每逢这些寺庙中所供神佛诞辰等重要纪念日，就是庙会的日子。《呼兰河传》中记录了娘娘庙大会的场景。

娘娘庙是在北大街上，老爷庙和娘娘庙离不了好远。那些烧香的人，虽然说是求子求孙，是先该向娘娘来烧香的，但是人们都以为阴间也是一样的重男轻女，所以不敢倒反天干。所以都是先到老爷庙去，打过钟，磕过头，好像跪到那里报个到似的，而后才上娘娘庙去。

老爷庙有大泥像十多尊，不知道哪个是老爷，都是威风凛凛，气概盖世的样子。有的泥像的手指尖都被攀了去，举着没有手指的手在那里站着，有的眼睛被挖了，像是个瞎子似的。有的泥像的脚趾是被写了一大堆的字，那字不太高雅，不怎么合乎神的身份。似乎是说泥像也该娶个老婆，不然他看了和尚去找小尼姑，他是要忌妒的。这字现在没有了，传说是这样。

娘娘庙里比较的清静，泥像也有一些个，以女子为多，多半都没有横眉竖眼，近乎普通人，使人走进了大殿不必害怕。不用说是娘娘了，那自然是很好的温顺的女性。就说女鬼吧，也都不怎样恶，至多也不过披头散发的就完了，也决没有像老爷庙里那般泥像似的，眼睛冒了火，或像老虎似的张着嘴。

两个庙都拜过了的人，就出来了，拥挤在街上。街上卖什么玩具的都有，多半玩具都是适于几岁的小孩子玩的。泥做的泥公鸡，鸡尾巴上插着两根红鸡毛，一点也不像，可是使人看去，就比活的更好看。家里有小孩子的不能不买。何况拿在嘴上一吹又会呜呜地响。买了泥公鸡，又看见了小泥人，小泥人的背上也有一个洞，这洞里边插着一根芦苇，一吹就响。那声音好像是诉怨似的，不太好听，但是孩子们都喜欢，做母亲的也一定要买。其余的如卖哨子的，卖小笛子的，卖线蝴蝶的，卖不倒翁的，其中尤以不倒翁最著名，也最上讲究，家家都买，有钱的买大的，没有钱的，买个小的。大的有一尺多高，二尺来高。小的有小得像个鸭蛋似的。无论大小，都非常灵活，按倒了就起来，起得很快，是随手就起来的。买不倒翁要当场试验，间或有生手的工匠所做出来的不倒翁，因屁股太大了，他不愿意倒下，也有的倒下了他就不起来。所以买不倒翁的人就把手伸出去，一律把他们按倒，看哪个先站起来就买哪个，当那一倒一起的时候真是可笑，摊子旁边围了些孩子，专在那里笑。不倒翁长得很好看，又白又胖。并不是老翁的样子，也不过他的名字叫不倒翁就是了。其实他是一个胖孩子。做得讲究一点的，头顶上还贴了一簇毛算是头发。有头发的比没有头发的要贵二百钱。有的孩子买的时候力争要戴头发的，做母亲的舍不得那二百钱，就说到家给他剪点狗毛贴。孩子非要戴毛的不可，选了一个戴毛的抱在怀里不放。没有法只得买了。这孩子抱着欢喜了一路，等到家一看，那簇毛不知什么时候已经飞了。于是孩子大哭。虽然母亲已经给剪了簇狗毛贴上了，但那孩子就总觉得这狗毛不是真的，不如原来的好看。也许那原来也贴的是狗毛，或许还不如现在的这个好看。

庙会到下半天就散了。虽然庙会是散了，可是庙门还开着，烧香的人，拜佛的人继续的还有。有些没有儿子的妇女，仍旧在娘娘庙上捉弄着娘娘。给子孙娘娘的背后钉一个纽扣，给她的脚上绑一条带子，耳朵上挂一只耳环，给她带一副眼镜，把她旁边的泥娃娃给偷着抱走了一个。据说这样做，来年就都会生儿子的。

（萧红《呼兰河传》）

2. 东北籍作家作品中的东北方言

东北籍作家的作品中当然也有东北方言的成分。由于文学创作毕竟是高于生活的，所以方言方面的表现更多地体现在词汇的使用上。东北籍作家的作品中常常包含了一些东北地区的方言词汇。下面是从《生死场》《呼兰河传》中摘录的部分语词。

搬不倒（不倒翁）

半晌午（中午）

胰子（肥皂）

烟筒（烟囱）

篱墙（篱笆）

酱缸（用于制作大酱的缸）

窗洞（窗户上破开或预留的洞口）

夹袄（比较薄的棉袄）

地东（出租土地的人家）

地户（租种土地的人家）

左近（附近）

老毛子（外国人）

混账种子（混账的人）

松树子（松子）

当心（中间的部分）

金呼呼的（金色的）

黄忽忽的（黄色的）

黑忽忽的（黑色的）

四六见线（非常规整，整齐）

乍巴（狭窄）

半掩半卷（遮遮掩掩）

摇摇搭搭（走路不稳的样子）

上地（到田地中劳作）

扒土豆（收马铃薯）

砍白菜（收白菜）

拐拐歪歪（不笔直）

败毁（毁坏；挥霍）

接接连连（连续不断的样子）

蓬蓬（蓬起或蓬松的样子）

聚堆（聚集在一起）

羞羞迷迷（害羞的样子）

打围（打猎）

糊涂虫（对糊涂的人的称谓）

乌三八四（各种各样，形容繁杂）

火绳（用于点燃导火索或引燃的绳子）

炕沿（东北农村火炕临地一侧的边沿）

火盆（东北农村冬季取暖用的工具）

毡靴子（用毡子制成的防寒鞋）

老洋炮（土枪）

西洋景（民间娱乐装置，是若干幅可以左右推动的画片，观众可以从透镜看放大的画面。）

倒反天干（反对）

阿拉阿拉（不停唱戏的样子）

唱秧歌（扭秧歌）

放河灯（东北地区一种祭祀活动）

跳大神儿（东北农村一种封建迷信活动，据说来源于萨满舞蹈）

野台子戏（东北民间敬天谢地的大型还愿戏）

迷离恍惚（不清醒的样子）

豆腐脑（豆腐花，又称老豆腐、豆花，是利用大豆蛋白制成的高养分食品）

小大姐，去逛庙，扭扭搭搭走的俏，回来买个搬不倒。

拉大锯，扯大锯，老爷（外公）门口唱大戏。接姑娘，唤女婿，小外孙也要去。

三、东北话的语言艺术

（一）东北二人转

东北二人转是东北地区一道亮丽的风景线。它广泛流行于辽宁、吉林、黑龙江三省和内蒙古自治区东部三市一盟（呼伦贝尔市、兴安盟、通辽市和赤峰市）等地区。二人转是具有浓郁地方特色的民间小型戏曲，曾有"小秧歌、双玩意儿、蹦蹦、过口、双条边曲、风柳、春歌、半班戏、东北地方戏"等不同的称谓。二人转的表演形式通常为一男一女身着鲜艳服饰，手拿扇子、手绢等，边走边唱边舞，常是表现一段故事情节。二人转唱腔高亢粗犷，唱词诙谐风趣，属走唱类曲艺。

"二人转"这个名字最早见于伪满洲国康德二年（1934年）4月27日《泰东日报》。最初的二人转，是由白天扭秧歌的艺人在晚间演唱东北民歌小调（俗称"小秧歌")而形成的艺术形式。后来随着关内居民增多,加上长期以来各地文化的交流,大大丰富了二人转的内涵。在原来的东北秧歌、东北民歌的基础上,又吸收了莲花落、东北大鼓、太平鼓、霸王鞭、河北梆子、驴皮影以及民间笑话等多种艺术形式逐渐演变而成,因此表演形式与唱腔非常丰富,素有"九腔十八调,七十二嗨嗨"之称。1953年4月,在北京举办的第一届全国民间音乐舞蹈大会上,东北代表团的二人转节目正式参加演出,"二人转"这个名字也首次得到全国文艺界的承认。在喜剧大师赵本山及其团队的极力推动下,二人转近年来为人们所熟悉和喜爱。民间流传着"宁舍一顿饭,不舍二人传"的说法,可见二人转在群众中的影响之深。

下面是早期东北二人转《窗前月下》的一段唱词:

谁不知我拙嘴笨腮说话不记甩,祗劲上吭哧瘪肚嘴还直跑排。越赶上着急上火那还越添彩,俩眼睛瞪一般大啥也说不出来。哪赶上你伶牙俐齿小话来得快,着紧绷子喊哧咔嚓真能叫得开。

（孙文学《窗前月下》）

（二）东北大鼓

东北大鼓是主要流行于我国东北,即辽宁、吉林、黑龙江三省的曲艺鼓书暨鼓曲形式,是国家级非物质文化遗产之一。东北大鼓又称"辽宁大鼓""弦子书",因为东北大鼓早期主要在乡村流行,民间俗称"屯大鼓"。关于东北大鼓的来源有两种说法:一是清乾隆年间北京弦子书艺人黄辅臣到沈阳献艺,吸收当地民歌小调演变而成;一是清道光、咸丰年间辽西"屯大鼓"艺人进城献艺,发展为奉天大鼓。东北大鼓最初的演唱形式是演唱者操小三弦,并在腿上绑缚"节子板"来击节,自弹自唱。后来发展成一人自击书鼓和简板,另有人操大三弦等伴奏,说唱表演采用东北方音。

东北大鼓的传统曲目约200段,现存约150段,分为子弟书段、三国段、草段三类。子弟书段大多取材于明清小说与流行戏曲,唱词高雅,富有文采,少数作品反映清代现实生活。三国段中有写刘备、诸葛亮和关、张、赵、马、黄五虎上将的曲目,其中关公段最多。草段是民间艺人编演的通俗唱词,题材广泛,有源于古代小说的东周列国段、西汉段,有源于民间传说的《湘子得道》《游湖借伞》,有源于爱情故事的《西厢记》《蓝桥会》,有源于反映老百姓生活的《小拜年》等,还有源于传播史地知识的《排王赞》《百山图》及文字游戏类绕口令等。

下面是东北大鼓《忆真妃》的一段唱词:

马嵬坡下草青青,今日犹存妃子陵。

题壁有诗皆抱憾,入祠无客不伤情。

三郎甘弃鸾凤侣,七夕空谈牛女星。

万里西巡君请去,何劳雨夜叹闻铃。

杨贵妃梨花树下香魂散,陈元礼带领着军卒才保驾行。

叹君王万种凄凉千般寂寞,一心似醉两泪儿倾。

愁漠漠残月晓星初领略,路迢迢涉水登山哪惯经。

好容易盼到行官歇歇倦体,偏遇着冷雨凄风助惨情。

(三)东北渔民号子

东北渔民号子是渔民们在从事渔业生产的艰苦劳作中创作产生的,反映了广大渔民的乐观主义精神,是我国民间音乐宝库中的珍贵财富。东北渔民号子有很多分支,其中比较典型的一支是长海号子,是流行在辽宁大连长海地区的一种富有海岛特色的劳动号子。长海号子内容丰富,调式各异,其唱词以即兴编创为主,也有因习惯而产生的固定唱法。号子多为劳动呼号式,几乎没有任何实际内容,只有"呼呵嗨呦"等。也有部分唱词加入通俗简单、与劳动场景紧密结合的词语,饱含着沧桑之感,又洋溢着乐观主义精神。

下面是我们择取的一段长海号子:

哎上来呀,哎使劲拽呀,把篷撑呀;乘风上呀,快下网呀;多捞鱼呀,好换粮呀;全家老少,饱肚肠呀!

哎上来呀,哎上来呀!

(四)东北评剧和京剧

东北评剧是流传于我国北方的一个戏曲剧种,源于莲花落、拆出小戏、唐山落子、奉天落子,习称"落子戏",又有"平腔梆子戏""唐山落子""奉天落子""评戏"等称谓。

东北三大评剧流派分别是韩派、花派和筱派。韩派由韩少云所创,代表作是《小女婿》和《人面桃花》等;花派由花淑兰发展而成,代表作是《白毛女》《茶瓶计》等;筱派由筱俊亭发展和继承,代表作是《杨八姐游春》《穆桂英挂帅》等。这三派被称为东北评剧三大派,弘扬着东北的戏剧文化,得到了全国观众的认可和赞扬。

下面是评剧《刘巧儿》选段:

巧儿我自幼儿许配赵家,我和柱儿不认识我怎能嫁他呀。

我的爹在区上已经把亲退呀,这一回我可要自己找婆家呀!上一次劳模会上我爱上人一个呀,他的名字叫赵振华,都选他做模范,人人都把他夸呀。

从那天看见他我心里头放不下呀,因此上我偷偷地就爱上他呀。

但愿这个年轻的人哪他也把我爱呀,

过了门,他劳动,我生产,又织布,纺棉花,

我们学文化,他帮助我,我帮助他,

争一对模范夫妻立业成家呀。

东北京剧传播非常广泛,沈阳京剧院、大连京剧院、锦州京剧院等都曾经在国内京剧界占有重要地位,为全国观众所熟知。《雁荡山》《海瑞背纤》《甘宁百骑劫魏营》等原创剧目,不但深受全国观众的喜爱,而且被全国许多京剧院团所学演,成为保留剧目。

(五)黄龙戏

黄龙戏是以东北皮影戏音乐为基调,在吸收了民间音乐的基础上形成的具有浓郁地方特色和广泛基础的新剧种。它的唱腔音乐以当地流行的本地皮影为基调,吸收了东北大鼓、太平鼓和民间小调的精华,是独具特色唱腔的民族瑰宝。黄龙戏的内容主要反映辽金时期历史人物在黄龙府一带的活动,听起来字正腔圆,有板有眼,极具表现力,其中四大剧目《魂系黄龙府》《大漠钟声》《圣明楼》《摩托格夫人》曾多次在全国获奖,展示了其独特的艺术魅力。

（六）东北评书

东北评书是流行于我国北方地区的评书艺术。作为一种独立的说书品种，大约形成于清代初期。评书虽然口头上是说的表演形式，但其艺人来源却多为唱曲的转行。相传形成于北京的评书艺术，其第一代艺人王鸿兴，原来就是一个说弦子书的说唱艺人。20世纪初叶，有许多北方乡村表演"西河大鼓"和"东北大鼓"，后来纷纷改为评书。在东北有鞍山评书、锦州陈氏评书等，用东北的地域特色和东北乡音演绎着独特的东北评书艺术。

（七）满族说部

"满族说部"是满族的一种民间说唱艺术。满族说部来源于历史更为悠久的民间讲述形式——"讲古"。讲古在满语中称为"乌勒本/ulabun"，是讲述家族传承的故事的意思，即流传于满族各大家族内部，讲述本民族特别是本宗族历史上曾经发生的故事。在入主中原以前，满族几乎没有以文本形式记录本民族历史的习惯，当时人们记录历史的最常见的方式，就是通过部落酋长或萨满来口传历史，教育子孙。

"老的不讲古，小的失了谱。"讲古，就是利用大家最喜闻乐见的说书形式，去追念祖先，教育后人，借此增强民族抑或宗族的凝聚力。讲古不仅是一种单纯性的娱乐活动，还是一种进行民族教育、英雄主义教育和历史文化教育的重要手段。

这些具有东北地区乡音特色的语言艺术正以其独具特色的艺术魅力感染并影响着人们，为人们的生活添加了一场无比华丽的盛宴，是我国非常宝贵的文化遗产。

第二节　东北方言的使用价值

任何一种语言或方言都是人类最重要的交际工具，语言最大的价值当然在于其交际价值。口语在日常交际中具有书面语不可代替的优势。一般意义上的方言都是指某一地理区域上形成的，在语音、词汇和语法方面都有一定特征的共同语的变体。所以方言往往都蕴含、记录着当地的文化，是文化的载体。西方学者维特根斯坦认为，语言是游戏。语言和方言还具有天然的游戏功能。

东北方言是汉语共同语的分支，是北方方言的重要组成部分。东北方言历来是东北地区人们日常交际的重要工具，记录和承载着东北地区的文化要素。随着"东北方言热"的形成，东北方言的游戏、娱乐功能正在被放大化，全国人民学说东北话成为不争的现实。

一、维系乡情的东北话

"老乡见老乡，两眼泪汪汪。一口家乡话，句句诉衷肠。老乡见老乡，心儿滚滚烫。一壶家乡酒，滴滴暖胸膛。家乡话呀分外亲，家乡酒呀格外香。出门在外不容易啊，老乡帮老乡。"这平实的歌词也道出了方言的亲切。"家乡话分外亲"也正是老乡见老乡能够两眼泪汪汪的真正原因。任何一种方言都维系着一份乡情，东北方言更是把豪爽、好客的东北人联系得更加紧密。

（一）浸透乡情的乡音

东北地区地域辽阔，语音上也有一定程度的差异。以辽阳为界，辽阳以东以北的地区相似程度较高，辽阳以西地区说话往往带上些京、津、河北味儿，辽阳以南地区往往带上些山东味儿。虽然有这些小异，但大体上还是一致的。这种语音上的大同成为维系东北人浓厚乡情的纽带。

从整体上看，东北话语音的一个典型的特征是平翘舌不分。东北方言中把平舌音读成翘舌音的比较多，当然也有把翘舌音读为平舌音的现象，如"三月三号我们去爬山吧！"一句中的"三、山"在东北话中可以随意变读。这在东北地区的影视剧中也有明显的体现。

当然，东北地域较广，不同地区的语音还有各自的一些特征。例如，辽西话，尤其是锦州话句尾字音抬高就是比较普遍的现象。

从声调的角度看，一般认为东北方言与普通话相比，存在发音不到位的现象。与普通话一样，东北方言也有四个调，即阴平（一声）、阳平（二声）、上声（三声）、去声（四声）。东北方言的四声也遵循一声平，二声扬，三声拐弯四声降的发音规则。但从调值角度看，声调高的没有普通话高，低的没有普通话低。

东北方言中有变读声母的情形。如声母有些地区通常变读为零声母，如辽宁的辽阳地区一般把"日头"变读为"yì to"，"中国人民银行"通常读为"zhōng guǒ yín mín yín hǎng"。也有零声母变读为其他声母的情形。

还有一个整体上比较明显的现象，就是东北方言中儿化现象比较普遍，如"长贵儿、秀儿、玉田儿、刘老根儿、大胖儿、小花儿"等，东北方言中的人名往往在其后带上一个卷舌动作。再如二人转《王美容观花》中的片段："西北天儿，打响雷儿，打了响雷下小雨儿，下到地上泞咕唧儿。"

（二）浸润乡情的乡语

东北方言中有些词汇带有明显的地域性，这些词汇成为东北方言的象征性成分。下面是一段比较典型的东北方言口语：

东北话：咱东北人注意啦啊，咱这疙儿眼瞅要降温了，大家出门多注意啊，别洋了二正地到处撒摸，跩一跤，弄得埋了巴汰的。

普通话：我们东北人注意啦，我们这个地方马上要降温，大家出门时要多注意，不要心不在焉地到处乱瞧，摔一跤，弄得挺脏的。

上面这段话翻译成普通话还是比较容易的，还有一些东北话翻译成普通话时，就不太好把握，如：

瞅他那磕碜样：埋了咕汰，贱不喽嗖，洋了二正，像个欠儿登似的，玻璃盖咯出血了也不说扑喽扑喽，自己猫犄角里得瑟啥呀！

我们曾经把这段话放在网上征求普通话翻译，回复的翻译中我们择取几种，如下：

A 看他那丑态：蓬头垢面，浮浪轻薄，六神无主，却爱四处招摇，双膝跌得出血也不理会，却独自躲在角落里放浪形骸！

B 瞧他那丑样：又脏、又贱、又傻，还到处惹是生非，膝盖磕出血了也不说清理一下，自己躲在角落里得意忘形！

C 看他那个丑样子：脏了吧唧，没皮没脸，傻不呵呵，没事儿欠欠儿的，膝盖磨出血了也不知道擦擦，就会自己躲壳儿里逞能！

其中C还大量使用了东北方言的词汇。但是从整个普通话翻译的情形来看，上面这段话如果翻译成普通话还是有一定的难度，尤其是想在保证神似的前提下进行翻译，难度就更大。所以也有网友表示，"方言的魅力，就在于你用普通话一翻译过来，便索然无味了"，这说得很恰当。

东北方言形成的特定的地理环境、语言环境以及文化特征，都造就了东北方言词汇的特殊性。东北方言像东北黑土地那样质朴，像东北人那样直率，像东北分明的四季那样轰轰烈烈，充满热情和张力，能自然而然地拉近人与人之间的距离，直通人心，给人一种酣畅淋漓的感觉。这些浸润着乡情的语汇，维系着东北人浓浓的乡情。再如：

东北话：性格内向的呢（ni），多和人沟通，说话别（biè）老吭哧瘪肚的（di），做事要喊哧咔嚓，麻（má）溜儿，利索儿的。

普通话：性格内向的，要多和人沟通，说话时不要总是吞吞吐吐的，做事情要干净利落。

二、娱乐全国的东北话

维特根斯坦认为，语言是游戏，所以从这个角度看，语言本身就具有娱乐功能。东北方言本来是东北地区人们日常的交际工具，而且东北方言一度被认为是很土气很生硬的方言，曾经有很多人因为讲东北话而遭到笑话。但是随着赵本山及其团队的小品登上央视春晚，东北方言逐渐火起来，并逐步走向全国，成为娱乐全国的方言。

东北话走向全国，成为人们竞相学习的方言之一，经过了一个逐渐扩大影响的过程。在东北方言小品产生较大影响之前，包含了东北方言的影视剧就出现了，其中一些东北方言词语也曾经产生过一定的影响。只要提到东北影视剧，人们马上会说出一连串幽默滑稽、散发着浓郁东北风情的东北方言，如"磨叽""咋整""唠嗑""忽悠""拉倒吧""瞅瞅""白唬"等。东北方言的运用是东北乡村题材剧的主要标志之一，成为最易被观众感受和识别的部分，是营造幽默、表现人物、渲染主题的主要渠道。东北乡村题材影视剧中，演员所用的台词大都是本声本色的东北方言，有很多的俚言俗语、大土话、大实话、俏皮话、歇后语、玄话、颠倒话等，如"得瑟""老好了""瞅着""寻思""指定""老天爷饿不死瞎家雀""拉着老脸造""从小你也没有对我这么客气过，你还没开口，我背后就嗖嗖地直冒凉风""八竿子打不着"等。这些语词在剧中俯拾皆是，都是东北原色原味的语言，是东北人诙谐、幽默、风趣的浓缩和提炼，使剧情充满了喜剧性。这些语言成分的使用，不需刻意夸张造作，就显得自然、亲切，充满了东北农村的生活气息。

电视剧《大冬天》《东北王张作霖》《赵尚志》中，东北方言的成功利用就塑造出了极富个性的人物形象。使东北方言成为娱乐全国的方言还要数赵本山及其团队的小品。调查发现，近十年来运用东北方言的影视作品数量逐年增多，也说明东北方言逐渐得到全国人民的认可。下面是2003—2013年间的东北方言影视作品。

小品：

2003年《心病》、2004年《送水工》、2005年《功夫》

2006年《说事儿》、2007年《策划》、2008年《火炬手》

2009年《不差钱》、2010年《捐助》、2011年《同桌的你》

2012年《相亲2》、2013年《有钱了》

电影：

2004年《幸福时光》、2005年《讨个老婆过新年》、2006年《姨妈的后现代生活》

2007年《恭贺新禧》、2007年《落叶归根》、2009年《喜临门》

2009年《三枪拍案惊奇》、2010年《大话武林》、2010年《大笑江湖》

2012年《河东狮吼2》

电视剧：

2003年《东北一家人2》、2003年《刘老根1》、2003年《马大帅1》

2003年《希望的田野上》、2004年《红男绿女》、2004年《刘老根2》

2004年《马大帅2》、2005年《马大帅3》、2005年《圣水湖畔》

2006年《别拿豆包不当干粮》、2006年《插树岭》、2006年《乡村爱情1》

2007年《刘老根3》、2007年《乡村爱情2》、2007年《笑笑茶楼》

2008年《善有善报》、2010年《乡村爱情3》、2011年《来的都是客》

2011年《女人当官》、2011年《乡村爱情4》、2011年《乡村爱情5》

2011年《樱桃》、2013年《乡村爱情6》、2013年《樱桃红》

（一）再现生活原貌的东北方言

以东北方言为主的影视作品，因其大量原生态方言的运用，使观众尤其方言区的观众觉得剧中的人物就是生活在自己周围的人，所说的话就是自己平常讲的话，剧中的故事就是日常发生在自己周围的琐事，极具生活感，极易拉近与观众的距离，如：

龙泉山庄给封了，这可咋整？

你干哈玩意儿啊你！你就嘚瑟吧，再跟我嘚瑟我削你啊！

你说我厉害不？我干大事，刚刚的。

你别嚎了，你一嚎还不如人家驴呢。

刘英，看你拿的那一把干巴花吧，干啥去啊。

你俩别在那磨磨叽叽的，你接着说。

方言台词听起来虽然可能不够典雅，但是特别贴近生活，给观众一种熟悉感、亲切感。再加上影视剧中的演员多出身于二人转表演，更令人在体味生活的同时，忍俊不禁、捧腹大笑。

（二）极具真实质感的东北方言

影视作品中，东北方言的适当运用，不仅能够使人物更具亲和力、更贴近生活，而且还能为突出人物性格特征、丰富人物形象，起到画龙点睛的作用。

近几年随着东北题材影视剧的热播，诸如"刘老根、马大帅、小沈阳、刘能、赵四"等一系列东北人物形象早已深入人心。这不仅与演员自身的表演能力有关，具有幽默效果的东北方言也起到了至关重要的作用，在塑造人物形象时如神来之笔。如《刘老根》中的人物丁香，是一个典型的东北农村妇女形象，性子急、心肠热、善良又爱吃点小醋，因此她的台词往往比较直白，不拐弯抹角，有时话里还有拈酸吃醋的味道，如：

你咋安排我呀？

这事整的多呵芽，还把我一搀到底！

你俩说啥？咋和她摸摸搜搜的呢？

这些台词勾勒出一个坚决捍卫自己的爱情，又有些斤斤计较、任性、泼辣的农村妇女形象。东北方言的点缀让这个东北妇女的形象更加丰满。

（三）承载东北文化的东北方言

东北方言本身就是东北文化的重要组成部分，也是地域文化不可分割的一部分。它承载着东北人民的智慧，反映了东北地区的风土人情。每一部以东北方言为叙述方式的影视作品，通过其艺术表演形式把东北地区的生活面貌和东北人民的精神状态，传播到大江南北、长城内外，为文化交流作出了贡献。东北农村题材电视剧中酣畅淋漓的东北方言承载和表现了东北文化，如《乡村爱情》中的台词：

老好了 / 咋整 / 削你 / 咋这样呢 / 掺和 / 不稀的和你一样

天涯何处无芳草，何必非在农村找，找也不找你谢大脚。长痛不如短痛，短痛不如不痛，当然，不痛是不可能的。

简洁、生动、形象、富有喜感的东北方言，让我们看到了豪放、直率、乐观、幽默的东北人，也让我们看到了东北人脚下那片沃野千里、大山大河、仓廪殷实、四季分明的黑土地。

（四）直接触碰幽默神经的东北方言

东北方言影视剧作品，尤其是小品，以其浓郁的泥土气息、新颖别致的创意及幽默风趣的用词，深受大家喜爱。最具代表性的要数赵本山的喜剧小品，他的作品中常常出现东北地区的俗语、熟语以及一些典型的东北方言土语，而且还会根据社会媒体的热点仿制出一些新词语，在娱乐大家的同时也成为社会流行语，像"拉倒""忽悠""哎呀妈呀""抠门""老……"等都是如此。从《昨天、今天、明天》到《卖拐》《卖车》《卖担架》，再到《不差钱》《相亲1》《相亲2》,"本山大叔"和其他一些艺术家利用东北方言形象性、生动性以及生活性的特点,充分发挥了喜剧小品的娱乐功能和教化功能,成为我们平淡生活中的一味调味剂,直接触碰着我们的幽默神经。

1. 东北方言俗语的使用

俗语是民间流传且定型了的通俗语句,包括俚语、谚语及口头常用语等。俗语大多是人们生活经验的总结,简约、形象。以东北方言为主的小品中运用了很多当地俗语,例如,《拜年》中的"干啥啥不行,吃啥啥没够";《卖拐》中的"脑袋大,脖子粗,不是大款就是伙夫"等。这些反映生活的东北俗语原汁原味,用简单明了的词语勾勒出人物的性格特征,概括出某种社会现象,夸张、幽默、平易近人,具有很强的亲和力,又耐人寻味。

2. 东北方言熟语的使用

熟语是习用词语的固定组合,语义结合紧密,语音和谐,包括成语、谚语、歇后语和惯用语。东北方言中的熟语其实就是俏皮话,鲜活生动、幽默风趣,有很强的感染力,像"该咋是咋""包子有肉不在褶上"等。东北方言小品中不仅常常引用现成的熟语,还会根据风俗人情,智慧地创造出一些新的临时性歇后语,例如,《拜年》中的"耗子给猫当三陪——挣钱不要命"等。临时创制的歇后语内容新颖,又能戳中人们的笑点,很有感染力。

3. 东北方言特色词语的使用

东北方言特色词语质朴、生动、诙谐,散发着浓重的东北味,让人忍俊不禁,如:

首先,本人虽说村长落选,但思想工作还是要搞。在家开个心理诊所,专门治疗人的大脑。欢迎大家前来就诊,有钱给点儿,没钱拉倒。

这是赵本山小品《心病》中的经典台词,充分利用了东北方言的特点,不仅语义表达明确而且押韵整齐。其中的"拉倒"一词,意思是"算了、作罢",在东北方言中,有很高的使用频率。方言与普通话不同的新鲜感,加上东北方言的简单、形象、生动,收到了很好的喜剧效果。再如:

赵本山:我们是吃饭的,姑娘,这顿饭很重要的。

小沈阳:你管谁叫姑娘,我是纯爷们。

赵本山：来，我问问你。你们这个酒店，要是急头白脸地吃一顿要多少钱？

小沈阳：这咋还吃急眼了呢？

"纯爷们"一词是典型的东北方言，形容一个人有男子汉气概。此处小沈阳是想要用这个词语说明自己不是姑娘，但由于他的穿着和说话风格，反而显得他与这个词语格格不入，在艺术表达上就产生了幽默的效果。"急头白脸"也是典型的东北方言词语，表示情绪激动、生气、发怒等。此处赵本山是想用这个词语表示尽最大能力吃，这是由艺术表达需要引申出来的意义。也正是由于这种表达破坏了语言的习惯性原则，引发了观众的好奇心理，所以产生了幽默效果。另如：

宋小宝：海燕呐，你说我的心啊，这个砰砰地跳啊，得亏我嗓子眼细，嗓子眼粗都能跳出来。

赵海燕：多完蛋啊，怕啥，就是相亲，成就成，不成就拉倒，那女的还把你吃了咋的？

宋小宝：我不怕那女的，我怕你那表哥。

赵海燕：怕他干啥玩意儿啊？

宋小宝：他还在里屋住呢？

赵海燕：对啊。

宋小宝：海燕啊，能不能想个招儿把他整走，我和那女的单聊行不？

赵海燕：你能不能不那么多事儿啊？我表哥他人挺好的，还帮你说好话呢！

宋小宝：哎呀妈呀，那样的！

这些幽默、生动的词汇搭建了一部部优秀的作品，更是其产生幽默效果的关键所在，而且借助现代高科技媒体平台，以东北方言为主的喜剧小品俘获了越来越多观众的心，东北方言也越传越远，给更多人带去了欢乐。

4. 仿制词语的使用

东北方言小品中常常用东北腔或东北话模仿一些俗语熟语、名言警句、歌词或一些名人的广告、著作、讲话等，以此来化雅为俗，改文为野，化古为今，增加作品的笑点。例如，《昨天、今天、明天》中仿照"挖社会主义墙脚"造出了

"薅社会主义羊毛",将"走自己的路,让别人说去吧"改编为"走自己的路,让别人无路可走",仿照倪萍作品《日子》创制了《月子》;小品《策划》中仿照"文艺界"创造了"鸡界、家禽界";《不差钱》中的"我指定,洪湖水,浪打浪,长江后浪推前浪,一浪更比一浪强,把我爹拍在沙滩上!"是对歌词的改造。这些仿制而成的新词旧貌换新颜,幽默风趣,在生活中有很强的生命力,成为人们日常调侃的口头语。

东北小品表现的是地地道道的农村生活,使用的是具有东北地域文化特色的民间语言,诙谐戏谑、趣味俏皮,"俗"中带"雅",通俗易懂,给大众的生活带来了愉悦和欢笑。

第三节　东北方言拾趣

随着东北方言小品及影视剧的走红,东北方言也走出"家门",受到了全国人民的追捧。像网络上流传的令人捧腹的大连话教程、有声有色的锦州话教程、东北话版《泰坦尼克号》《猫和老鼠》《再别康桥》《面朝大海,春暖花开》等都给人们的生活带去了情趣和笑声。东北方言应用范围比较广泛,具有独特的文化艺术价值。这里拣拾一些花絮,以飨读者。

1. 辨识东北人的"四项基本原则"

随着小品、影视作品、二人转等在全国的影响越来越大,东北方言已为越来越多的人所熟知和接受。社会的进步、经济的发展以及地球的村化,更加促进了不同地区人们之间的交流和沟通。东北话在全国影响的逐渐扩大,一个明显的表现就是越来越多的人愿意学说东北话。如何在不同的人群中辨识出东北人,今福提出了辨出真的东北人的"四项基本原则"。他说,辨别一个人是否是真正的东北人,主要看其是否能解释"咯应""兴应""恶应""闹应"四个词语的意思。

咯应:音 geying,厌恶的意思;

兴应:音 xingying,也说"兴兴",声音喧闹使人烦躁的意思;

恶应：音 guying，恶心的意思；

闹应：音 naoying，使人烦心的意思。

2."干啥"是什么意思

东北话中"做什么"一般都说成"干啥"，一般读为 ganha，这是东北方言日常交际中使用频率很高的一个词。王建元给我们讲过这样一个小故事：

甲：你干啥（gaha）？　　你干什么？

乙：你干啥（gaha）？　　你干什么？

甲：你这么大人了，骑车也不干啥？　　你这么大人，骑车怎么不注意点？

乙：你这么大人了，连交通规则也不干啥？　　你这么大人，怎么连交通规则都不懂。

……争吵之际，警察赶至。

警察：你俩这是干啥呢？　你们这是在干什么呢？

甲乙二人面面相觑：我俩也没干啥啊！　我们什么也没做呀！

警察愣神之际，甲乙二人骑车走了……

这是两位骑自行车的东北人相互碰撞后发生争执，警察来处理交通事故的一个小故事。这与普通话中"意思意思"的故事如出一辙，但上面关于"干啥"的使用在东北方言中却实实在在。下面是网络上流传的"意思意思"的小故事：

领导：你这是什么意思？

阿呆：没什么意思，意思意思。

领导：你这就不够意思了。

阿呆：小意思，小意思。

领导：你这人真有意思。

阿呆：其实也没有别的意思。

领导：那我就不好意思了。

阿呆：是我不好意思。

3. 什么是"磨叽"

"磨叽"也作"沫唧"，读为"meji"或"moji"。在东北方言中，这个读音对应两个词,一个词的意思是絮絮叨叨、说个不停或者拖拖拉拉,办事不果断、不利索,拖延时间过久,通常有让人不悦的意思;一个词的意思是把东西弄得到处都是,很不整洁。这两个意思都可以以重叠式"mejiji"或"memejiji"表示。这个词在东北方言交际中的使用频率也很高。下面是两个东北籍研究生在宿舍的一段对话实录。

甲:什么玩意儿,这书啊,弄得磨磨叽叽满桌子都是啊!

乙:什么什么玩意儿,什么书啊?

甲:我说你的书,桌子上。

乙:磨叽什么玩意儿,我书怎么啦?

甲:你说谁磨叽啊?我说你书把桌子整得磨磨叽叽的。

乙:别磨叽了,我一会儿就拾掇了。

甲:那敢情好,要不太磨叽了。

这是两个学生的对话。一方把书胡乱摆在桌子上,使桌子显得很乱。对方提醒他,让他收拾一下。普通话的意思是:

甲:满桌子都是书,太乱了!

乙:书怎么啦?

甲:你桌子上都是书,太乱。

乙:别啰唆了,我书怎么啦?

甲:你说谁啰唆?我说你的书把桌子弄得很乱。

乙:别啰唆了,我一会儿就整理。

甲:那当然好,要不太乱了。

4. 到底怎么"整"

由于地方方言与标准普通话有很大区别,对于不同地区的人而言,即使是相同的词语,在各自方言中其内涵也是不同的,尤其是南北方言差异更大。下面是南北方言的一次碰撞:

一日,一东北人和一南方人在一列火车上偶然结识,来到了北国冰城哈尔滨。东北人一看到了家乡,出于东北人的豪爽热情,便强烈要求请南方人吃饭。

二人来到了一家餐馆，要了一份猪肉炖粉条和一份炖鱼，还有一盘家常凉菜。开席之后，东北人一开始就喝了一杯白酒，什么事都没有！南方人当时就惊呆了！

这时东北人看南方人不吃菜，便指着饭菜，说了一句："整啊！"

南方人没听懂，便问："什么叫'整'啊？"

东北人说："就是吃的意思。"

南方人恍然大悟。这时东北人内急，去卫生间，对南方人讲："你先整着，我去趟茅楼。"

南方人随着一起去，到卫生间，地方狭小，东北人讲："你先整，我完事再整。"

其实，东北话中的"整"与南方话中的"搞"异曲同工，都有很多不同的意思，如：

这可咋整啊？（怎么办）

老板，再整几个菜来！（炒）把他给我整出去！（轰、赶）这可真让人整不明白！（理解）现在不是整不整的问题，你明白吗？（办）你看我整的这身衣服怎么样？（买）你整的这是哪一出？（做）

书都整乱了，快收拾起来。（弄）

给我整点水，我渴了。（倒）

这个门我打不开，你整整吧。（试试）

5. 开酒与倒茶

由于东北方言是普通话的基础方言，与普通话比较接近，因而在东北地区内部，有时因为词语意思的混淆，也会发生许多有趣的事情。

话说有几个东北人到北京去谈生意，生意谈成后，大家很高兴，决定到饭店庆祝。入座后，一个人说："服务员来瓶酒。"服务员拿来一瓶，这个人问："多少钱？"服务员说："2800。"这人说"开"，服务员就给开了，此人接着说："开玩笑呢！这么贵，不能喝。"于是大家商定要些茶水喝。一人喊服务员，说道："服务员，茶！"服务员就开始数："1、2、3、4、5、6、7、8"，这人急了，"倒茶！"服务员赶紧"8、7、6、5……"东北人不干了，"你数啥呢？"服务员忙说：

"我属（数）狗。"

诸如上述这些在日常生活中发生的由于东北方言引起的笑话还有许多。从这些笑话中，我们不难看出，东北方言在日常生活中的运用，除了能展现东北人的生活习惯之外，还带有一定的幽默效果。

第五章　东北方言言语行为理论的研究

第一节　言语行为理论的学术意义

一、言语行为理论的基本主张

言语行为理论是由英国语言哲学家奥斯汀开创的,经由他的学生塞尔补充、修正、完善,成为语用学的核心理论之一。言语行为理论从哲学的角度重新审视、界定了言语的本质特征,最终为语言研究打开了一扇通往广阔天地的大门。

言语行为理论的基本观点概括而言就是:"说话就是做事。"

"言"与"行"的关系,一直是中外哲学家、思想家、社会学家、心理学家、语言学家们关注的热门话题。传统的比较通行的观点认为,"言"与"行"是对立的,二者是不同性质的存在。在中国有"慎于言而敏于行""言行一致"等比较常用的表述,西方也有类似"Action speaks louder than words"(行动胜于言语)这样的谚语,可以概括人们对"言"与"行"关系的大体看法。20世纪20年代初,波兰裔人类学家马林诺夫斯基对这一观点提出了挑战,他强调,"语言的原始功能是作为一种行动方式,而不是思想的对应物,语言在最初的时候从来没有仅仅被用作反射思想的镜子,这是语言的一种很牵强的派生的功能"[1]。

奥斯汀第一次明确全面地阐述了"说话就是做事"的观点。他认为:实际上,人们说出一句话,本身就是实施了一种行为,或实施了一种行为的一部分。比如,在具体的场合,我们通过说出某些话来完成一定的行为:许诺、道歉、致谢、命名、宣告等。这是只有借助话语才能完成的行为,说出这些话语本身即完成了行

---

[1] 姜望琪. 当代语用学 [M]. 北京:北京大学出版社,2003.

为。这样，奥斯汀就把"言"看作是"行"的特殊的一部分。言语行为理论把语言视为一种行为现象，属于行为科学。它是一种语境下的行为，一种符号行为，一种互动行为，一种社会行为，一种有目的性的策略性行为。我们说出的话语不是毫无意义的随风而逝，而是在听话人那里产生了影响，有了效果，与对象世界有了一定程度的干预。

奥斯汀认为，言语行为应该区分为三个不同的层次：以言指事行为、以言行事行为、以言成事行为。以言指事行为，指发话人说出一定的音节、词语、句子，形成了一个话语形式，完成了一个让人能理解的表述行为。例如，"你吵吵什么呢？离八里地都听见你说话了！"我们知道发话人针对特定的人提出了一个问题，做了一个陈述。这就完成了一个以言指事的行为。以言行事行为则指发话人通过说出话语，要达到什么目的、意图，实施什么样的交际功能。当说话人说出刚才的话语时，到底想表达什么样的行为意图：是关心询问、不满指责，还是命令禁止？可以把"以言指事"与"以言行事"的关系理解为话语形式和话语功能的关系。同样的话语形式究竟有什么样的话语功能，取决于具体的语境、言语社团的文化习惯和交际风格等因素。以言成事行为指说出某句话之后在听话人那里产生的效果或影响。

如听话人听到了上面的话，可能做出具体的解释，也可能不再大声吵嚷。这就是这一言语行为所产生的效果。

二、言语行为理论的语言学意义

言语行为理论的提出，在哲学界、语言学界均产生了巨大的影响。仅就语言学领域而言，它的价值也是无法估量的，具有如下重大意义。

（一）确定了言语交际的最小单位

言语行为理论的研究兴趣不在于语言本身的结构和形式，也不关心其抽象功能。它关注的是：人们能用语言做什么事，如何去做，会产生什么效果。它确认人类交际的最小单位不是句子或句群，而是实施的某种言语行为，解决了结构主义语言学研究中的许多尴尬。

结构主义语言学把语言看成是一种符号系统,是一种心理结构和外在符号形式的统一。它更注重研究语言抽象的形式系统,所以结构主义语言学的突出贡献在语音、语法方面,词汇、语义研究方面就显得力不从心。因为一旦涉及意义,就必然会涉及人自身、涉及世界、涉及存在。这是传统的结构主义语言研究方法所无力阐释的内容。在传统语言研究当中,语言的研究单位是音位、语素、词、句子,认为句子是最小的表述单位,可是句子的定义却相当模糊。因为在这几个单位里面有两次飞跃:音位形成语素,语素、词或短语构成句子。其实在形式层面,句子和词,尤其是和短语的界限很难廓清,因为句子是在功能层面的语用单位。所以,离开交际场景,离开交际功能来定义句子,难免会有各种烦恼和麻烦。也使得语言学家们不遗余力的语法研究不尽如人意,无法为丰富多彩、奥妙无穷的言语事实提供有力的阐释。

言语行为理论认为语言是一种行为现象,属于行为科学,完成特定的言语行为是言语交际的本质目的。那么言语交际的最小单位是言语行为,而不是别的什么。这样,我们就能从本质上厘清句子、话语与词汇、短语的区别:前者是语用单位,后者是备用单位。从语用的层面研究句子或话语,即在完成特定交际意图的言语行为角度上研究句子或话语,可以把研究视野自然地从语法放宽到语义、语用等更为宽广的界面上来,对研究句段、语篇的复杂性、修辞性更有解释力。当然,言语行为理论不可能取代传统的语言研究,只是使得语言学家的研究跨越了传统的研究领域,为语言研究提供了全新的富有魅力的研究角度。

(二)区分了句子意义和话语意义

奥斯汀和塞尔对言语行为层次的区分,实际上揭示了这样的事实:那就是语言形式和语言功能之间并不存在一一对应的关系,这一点对语言学习和语言教学尤其重要。

索绪尔认为,"语言和言语不同,语言是人们可以分出来加以研究的对象。语言科学不仅可以没有言语活动的其他要素,而且正是没有这些要素掺杂在里面,才能够建立起来"。"语言是言语的工具,又是言语的产物。"① 所以,索绪尔有理由乐观:研究清楚了语言,言语问题自然迎刃而解。

言语行为理论的"以言指事"理论,其实说的就是句子的表面意义,可以认为是脱离具体语境的语言意义。而"以言行事"理论指出:"研究语句的意义在原则上和研究言语行为没有区别,确切地说,它们是同一种研究。因为每一个有意义的语句借助意义可以来实施一种特定的言语行为(或一系列的言语行为),而因为每一种可能的言语行为原则上可以在一个或若干个语句中得到表述(假如有合适的说话语境的话)。"②

研究表明,句子意义和话语意义的关系是极为复杂的,有非常鲜明的地域性、社团性、个别性。二者的不对称、不对应关系是跨文化交际、跨文化学习中的主要障碍。利奇甚至认为,"所有的行事行为都是间接的,语力(话语意义)都是通过会话含义推导出来的,尽管不同话语的间接程度会有很大的差别"。③ 可以理解为:句子意义和发话人意图(话语意义)之间有着错综复杂的关系。所以,对话语意义的表达、理解、推导等研究就显得非常重要,对话语意义的广泛、深入研究,加强了语言研究的实用性,具有广泛的社会文化意义。

(三)使得言语交际研究能够提纲挈领

继索绪尔之后,20世纪的大多数语言学家们致力于语言研究,忽视言语研究,其中有这样一种原因:源于对言语的这样一种认识,言语是个人的、暂时的、庞杂的,根本无法把握。

奥斯汀和塞尔都试图证明,虽然言语事实表面看来是纷繁复杂的,但语言的用途不是无限的,可以对它们进行某种程度上的概括和分类。人类的言语行为是有限的、可以概括的,即我们通过语言所能做的事是有限的。

例如,塞尔把"以言行事"的言语行为分为五类:断言类、指令类、承诺类、表达类、宣告类。这个分类很显然有点粗疏,过于概括。他后来在《言语行为》中又拓展分析到了"要求""断言""提问""致谢""劝告""警告""问候""祝

---

① 费尔迪南·德·索绪尔.普通语言学教程 [M] 高名凯,译.北京:商务印书馆,1980.
② 约翰·塞尔.心灵导论 [M].徐英瑾,译.上海:上海人民出版社,2008.
③ 利奇.文化与交流 [M].卢德平,译.北京:华夏出版社,1991.

贺"等言语行为。"人们使用语言所实施的言语行为究竟有多少种，有人估计有一千种以上。"①虽然，关于言语行为的种类现在还没有达成共识，但塞尔的分类标准和分类方式已经深入人心，影响巨大。

以言语行为的具体功能为切入点，原来纷繁复杂的言语交际事实就不再杂乱无章、毫无头绪。研究言语行为必然涉及影响人际表达和理解的诸多要素：言语结构和形式、说话人意图、听话人的语义推导和获得，涉及认知、逻辑、语境及文化等因素。语言研究的视野不但涉及传统的语言学，而且涉及社会学、人类学、文化学、心理学、逻辑学等其他人文学科。所以以言语行为、言语功能为出发点，这些要素的研究就显得目的明确、关系清楚、条分缕析。

人类的言语交际是有鲜明目的性的行为，是人的一种策略性行为，涉及对言语形式的选择、对语境对象的自觉、对交际策略的调整、对语言资源和机制的适应等各方面的因素。那么，以言语行为为核心，可以形成辐射一切人文领域的研究通道，使得语言研究呈现一种完全开放的指向人类文化、文明的态势。可以打破传统的语言研究的学科壁垒、理论局限，从形式到内容、从结构到功能、从微观到宏观、从内部到外部全面地研究语言、阐释语言。

"现在已有越来越多的证据表明，语用学不是语言学的分支学科，而是考察语言的一种功能性视角，是结合语言运作的认知、社会和文化方面的复杂因素的一种研究思路。"②其中，言语行为理论功不可没。

第二节 言语行为类型与言语形式的关系

在讨论和建立言语行为理论的过程中，奥斯汀和塞尔都注意到一个问题，并对其进行了不同程度的阐述，那就是言语行为和言语形式的关系问题。

奥斯汀（1962）言语行为理论的提出，主要是针对逻辑实证主义者一贯观点的批判和反击。逻辑实证主义者认为，语句的主要功能在于陈述事实、描述状态，

---

① 约翰·塞尔. 心灵导论 [M]. 徐英瑾，译. 上海：上海人民出版社，2008.
② Mey, J.L.Pragmatics: *An Introduction* [M].Oxford: Blackwell, 1993.

并且这种陈述或描述具有真假值。奥斯汀则认为，可以把句子分为描述句和施为句两类，只有描述句有真假之分，而施为句说出就是实施一种行为，没有必要分真假也无从区分真假。区分施为句和描述句的标准之一就是看句中是否含有施为动词。

在关于施为句和施为动词的讨论过程中，奥斯汀模糊地触摸到了言语行为类型和言语形式的问题。比如，他认为，有多少种施为动词，就有多少种施为行为，并尝试据此对英语的施为动词进行了分类。他的分类后来受到了广泛的批评，其主要原因是他的分类缺乏统一的标准，没有系统性；另外，他的学生塞尔还批评他混淆了言语行为和言语行为动词之间的关系，认为把行为动词的存在与否看作划分言语行为类型的标准，缺乏科学依据。

塞尔的批评蕴含着这样一个基本问题：言语形式和言语行为之间是否存在对应的关系？

一、间接言语行为理论

在奥斯汀言语行为理论的基础上，塞尔对言语行为做了全面的梳理，把以言行事（施为性言语行为）划分为五种类型：断言类、指令类、承诺类、表情类和宣告类。

在分类的过程中，塞尔认为，有些时候，句子的言语形式标示了一种行事类型，实际却实施了另外一种言语行为。例如，在饭店里，一个人对另一个人说：

（1）Could you please pass the salt？

在上述语境中，说话人发出的是一个"询问"的句子，目的却是借助该句子实施一种"请求"行为，即"请求"的言语行为是通过"询问"这一言语行为间接地实施的。如此"请求"这一言语行为就叫作"间接言语行为"。简而言之，"间接言语行为是一种以言行事通过另一种以言行事的表达方式间接地实现的"[1]。塞尔的间接言语行为理论，实际上并没有超越奥斯汀多远。

因为他的理论暗含着这样的假设：通常而言，言语形式与言语行为类型是对

---

[1] 约翰·塞尔. 心灵导论[M]. 徐英瑾, 译. 上海：上海人民出版社, 2008.

应的。即一种言语形式自然地对应着一种行为类型，否则就不会有"间接"言语行为的提法。他认为（1）的言语形式属于"提问"的言语行为，只不过在特定语境（饭店）中被赋予了间接的使命"请求"。如此，他的关于言语行为的五种分类实际上是针对言语形式的，基于具体施为动词或具体语句形式的分类，而不是基于具体语句的话语功能。

塞尔的间接言语行为理论实际讨论的是言语行为类型与具体言语形式之间的错综复杂的关系。但他却绕了个弯：人们通过字面意思实施了一个言语行为，通过这个言语行为而最终完成了另一个言语行为。塞尔的间接言语行为理论，没有超越奥斯汀的言语行为三分说的理论体系和框架，甚至不如他老师的表述简洁、科学。

在施为句理论的基础上，奥斯汀最终认为需要一个包括所有言语行为、更为全面的理论。于是他提出把言语行为区分为三个层次：以言指事行为、以言行事行为、以言成事行为。其中以言指事行为可以简单地理解为表述行为，以言行事行为也译作施为行为，表示"言外之力"，指说话人旨在通过话语实施某个交际目的或者执行某个特定功能的行为。用奥斯汀的公式表示为：In saying X, I doing Y，以言行事行为的完成有赖于交际语境。同样是"It is cold in here"这句话，说话人可能是请求听话人关上开着的窗户，可能是建议离开，也可能仅仅是对当下环境的欣然描述。

"以言行事行为可以采用直接手段，也可以采用间接手段。至于何时用直接手段何时用间接手段，不能一概而论，其中存在着语言文化等方面的差异，并且能反映出不同民族文化的价值观和交际风格的差异。"[①]

奥斯汀的"以言指事"和"以言行事"的划分，其实就涵盖着言语形式与言语行为之间关系的描述，那么，塞尔的"间接言语行为"提法确实多此一举。

[①] 约翰·塞尔. 心灵导论 [M]. 徐英瑾, 译. 上海：上海人民出版社，2008.

二、言语行为与言语形式

表面看来，言语形式与其所能实现的言语行为之间的关系似乎很明确，学者们的认识也很统一。但在具体的研究中难免混淆不清，似是而非。

比如，塞尔在批评奥斯汀对施为动词的分类时，就指出奥斯汀的分类混淆了言语行为动词和言语行为之间的关系，认为不应当把行为动词的存在与否看作划分言语行为的标准。说明他已经意识到言语形式与言语功能之间并不存在对应的关系，但他的间接言语行为理论还是隐含这样的观点：言语形式本来是有与其相对应的言语功能的。塞尔对间接言语行为作出如下分类：间接言语行为可以分为规约性言语行为和非规约性言语行为。

间接言语行为的特点是："通过社会和文化的规约，某些言语行为已固化为另一种言语行为，某些语言结构上的特征可以帮助人们判断这一类间接言语行为。"① 其中的"某些言语行为"，其实是某些言语形式，如"could you pass me the salt"，本来的功能是用来提问的，在饭店里却规约为另一种言语行为"请求"。这样，塞尔就把言语形式和言语行为混为一谈。对此，利奇曾这样评价："不论从语用原则或语义原则来看，这些话语的双重意义都是令人头痛的问题。"② 正是因为塞尔的言语行为分类是基于言语形式，而非言语功能的原因，利奇批评说："言外之意在很多情况下可以通过预言、许诺、请求等的言语行为动词进行区分。可是并非所有的言外之意都能这样明确地分类。"③ 利奇还详细地阐述了言外之意（间接言语行为）不能分类的原因：不能分类的第一种情况是，在许多情况下言外之意与其说是类别的问题还不如说是程度的问题；不能分类的第二种情况是，言外行为常具有一种以上的言外行为特征，因而常常是模棱两可的；不能分类的第三种情况是，虽然表面看来，间接言语行为具有"意义双重性"，但在具体使用中，话语通常带有它们的间接语用功能的一些语法特征。

由此，我们看到，利奇的观点可以概括为：言语行为是不适合从言语形式本

---

① 约翰·塞尔. 心灵导论 [M]. 徐英瑾, 译. 上海：上海人民出版社，2008.
② 利奇. 文化与交流 [M]. 卢德平, 译. 北京：华夏出版社，1991.
③ 利奇. 文化与交流 [M]. 卢德平, 译. 北京：华夏出版社，1991.

身分类的，可以分类的是言语形式的语用功能。对言语行为的研究应当侧重于功能，而不仅仅限于言语形式。

例如，在赵本山表演的东北方言小品《拜年》的开头部分，人物连续使用五个疑问句，所实现的言语功能却各不相同，虽然句式雷同，意思表达却异常丰富。

（2）赵本山："拽啥呀？"A

高秀敏："你咋这么慢呢？"B

赵本山："咋快呀，我还会飞呀？"C

高秀敏："你咋不知道着急呢？"D

"咱家那鱼塘快到期了，那乡长小舅子急了，他要承包，这么大事儿咱不找乡长说说能行吗？"E

疑问句 A 明显不是单纯的提问，而是不满和反抗，疑问句 B 用疑问的句式实现了责备的功能，疑问句 C 是反驳，疑问句 D 是批评，疑问句 E 是解释。我们发现，在东北方言里，疑问句式的使用频率较高，有相当丰富的语用功能，无论是使用者还是接收者都没有意识到表达的间接性、委婉性。而且，言语者在运用疑问句实施非疑问功能时，并没有体现出所谓的礼貌特征，反而体现了一种更强烈、直接的言语效果、情感状态。

韩礼德曾经指出："很少有人把自然的原则类推到对语法系统的描写上，'I shall go'、'I will go'与'I'll go'之间就存在一个概率问题。对同一个陈述可以使用主动语态，也可以使用被动语态，这也可以用近似值标明，近似值高的是未标记的。"如此，同一种言语形式究竟能实施什么样的言语行为或言语功能，主要是由方言社团约定俗成的，具有强烈的社会文化规约性质。

三、言语行为理论的适用性

言语行为理论诞生之后，不断受到来自其他学者的评论和质疑。罗萨多认为，言语行为理论忽略了重要的情景和文化因素对语言使用的制约作用。梅依也认为，应该将言语行为与人们所处的社会环境结合起来考察，而以前的言语行为理论不能对言语行为的社会基础进行解释。甚至有学者认为，言语行为理论根本没有存在的必要。如斯珀伯和威尔逊指出："言语行为理论家们关注的大量现象对语用学来说没有特殊兴趣。"①

我们认为，罗萨多和梅依等学者的观点更为中肯，更能反映言语行为理论的精髓所在。言语行为理论首次将"言"提到"行"的高度，认为虽然话语形式千差万别，但人们用语言所能做的事是有限的，是可以抽象概括的。这一理论具有高度的哲学意义和语言学意义。但奥斯汀和塞尔都花费了大量的力气去概括言语行为的类型及言语形式（包括词语和句子形式）和言语行为类型之间的对应关系，使言语行为理论显得过于简约，陷于主观臆想，缺少系统、必要的具体言语的横向对比研究，使言语行为理论的研究视野过于狭窄，理论过于僵化、空洞，缺乏客观性和适用性。

简单而言，奥斯汀和塞尔都过于专注言语行为理论的共性和普遍性研究，期望借此揭开言语交际的神秘面纱。然而，言语行为理论恰恰应该关注言语功能的社会性、民族性、个体性差异研究，研究制约言语行为的社会制约因素，在具体交际场合，人们使用什么样的语言及语言形式去实施具体的言语行为，描写言语交际的具体行为模式，为具体语言学、对比语言学、社会语言学及跨文化交际研究奠定坚实的理论基础。

例如，"就对比语言学而言，最基本的问题在于抓住对比中的双语（或多语）的不同素质，或曰异质，语言的许多形式问题其实只是基于其特定素质而发之于外在的表面现象，是一种外在言语行为表现。我们无疑必须更加关注内在的、支配言语行为表现的各种内在机制，考察它们以何种形式作用于语言结构，而使一种语言有别于另一种语言。事实上，如果把语言视为完整的精神个性，那么真正具有共性的东西就是绝对独特的。但唯有通过语言的表现自身，唯有在其个性非常惹人注目的地方，我们才会觉察到共性的存在"②。

---

① Sperber, D, Wilson,D.Releance：*Communication and Cognition*[M].Beijing：Foreign Language Teaching and Research Press &Blackwll Ltd.,1995/2001，p.1.
② 威廉·冯·洪堡特.论人类语言结构的差异及其对人类精神发展的影响[M].钱敏汝，译.西安：陕西人民出版社，2006.

第三节　言语行为理论的方言研究视角

一、言语事件与言语行为

言语行为理论的一大优点在于为言语交际研究提供了一个比较简洁、方便的角度和切入点，人们用语言所能做的事是有限的，相差无几，如警告、道歉、断言、致谢、寒暄、询问、请求等，但具体言语形式、交际策略的选择却千差万别，受到言语社团的社会文化习俗、交际者的熟识程度、地位差异、心理情绪等多种因素的暗示和影响。而传统的言语行为理论，过于专注单个言语行为的孤立静止研究，忽视其背后的社会性因素，这是其遭到非议的主要原因。

事实上，在具体的社交活动中，人们每次完成的言语目标多是由多个言语行为共同完成的，所以，我们更愿意接受"言语事件"这个术语，这个术语的引进可以使言语行为理论的研究视野更广阔、更有适用性。

"言语事件，又可以称为交际类型，涵盖各种语言行为，例如，敲诈勒索、吹牛、撒谎、做广告、议论、求爱、描述、评价、指导、做语言游戏、劝说、自言自语等。解释语言行为必须结合具体的文化背景和语言特点。"言语事件通常由多个言语行为构成，有一定的程序特征。

当我们在街上询问别人"几点了？"的时候，我们是想知道具体的时间。这个言语行为发生在可被称为"询问时间"的言语事件中。这样一个简单的言语事件，通常包括三个言语行为：询问时间、被告知时间、感谢。这一言语事件可以这样来概述：

询问时间　言语事件

几点了　　言语行为1

X点了　　言语行为2

谢谢　　　言语行为3

通常，这几个言语行为的顺序是不能被打乱的。

在这个简单的言语事件中，每一个具体的言语行为都可能有多种表达方式，这决定于具体言语社团的语言规约习惯、言语参与者的素养和年龄、职业等特征以及现实交际目的。不同言语社团有不同的交际习惯、行为模式。我们发现，具体言语交际行为的成功与否，更多地取决于对言语交际习惯或模式的了解，在跨文化交际或跨方言交际中表现尤为突出。例如：

在通往辽宁沈阳的列车上，一个女孩发现对面的小伙子一直很殷勤地照顾一位老太太，很受感动。于是就问：A."请问，这位是您的什么人啊？"小伙子回答：B."这位吧，是咱妈。咱妈身体不好，这是刚从北京看完病回咱沈阳"。女孩当时就不高兴了：C."你怎么这样说话，她怎么是咱妈呀？"

我们看到，这样简短的对话，引发了很深的误会。言语行为 A 是一个客气的充满距离感的社交提问，言语行为 B 的发话人对这个距离预设并不敏感，仍然用东北方言的言语习惯回答问题（对"咱"的使用习惯和心理习惯），结果引发了交际失误。

对具体言语事件的解释除了涉及言语的规约形式（包括用词、句式结构、语句的毗邻顺序等）、具体话语策略的选择和使用以外，还涉及社会文化和社会心理暗示、具体交际场合等多方面的语境因素。上例言语事件发生在开往沈阳的列车上，女孩以外地旅客的身份发问，小伙子以东北人的身份回答，交际者的身份感、地域感、距离感容易发生错位。当然，如果事件发生在东北以外的地方，如北京，是否就一定不会发生这样的误会，也不能肯定，这取决于小伙子的言语交际素养，对跨方言的交际场合是否敏感。我们只能把视点放在更大的言语环境中，才能对小伙子的言语行为做出合理的解释。

二、言语事件与言语环境

在上述言语事件中，外地女孩对小伙子回答话语的不满，来自二人对"咱"这个词的理解的不同。在她的理解中，"咱"包含谈话对方在内，但自己又不是他的媳妇，小伙子说"咱妈"显然不妥。可在小伙子的理解中，说"咱妈""咱沈阳"是自己的表达习惯，即东北方言的习惯说法，并没有想让对方当媳妇的意思。我们还注意到，很多外地人，对东北方言的这种称谓方式均非常敏感。例如，有人在"关东在线"网上调侃地写道："如果你与一个东北人成了朋友，那么他同你说话时就会把他的亲人与你紧密地连在一起，说起他的妻子，如果你比他年长，他会说'你弟妹'如何如何，如果你比他年纪轻，他会说'你嫂子'如何如何，以此类推，上到'你姨''你叔'，下到'你小弟''你大侄子''你小外甥'，诸如此类的称呼一旦成立，你就仿佛是他们家的人了，等你再见到这些人时，他们已经都成了你所熟知的人，而你，一定对他们也不会陌生。"

可见，这是区别于普通话的东北方言中的一种特色表达方式，问题是即使我们做出如上解释，客方言区（为方便起见，我们姑且如此称呼东北方言以外的方言区）的受话人仍然感到别扭。我们必须对这种语用倾向做出解释：这是一个语言问题，但更是一个文化心理问题。

只有在具体的方言语境里，方言的言语形式才能真正焕发出其本来的光彩。马思周、姜光辉在编制《东北方言词典》时，明显感到"释义时即或在理性意义、语法意义以及色彩意义方面解说得合乎简明而准确的标准，也总感到埋没了方言词语本身固有的、尤为本地人所敏感的那种生动劲儿（比如粗野劲儿、文雅劲儿、狠实劲儿、宽松劲儿、诙谐劲儿、严肃劲儿等）。它作为方言词语的特征，实在是不可忽视的"[①]。"当然，词语的这种劲儿是跟多种因素相联系的（如言语背景、语言心理），但主要是借助适当的语境烘托它，人们才会具体地领会到。"[②]

系统功能学派的主要代表人物韩礼德曾经指出，如果人们集中注意的是语言系统的问题，如语法和词汇，那么，这方面的相互关系完全可以在语言内部解决；但若把语言系统当作整体考虑，那就必须从外部来确定对语义系统进行区别的标准，即属于同一语义类型的语言材料是否具有同一的意义标记。对此，有的以文字系统作为理想化标准，却忽视了语调的差异；有的以概念系统作为标准，即根据两个概念的异同进行区别，但无法说明概念系统或语义系统本身的异同又是怎样区分的。可见，语义是语言和言语之外的某种东西的交叉。这后者便是社会语境或情境。情境分析法和情境意义与其他层次的分析法和意义的区别在于：（1）前

[①] 马思周，姜光辉. 东北方言词典 [M]. 长春：吉林文史出版社，2005.
[②] 马思周，姜光辉. 东北方言词典 [M]. 长春：吉林文史出版社，2005.

者涉及有关世界的非语言特征。（2）说话者和听话者都要掌握有关文化的非语言部分。

语境理论是以马林诺夫斯基和弗思为核心的伦敦学派的支柱理论，后来几乎成为语言研究的核心和热点问题。如韩礼德认为"社会语境""环境""相互交往"等概念与"知识"和"思维"在理论上是同类型的。相互交往之能解释知识，不亚于知识之能解释相互交往。中国学者对语境研究也非常重视，如俞东明认为"语用学是对使用中语言意义即语境意义的研究"，王建平的提法则更为直接——"语用学的实质问题是语境问题"①。

韩礼德关于语境的思想表明，语言是一种有规律的资源，用来说明语境中的意义，而语言学是研究人们通过语言来交流意义。

把语言看作意义潜势系统意味着语言不是界定完善的系统，不是所有合乎语法句子的总和。它也意味着语言是自然存在的，因而必须在语境中讨论。

中国有一句谚语说"到什么山唱什么歌"，可以理解为说话人在具体言语事件中采取何种言语形式，应该取决于大的语言环境。通过对东北方言中"咱妈""你嫂子"等言语交际形式的考察，我们发现，在具体的言语交际语境中，民众的言语行为有着非常明显的文化心理印迹。

因此，我们认为，必须在社会语境或者说言语环境中来研究言语事件，要对东北方言的语用形式进行深入描述、合理解释，必须把东北方言放在广阔的东北平原上，放在独特的东北文化基础上。

三、语用原则与语用策略

在对具体言语事件的研究中，语言学家注意到，具体言语形式有非常复杂的表现形式，有的直接表意，有的比较间接委婉。那么，间接的言语形式是如何获得理想的交际效果的呢？即言外之意是如何产生的？是什么原因使说话者决定采用直接的还是间接的方式呢？

对以上问题研究比较有影响的理论是格赖斯的合作原则和利奇的礼貌原则。

---

① 王建平.语言交际中的艺术：语境的逻辑功能 [M].北京：求实出版社，1989.

（一）合作原则

格赖斯（H.P.Grice）是日常语言哲学家，他提出了一套有关日常言语交际的、以准则为基础的总原则——合作原则。在格赖斯看来，为了保证会话等言语交际的顺利进行，交际双方必须是互相合作的，能够围绕一个共同的谈话目的，能够互相理解、共同配合。那么，在具体的言语事件中，谈话双方是如何遵守合作原则，达到互相理解、顺利交际的目的呢？格赖斯认为：根据会话的目的或交流的方向，使自己的话语在一定的条件下是交际所必需的。

格赖斯在合作总原则之下，归纳了四类不同的准则。

A. 量准则：提供适量的信息

（a）根据需要提供信息

（b）不要提供不需要的信息

B. 质准则：尽量说真话

（a）不说自己认为谬误的话

（b）不说缺乏充分证据的话

C. 关系准则：说话内容切题

D. 方式准则：表达清楚明了

（a）避免表达含糊

（b）避免歧义

（c）讲话简要（避免不必要的冗长啰唆）

（d）讲话要有条理

格赖斯的合作原则自产生以来，产生了很大的影响，成为语用学研究的一个重要领域。以利奇为代表的学者给予很高的评价，"我们可以认为语用学涉及为说话人和受话人解决问题的策略，语用学不能归纳为规则，可是至少通过由格赖斯的会话含意这种想法所提出的分析技巧，我们可以合理地，虽然只是部分地解释其他方法不能解释的语言行为中某些令人费解的现象"[①]。但合作原则也引起一些学者的批评和质疑，主要包括以下几点。

---

① 利奇.文化与交流[M].卢德平，译.北京：华夏出版社，1991.

合作原则不能解释所有的言语事件：撒谎、自谦、争吵、逗乐甚至冲突等，生活中有很多不合作的言语交际现象；合作原则各项准则的性质及来源不清，理论基础不明确，人们为什么必须遵守合作原则？如果人们必须遵守合作原则，他们是否带上说话人的社会文化特征？合作原则是具有普遍适用性还是具有社团差异性？

钱冠连就明确提出："合作不必是原则。"从根本上否定了合作原则存在的合理性。更多的学者尝试对合作原则提出修正和补充，为合作原则的适用性提供可能的解释。"实际上，格赖斯并没有宣称合作原则及其准则的普遍性，他把各条准则当作了合作原则的特殊情况，而非必然结果，发现某一准则不是普遍存在的并不能否认合作原则的普遍性。"[①]

我们发现，对合作原则的支持与反对，更多的来自对该原则的个人阐释角度和理解的不同。基南（Keenan，1975）认为，"如果我们将格赖斯提出的'交际所需要的信息'理解为'该文化背景条件下会话一方所需要的信息'，就可以认为说话人遵守了量准则，因为不情愿告知他人自己获知的信息，对马达加斯加人是可以接受的……因此，对马达加斯加人的讲话来说就不存在量准则的第一条次则。可见，准则并不是普遍存在的"[②]。这个阐述基本上是自相矛盾的。合作原则本身就是言语交际准则，离开具体言语社团的交际规约来谈合作原则还有什么意义呢？

这里面隐含着这样一种研究视角：研究者对质、量、方式等准则的理解是以英语的交际规约为参照标准的。如果这样，合作原则就缺乏普遍的阐释作用，用这样的原则去解释其他语言的交际特征，显然是行不通的。文化的多样性显示言语交际的规约习惯也必然是多样的，在马达加斯加，人们对信息量的表现是合乎其语言习惯的，在中国人中间询问对方的工资水平、婚姻状况也是合乎文化习惯的，那些拒绝与别人交流这些信息的人反而可能被视为是不合作的。所以，需要对准则的具体阐释进行澄清，在总的原则和准则之下，其具体的表现状态恰恰应该是多种多样的，这不足以否定合作原则的普遍性特征。

---

① 钱冠连.语言全息论[M].北京：商务印书馆，2002.
② 丹尼斯·基南.史密斯和基南英国法[M].陈宇，刘坤轮，译.北京：法律出版社，2008.

（二）合作原则的理论基础

无论是格赖斯的会话含义理论，还是奥斯汀的言语行为理论，都在尝试解决以下问题：在言语交际过程中，同样的言语形式是如何产生丰富的会话含义的？（反过来也包括完成同样的言语行为，人们究竟可能采取哪些言语形式？）这个问题可以简化为：抽象的语言意义是如何获得具体的会话含义的？传统的语用研究，一直试图摆脱索绪尔语言研究理论的影响，开创全新的关于言语交际研究的思路和方法。这种努力使得当代语言研究焕发了巨大的活力，打开了语言研究通向哲学、社会学、心理学、人类学等其他人文学科的通道。

但语用研究在向其他学科寻找解决方法和途径的同时，也必须重视与传统语言研究的联系，从传统语言研究的理论精华中汲取灵感和养料。言语交际研究终究仍是语言研究，其理论的出发点和最终归宿还应该是语言学，而非其他学科。否则会一直处于这样的困境："会话含义与语言结构的相互作用是很明显的，但是这种作用是怎样形成的，目前还不十分清楚。"[①]

索绪尔在《普通语言学教程》里明确地区分了语言和言语，把语言学的研究对象确立为语言，而非言语。在对"语言"的研究中，他提出了两个重要理论：任意性原则和语言价值理论。

关于语言符号的任意性，书中这样写道："能指和所指的联系是任意的，或者说，因为我们所说的符号是指能指和所指相联结所产生的整体，我们可以更简单地说：语言符号是任意的。"索绪尔认为任意性原则是"头等重要的"，"它的意义是无法估量的"，书中接着写道："事实上，一个社会所接受的任何表达手段，原则上都以集体习惯，或者同样可以说，以约定俗成为基础的。"在这里，虽然索绪尔主要在谈语言符号的约定性，但也顺便谈道："任何表达手段"都具有约定俗成的性质。

我们可以认为，所有语言表达手段的"能指"和"所指"，即语言形式和语言意义（会话含义）的关系都是"约定俗成"的。换句话说，任何语言形式在具体言语事件中，所具有的言语功能都不是必然的，而是约定俗成的。这样看来，

---

① 何自然．语用学概论 [M]．长沙：湖南教育出版社，1988．

任何"言外之意",都本来是"言中应有之义"。

但我们如此表述的时候,会遇到这样的疑问:这是否陷入了言与意关系的虚无主义的泥潭?所有的"言语"研究是否就没有存在的必要?

索绪尔的价值理论还可以帮助我们进一步理解言与意的关系,言是如何获得意的。有关价值理论,索绪尔认为:"在语言这样的符号系统中,各个要素是按照一定规则互相保持平衡的,同一性的概念常与价值的概念融合在一起,反过来也一样。①"索绪尔用国际象棋中棋子的例子详细地论证了语言符号纯粹是价值系统,"它们最确切的特征是:它们不是别的东西"。"我们只看到词能跟某个概念'交换',即看到它具有某种意义,还不能确定它的价值;我们还必须把它跟类似的价值,跟其他可能与它对立的词比较。我们要借助于它之外的东西才能真正确定它的内容。词是系统的一部分,就不仅具有一个意义,而且特别是具有一个价值。"②

价值理论强调的是语言符号的本质意义在于它与系统中其他成员的对比关系,即意义纯粹是由差别决定的。"一个符号所包含的观念或声音物质不如围绕着它的符号所包含的那么重要。可以证明这一点的是:不必触动意义或声音,一个要素的价值可以只因为另一个相邻的要素发生了变化而改变。"③语言及言语系统中的一切规约和变异、偏离均可以在此找到解释:一个语词、一个句子甚至一段语篇,都有大致的适用环境,有时如果我们变异了其常用的语域,即使仅仅因为适用语境发生了变化,其原有的意义尤其是语用功能就会发生明显的转移。钱锺书在《管锥编》中讲"以景物喻文境,后世批尾家之惯技"时,举了汪康年《庄谐选录》中的一个例子:"有人评一试帖时曰:两个黄鹂鸣翠柳,一行白鹭上青天。上句是不解作何语,下句是愈说愈远了。"把两句著名的诗句用来做文章批语时,就衍生了别样的意义和功能,产生了另外的效果。

我们把语言符号的价值理论稍做调整,即可用来解释言与意的关系。言语形式本身均包含着自己的意义(抽象语义),但它在具体言语事件中的功能,可以

---

① 费尔迪南·德·索绪尔.普通语言学教程[M].高名凯,译.北京:商务印书馆,1980.
② 费尔迪南·德·索绪尔.普通语言学教程[M].高名凯,译.北京:商务印书馆,1980.
③ 费尔迪南·德·索绪尔.普通语言学教程[M].高名凯,译.北京:商务印书馆,1980.

理解为价值，是由语境系统决定的。言语形式的语用功能并不是必然的、单一的，而是由言语社团在漫长的语言实践中约定俗成的。那么，就要求言语交际者不但要理解话语形式意义，还要理解该话语形式的功能价值，即在具体语境中可能实施的行为及如何实施该行为。这样，合作原则就有了扎实的理论基础和明确内涵，会话含义的产生和推导均可以找到更加合理的解释机制。

（三）合作原则的内涵阐释

许多学者对合作原则的解释都有点模棱两可、含糊不清，例如，"对某些准则的违反实际上是对合作原则的更深层次的遵守"；"现象是不合作的，实质是合作的"；等等。尴尬的焦点在于：我们直觉到言语交际过程深处有合作的基础，可又不能解释为什么言语交际形式有那么明显的对合作准则的违反？而且如果承认言语交际中普遍存在合作原则，又不能解释许多言语事件，包括吵架、斗嘴、自谦、撒谎等。

我们认为主要原因是把言语交际范畴中的"合作"混同于社会生活范畴中的"合作"，二者混淆不清。严格说来，格赖斯首先是哲学家，然后才是语言学家，甚至不能称为严格意义上的语言学家，我们没有从他的理论上看到任何前代语言学家对他的影响。所以他只是从哲学的高度给我们提供了一种研究言语交际的视角和方式，并没有从严格意义的语言学角度来研究言语交际的规律和特征。许多学者已经认识到，语用研究不是语言学的分支学科，仅仅是研究语言的一个角度和方法。那么，我们对"合作原则"的讨论也应该基于语言学的范畴，而不能混同于社会学的范畴。

如此，我们可以这样理解，合作原则中的"合作"应该区别于社会活动中的"合作"行为，应该是言语交际者遵守社团交际规约，对交际目的和具体言语行为实施方式的共同磋商过程。对交际准则的理解应放在言语社团的文化范畴下来讨论。

这样，我们就可以重新理解"合作原则"。格赖斯把违反合作原则的情况概括为四类。

第一类，说话人一方悄悄地、不让对方发觉地违反合作原则，从而将听话人引入歧途，上当受骗。

第二类，说话人宣布不愿合作，不遵守准则。如果有人向他提问，他会表示不愿作答，或者表示他不能说更多的话。

第三类，说话人可能面临一种顾此失彼的局面。例如，他想根据情况的要求，遵守质准则，但与此同时，他可能会违反其他准则。

第四类，说话人可能有意不遵守某一准则，但他相信听话人会觉察出这一点，并认为他仍会继续合作；而听话人也知道，说话人并不存心让他受蒙蔽。

我们发现，按照我们对合作原则的界定，第一、二类，甚至第三类都不应算作是不合作的，即并没有违反合作原则。第一类概括的典型言语行为是撒谎，从社会学、心理学角度来看，撒谎的目的是欺骗，让对方受蒙蔽，是一种不合作的行为；但从纯粹的语言学角度来考察，是没有办法来确定某一言语行为是否是撒谎的。撒谎是众多言语行为中的一种，是交际双方的一次合谋，是言语形式与言语目的的一次双簧演出。撒谎者为达到目的，必须接受撒谎这种言语行为的规约限制，表面上反而更千方百计运用各种言语策略，使听话人信以为真。成功的欺骗对于发话人来说，不能不说是一次成功的交际行为，对听话人来说，他既然根本就没有明白过，自然也谈不上是不成功的交际了。

按照我们的界定，对合作原则的"质准则"要做重新的理解。如果"质准则"的要义是"尽量说真话"，我们先不谈在语言研究范畴中如何衡量"尽量"，单就"要说真话"是指不撒谎这一点而言，也解释不通。按照奥斯汀和塞尔的言语行为理论，说话就是做事，所以不能按照真假来衡量，只有合适不合适之分。言语行为丰富多样，有的就是只要求对方确信，如撒谎、欺骗、寒暄、逗乐、致谢、道歉甚至许诺，说话者自己是否确信是无所谓的（在语言学层面）。我们如何去指责一个向我们说"谢谢"或"对不起"的人不诚实呢？诚然不能。那么，"质准则"该如何理解呢？我们的理解是：按照语言社团对实施具体言语行为的规约要求，尽量说真话。其中的"尽量"指具体言语行为的规约对"真话"所要求的程度。这样"质准则"既可以解释欺骗、自谦，也可以解释反语、夸张等言语行为。

第二类中说话人出于某种原因，宣布不愿或不能合作，无法多谈，这也是一种很正常的言语交际行为,比如在外交场合,宣布"无可奉告",这只是社会行为范畴上的不合作,根本不是言语交际中的不合作。言语交际过程表现为双方对交际目的及交际形式的不断磋商,发话人表示对某些话题不愿多谈,这必然是运用各种言语规约形式或策略的一种表述,根本谈不上违反"合作原则"。

至于第三类情况,"说话人可能面临一种顾此失彼的局面",这也不能算是对合作原则、交际准则的违反。例如,当别人问你"小王什么时候去的机场?"你如实回答说:"大概是在上午的某个时候吧。"你的回答是否违反了所谓的量准则呢?根本没有。就你而言,这样回答是最恰当的,不违反任何言语交际准则。因为这里的"量"是传递必要的交际信息所需的量,应该以你的交际目的为准,而不是以对方希望的"量"为基础。人们另外常举的"顾此失彼"的例子是因为礼貌的原因而自谦,认为这是遵守礼貌原则而违背质准则。这里涉及较复杂的社会文化因素,在中国和日本,谦虚仅仅是一种交际策略,并不含有对自己某些品质的绝对否定。在特定的言语社团,谦虚或礼貌有很强的社会规约性质,如果在该谦虚或礼貌的时候,你没有谦虚或礼貌,反而是不合作的表现。在接受别人赞扬的时候,中国人说"哪里哪里"和美国人说"谢谢"的性质是一样的,均是言语的规约表现,不涉及是否违反合作原则。

如此,按照我们对合作原则的理解,其中所包含的准则就只能与言语表达的规约方式有关,涉及质、量、方式、关联等准则。在具体语境中,如果发话人故意让对方发现自己在撒谎、在违反合作原则的某些准则,那就等于运用了非规约的有标记形式向对方明示某些含义。而在具体的言语过程中,规约表达和非规约表达的界限并不十分明确,有时是很模糊的。

虽然,格赖斯在《逻辑与会话》一文中并没有指出,该准则就是人们趋向于遵守的统计原则或人们希望遵守的理想化准则,但我们对合作原则的理解和运用必须建立在扎扎实实的社团言语交际的调查研究基础上,也许统计原则和观点能给我们提供理解合作原则的金色钥匙。

(四)礼貌原则

格赖斯的合作原则产生以后,人们普遍认为其对言语交际行为有一定的解释力，但它不能解释为什么人们在具体言语事件中，既要遵守合作原则又要故意违反合作原则？为什么有时会采取间接、委婉的方式，而不总是直言不讳？其动机是什么？

利奇认为是礼貌的需要。据此，他提出用礼貌原则来"拯救"合作原则。"为了解释语言使用中某些不那么有规律的方面，就需要扩大格赖斯对会话含义的概念，使其至少包括礼貌原则。和受合作原则调节的真实性、信息性、相关性等因素一样，礼貌也是一个程度问题，它根据话语情境的变化而变化。"[①] 具体来说，利奇把礼貌原则划分为六类，每类包括一条准则和两条次准则。

A. 得体准则：减少表达有损于他人的观点。

（a）尽量少让别人吃亏；

（b）尽量多使别人受益。

B. 慷慨准则：减少表达利己观点。

（a）尽量少使自己受益；

（b）尽量多让自己吃亏。

C. 赞誉准则：减少表达对他人的贬损。

（a）尽量少贬低他人；

（b）尽量多赞誉别人。

D. 谦逊准则：减少对自己的表扬。

（a）尽量少赞誉自己；

（b）尽量多贬低自己。

E. 一致准则：减少自己与别人在观点上的不一致。

（a）尽量减少双方的分歧；

（b）尽量增加双方的一致。

F. 同情准则：减少自己与他人在感情上的对立。

（a）尽量减少双方的反感；

（b）尽量增加双方的同情。

---

① 利奇. 文化与交流 [M]. 卢德平，译. 北京：华夏出版社，1991.

利奇的礼貌原则，受到多数学者的肯定，影响广泛，认为其更符合实际情况、更有解释力。问题是礼貌原则和合作原则对言语交际是否具有同等性质的制约力和解释力？如果把合作原则理解为"言语交际者遵守社团交际规约对具体言语行为的质、量、方式等准则的要求，对交际目的和方式的共同磋商过程"①的话，"礼貌"很显然具有完全不同的性质，它只能是一种使交际更顺畅的策略或手段。因为当合作原则与"礼貌原则"相冲突时，人们无疑会放弃礼貌，而顺应交际目的和交际规约。因为交际的本质是交换信息，扩大共享知识。

对于"语用原则"和"语用策略"，我国多数学者没有明确区分，钱冠连先生曾经给予了明确的界定："语用原则，是指说话如不遵守它们便引起交际失败的一套规则。""语用策略，就是说话策略，是指说话遵守了它们便使交际更顺畅，使说话人的行为更符合社会规范的一套措施。"②从以上定义可以看出，语用原则和语用策略在言语交际过程中处于不同的地位层面，语用原则管辖交际如何不失败，语用策略管辖交际如何更有效地接近目的，即语用原则使交际过程得以顺利进行，语用策略使交际效果更佳。

英语中的言语行为常被认为体现普通的礼貌原则，而实际上礼貌只是体现言语交际者关系和强化交际目的一种策略手段，反映一定的文化价值。通过对方言社团交际事实的考察，我们发现，并不是言语方式越委婉，就越礼貌。在东北方言中，言语者总是尽量使言语形式简单自然，甚至刻意遮蔽礼貌标记，用以表现"我们不是外人"这样的心理印迹。这在赵本山的小品《拜年》中有充分的体现（虽然有形式上的艺术夸张，但精髓是不错的）。

小品中的农民夫妻到乡长家拜年（实质是询问养甲鱼的承包问题），一进门，农民女（高秀敏饰演）这样介绍自己："我是你老姑，快来认识认识啊。"他们明知道对方是乡长，口口声声称对方"乡长"，可还是固执地坚持自己的称谓方式；如果说，他们对场合、对象不敏感，那就错了。因为后来当夫妻二人误以为乡长已经被撤职了的时候，农民男（赵本山饰演）说："妈呀，下来啦？哎呀我的妈呀，你下来你早说，你看把我两口子累。这家伙下来也就平级了，我也不

---

① 利奇.文化与交流[M].卢德平，译.北京：华夏出版社，1991.
② 钱冠连.语言全息论[M].北京：商务印书馆，2002.

用怕你了。哎呀下来了。"农民女对对方的称呼也立即就变了:"啊呀呀呀,也别过了年了,谁听不明白呀,现在我就明白了,那还用问呐,肯定是包给你小舅子了,你俩合伙包的,我说三胖子……"

农民夫妻二人在刚进门时称对方为"乡长",说明其有身份意识,对对方使用官职称谓,但介绍自己时仍然使用方言的亲属称谓方式"我是你老姑""我是你老姑父"。可当误以为乡长不干了的时候,立刻称对方为"三胖子""大侄子",说明农民夫妻把自称为乡长的亲属长辈,视为一种交际策略,这时他们忽略了礼貌策略,或者说并没有刻意运用此策略。但在称呼对方为"三胖子"时,明显表现出了不礼貌,因为这时他们的主要目的是发泄自己的不满,是对平等地位的一种确认。

在具体交际过程中,为了实现交际的总体目标,说话人总是自觉不自觉地采用一定的策略或手段。总有一些策略或手段得到言语者的一再使用而得到强化,从而使方言社团的交际策略或手段有一定的规约性和地域性,使方言交际呈现出独特的模式特色和风格面貌。

钱冠连先生认为,语用策略的描写性应该得到强调,从而保证它们的客观性与真实性。[①]语用学策略不是某个语用学家头脑中的产物。应该按照具体语言文化实际,有什么策略就描写什么策略。我们也希望能对东北方言的语用策略有更为全面的、实事求是的描写和反映,以真实反映方言人和交际者的语言文化风格和社会心理特征。

---

① 钱冠连著.语言全息论[M].北京:商务印书馆,2002.

第六章 东北方言源流及其语言艺术魅力

第一节 东北方言概述

一、东北方言的形成原因

作为我国方言体系中的重要组成部分，东北方言的社会地位较为显著，并且具有一定的社会影响力，在对东北方言进行分析和研究的过程之中需要以东北文化的传承为基础，其中北京方言和东北方言存在明显的逻辑联系，使用范围有所区别。地区存在明显的差异，与行政区域的变迁存在一定的相关性，另外东北方言也存在许多内部差异和影响。

由于当时人类所生存的地理环境的不同，我国东北地区幅员辽阔，其中平原是整个地区的重要地形，地势相对比较平坦，没有太多的山脉，这种自然地理环境就有利于人们活动范围的延伸与扩展，语言作为日常生活中必不可少的一种交流工具，得到了更广阔空间的传播与发展，这也就是东北方言形成的一个重要原因。而像我国长江以南的地区，地形则一直都是以西北平原和中部丘陵地带为主，山地众多，而这些山和丘陵就把其内部划分并形成一个个相对独立且是相对比较封闭的语言地理单元，也就是说，因此形成了一种具有不同少数民族特色的不同方言。而生活在我国丘陵山区众多的南方地区，由于山脉的阻隔，人们并不来往，因此形成了不能互相交流的各自的地方方言。正因如此，地理环境的不同造成了人类生存环境的不同，这也正是方言形成的原因，而它也是方言存在差异的原因。

目前来看，我国的地方方言比较丰富且多元，其中客家方言、湘方言、吴方言以及北方方言最普遍，另外还涉及粤方言以及闽方言。作为不同方言的重要代表，东北方言的社会影响力最大，代表着北方地区的政治经济文化发展历程。地域方言主要指在某一个地区内被人们广泛使用的一种语言，它是一种具有中华传统语言文化的社会语言现象。语言可以反映一个民族的文化，方言可以反映一个地域性的文化，其中规律也是一致的，前者具有整体性，后者具有局部性。就一般的情况来说，在一定的区域内已经形成了自己的方言，其中渗透着这种区域性和传统文化的因素，方言俗称地方话，既带有一定的区域性，同时又形成了这种区域性和传统文化。方言与传统文化之间存在一定的相关性，两者共同促进、互相影响，不同区域的方言内容和形式有所区别，相互影响，相互促进，各个地方的民族和人们也就与这些地域性的文化密不可分。在人类文明进程不断加快的今天，方言也产生了明显的变化，存在许多的艺术化表现形式。作为东北地区的重要代表，东北方言的使用范围比较广，其中内蒙古的兴安盟、呼伦贝尔地区以及辽宁省和吉林省、黑龙江省都使用东北方言。东北方言具备了相对较完整的语言系统，它们具备了与普通话类似的部分，也具备了它自身特有的一些特点。在极其丰富的中国汉语文化体系中，东北方言之所以不同于其他国家和地区的方言，主要是因为，东北方言在历史上深受国内外各个少数民族和国家的影响，东北方言在历史上是广泛植根于东北文化当中的，所以可以这样说：东北方言是在多种文化的冲击和融合下的重要产物。

　　从地域文化角度看，语言本身就是一个国家或者民族的一种文化符号，而且地区的文化又是一个国家或者民族文化的重要组成部分，所以，地域的文化必须要充分运用该国家或者该民族地区普遍流行的语言——方言——来承载、贮藏和传递文化资料，并以此种语言形式作为地域文化的一种主要表现形式，充分发挥它对于引导、制约和影响人们工作、日常生活而起到的积极推动作用。简言之，地域文化的基本特质必然要求人们从语言中反映并体现从而得到地域文化，从宏观的角度来看，在丰富地域文化的过程之中，方言扮演着重要的角色。通过对地域文化的分析及研究可以了解方言的内部组成部分以及层次结构，两者互相促进、共同发展。其中方言中的地域文化表现形式较为多元，能够通过对地域文化的分析及研究了解方言的具体表现形式和重要载体。语言与文化是相辅相成的。文化是随着人类的活动发展而产生并创造的，文化的种种表现形式也是通过地域环境的不同和人类活动的发展所体现出来的，没有人类活动就不可能有文化活动的产生，没有方言的差异也不可能有地域文化的不同。

二、东北方言的社会认同及积极影响

文化离不开语言，文化的繁荣发展需要以语言为基础、为核心，通过对语言的深入分析及研究可以了解文化的具体表现形式，所以语言属于文化的一部分。方言已经成为我国地域文化的主要传播载体，它已经是我们人类推动传递和保护我国地域文化的社会资源技术信息的主要传播媒介，这也就是说，我国的方言在人类推动和保护并且弘扬我国地域文化中已经做出了很大的贡献。

东北的历史文化可以说既丰富又久远。从民族文化差异角度分析来看，东北地区的少数民族和其他少数民族之间仍然有着较为明显的文化差异。其中，汉族的农耕文化是汉族得以生存和发展的基础及前提，不同地区的渔猎文化和游牧文化存在明显的区别和差异。渔猎文化与传统农耕之间的融合发展备受关注，渔猎、游牧、农耕等文化形式共同发展，成为我国东北地区的重要文化代表以及象征。东北地区的不同少数民族文化体系当中，语言文化及风俗各具特点，农耕、游牧、渔猎功能并重，经济社会格局丰富多彩。直至今天，中国各地受地理环境和地域文化的影响，各民族不同的文化意识开始融合，形成了共同的文化意识，在相互交融后形成了方言。基于此现状，流行着这样一句话："一出山海关,都是东北人"。

通过对东北地域文化的分析和研究可以了解东北方言的形成及特色，各个民族地区的语言发展比较显著，并且在互相融合的过程中互相促进和共同发展。东北地区的方言文化是一种积极且活跃于人们口头的具有很大的价值和意义的文化存在。在东北民间，人们说话，只是把交流内容说清楚、讲明白还不行，要说得生动有趣，才算艺术。所以有的东北方言，只有发音，没有文字。

东北方言是一种活泼且生动的语言，它的幽默情趣表现出一种形象动感和力量，我们走遍大江南北，一听到东北方言，都感到新颖亲切，并且充满好奇。所以说，在推进人类文明进程的过程中，东北方言的艺术性比较显著，对于中国汉文化是一种丰富性的贡献，给汉文化注入了新鲜的活力。而汉文化不仅在东北各民族之间产生了巨大的凝聚力，也影响了周围一些国家和地区，发挥了较大的作用，东北方言中所含有的文化元素比较丰富及多元，有助于推进人类文明进程。学者在对其进行研究的过程中，主要以东北地区的区域情感以及地域文化为基础和前提。

东北方言的形成并没有固定的规律可循，而是随着时间的推移，受地理环境的影响、地域文化的发展逐渐形成的。它向我们传递的不仅是一种语言文化，更是一种地域文化。东北方言所呈现的社会认同感是不可小觑的，由于东北方言本就是受地理环境不同所影响，致使东北方言有各种不同的文化特征，而这些文化特征便导致了地域文化之间的差异。

第二节　东北方言的根基与血脉

一、汉文化对东北方言的影响

东北文化是多元化的，独特的文化形式使得东北地区的文化发展备受关注，能够真正地实现不同的地域特色，更好地彰显地区的文化风格。其中儒家文化是东北汉文化的重要代表，这种文化形式十分注重对不同种族的有效划分，更好地实现文化的进一步发展。其中，农耕文化所产生的影响比较显著，渔猎文化以及游牧文化也有非常重要的呈现。

先秦时，东北的各个民族还都拥有各自的民族语言，与中原地区的汉语并不相通。这就影响了东北地区与中原地区之间的交流，不管是官方的朝贡交流还是民间的语言交流，由于语言出现了隔阂，就很难深入地"走近"及"深入"。这就使得东北各个民族的文化和中原文化之间形成了一道屏障，但正是由于人类始终处于"活动"的状态，进而逐渐地形成了文化上相互交流与融合，逐步地得到了"统一"，加上人们有想要沟通交流的欲望，所以秦时才有了"大一统"一说。从秦开始，为了更好地交流与沟通，逐步形成了具有地域特征的东北民族文化，因此，可以说多元文化对东北各民族的语言有着深刻的影响。以下为此观点的例证。

（一）鲜卑的"嘎仙洞石壁"

石壁上有由隶书刻写的《祝文》。在对嘎仙洞的地理区位条件进行分析时发现，这一区域位于今鄂伦春自治旗政府所在地阿里河镇西北10公里大兴安岭北段顶巅东侧，学者通过历史文化的分析和研究来了解嘎仙洞的发展历程，嘎仙洞的历史文化形式比较丰富及多元。《祝文》竖写19行，共201个字。它与"好太王碑"并称"南碑北石"。在人类文明进化的过程中，嘎仙洞成了重要的历史文化载体，早在入驻中原之前，我国就已经出现了少数民族的统治政权，其中，北魏拓跋人则成了统治者，由此可以看出文化之间的交流以及融合非常的深远和直接，因此，不难发现，此时，已经出现了文化上的融合，这对东北方言的逐步形成也有着巨大的贡献。

（二）号称"海东第一碑"的高句丽好太王碑

其所展现的丰富而又璀璨的高句丽文化，无论是从书法还是碑文上所记载的历史事件抑或是从碑文的文体来看，其文字尽用汉隶及魏草，且记叙方式和语言方式均用汉语语序，碑文涉及高句丽建国的传说、好太王的功绩。从中都可以看出，在高句丽时，就已经对东北方言产生了深刻的影响。

（三）大金得胜陀颂碑

1115年，完颜阿骨打建立了金朝政权。而后，金代第五世开国皇帝太宗完颜雍为了追记金代女真族杰出军事首领完颜阿骨打在战争时期的战斗功业而下令建立《大金得胜陀颂碑》，以作为纪念。"及天祚嗣位，责贡尤苛，稍不奉命，召其长加杖，甚者诛之。诸部怨叛，潜结阿骨打，至是举兵伐辽……"《大金得胜陀颂碑》在正面篆刻的文字是"大金得胜陀颂"六个篆体字，二行右字左起、竖书、楷体，是金代大金派书法家、国史研究院首任编修兼长官党怀英的行楷笔触。而篆刻的碑阳则主要是以笔墨正楷小篆汉字隶书为篆刻主体进行篆刻，碑上共有815个篆体字，奉政大夫赵可为笔墨正楷撰稿，儒林郎孙俣书丹。而篆刻的碑阴的主要内容则是以各种女真文字石刻作为其与碑额及碑刻相关的文字铭文主体进行文字篆刻的，学者明确提出，这是世界上现存的女真文字的碑刻，代表着女真文字以及女真文化，能够通过对文化之间的分析以及对比来了解碑刻的重要历史文化形态，为文字碑刻的历史研究指明道路，形成了第一部与汉文石刻直接对照的女真辞典，具有重要的女真文化艺术历史和科学艺术性以及文物收藏价值。这些碑文也明确地说明了，金代帝国王朝为了能保有本地区少数民族的文化传统和本族民俗的个性的同时，大力推行了汉字的文化发展。由于石碑的碑阴用女真文记录，碑阳用汉语记录，足以说明其尊重汉文化。综上，笔者认为，东北民族文化深受其影响。

（四）贞孝公主墓碑

正面底部雕刻有墓志文，阴刻，楷书，有序地将其一生镌刻在她的墓志中。通过对主要内容的分析以及研究可以了解贞孝公主的一生，另外该铭文也直接表达了对公主的哀悼之情。碑文内有许多儒家经典文学语句，均出自《尚书》《春秋》《左传》《诗经》等。在贞孝公主墓内的壁画中可以发现，渤海国人装束与当时的唐朝人装束基本一致。

因此，在对渤海地区的文化形式进行分析和研究时发现，儒家文学经典的出现频率相对比较高。作为著名的唐代诗人元稹的墓志铭之中也有非常重要的文化形式体现，大部分以古代诗句的简单创作和进一步优化升级为主。因此通过对墓志铭的作者分析以及研究可以了解中原文化的发展历程，分析其中的文化元素以及历史精神。由此可见，在唐代时，中原文化就已经成功地吸引了中国东北地区的许多专家和学者，且当时汉语言文化在中国东北地区也十分盛行。

综上，我们可以从历史事件的角度来例证一下本书作者所说的一个观点：发展汉族文化将可能给中国东北地区的方言文化产生更深刻的社会影响。将文字刻在石碑上，可以记功，可以颂德，还可以证史。而这些有民族特点的石碑均有汉字的记载，这就足以证明，在东北地区的一些少数民族中已经和汉文化有所融合，其语言文化已经受其影响。因此不难发现，当时的少数民族受汉文化影响极深，他们积极地接纳汉文化，以汉文化为荣，并且与之融合，最终形成现在所呈现给我们的东北文化中的东北方言，而汉文化在被推广和被使用的过程中可以看出各民族积极响应，因此可以证实：汉文化对东北方言产生了深刻的影响。

当然，汉族文化对东北方言产生的影响绝不仅仅是简单的词汇发生了改变，这其中的细小影响也不可以被我们所忽略，但是汉文化所带来的是深刻的影响，它对东北各民族文化中语言的表述方式，语言的结构、构成及逻辑关系产生了深刻的影响。东北话之所以可以被全国多数人理解，正是由于受到了汉文化的影响，与东北各民族语言进行融合最终形成了东北方言，并且可以被大多数人所理解，反之，其他地区的方言不被大多数人所理解，也正是因为其没有更多地被汉文化所影响。

二、多民族的融合与衍变

东北是多民族共同融合发展的地区，又是农耕民族与游牧民族、渔猎民族相互融合的地区。从历史上看，东北地区的交融性比较强，十分注重不同民族之间的繁荣发展。在共同生存和发展的过程中，不同的文化和语言实现了交流和融合。

"东北曰幽州，其镇山曰医巫闾"，"东北"一词最早出现在《周礼·职方氏》中，在该书中，黄河与东北存在密切的联系，另外长江流域和黄河流域与东北的发展历程比较相似，都是中华民族在发展过程之中的重要象征，是中华传统文化的发源地。东北地区本是一个少数民族聚居区，世代生活着满族、蒙古族、赫哲族、达斡尔族、鄂伦春族、鄂温克族、锡伯族等少数民族。历史上东北各民族多次入主中原地区，在这期间逐渐出现了民族之间融合的情况发生，因此也必然会带来语言的融合。中华传统文化主张"入乡随俗"，农耕文化在中原地区的发展速度非常快，另外，游牧文化和渔猎文化也有了进一步的突破，这些都是东北地区的重要特色，两个地区的融合无论是在两个地区的人员交往、经济往来，甚至是前文所提到的战争影响，文化就此发生碰撞改变，可即便是这样，东北地区虽受其影响，但并不是全盘接受，而是吸收那些适合自己的文化。因此，语言文化也就在此基础上发生了变化。再从地理环境角度来看，从辽河平原开始，到中原腹地逐渐地向东北推进，并开发了东北地区的核心区域——松嫩平原，此时东北地区已经成为半农半牧的状态，之后逐渐地成了农业区，最后到达三江平原。

在此期间，语言伴随着人员的流动，在其相互交往的过程中，受中原文化的影响发生了变化，最终形成了以汉文化为主的东北方言。

由于东北地区是一个民族大融合的地区，其中汉族则是重要的代表，另外还包含满族、朝鲜族、蒙古族、达斡尔族等。在民族融合、相互交流的过程中，各民族的语言也随之相互融合，发生了一些变化。这一部分，本书主要通过对满蒙地区民族语言与东北方言的影响及其他民族语言与东北地区方言的相互融合的作用来证实。满语和蒙语直接地融入了东北方言之中，在这样的现实背景下，东北方言的内容和形式更加丰富及多元，能够更好地对不同的文化载体进行分析及研究，体现文化的形象性和生动性，保留着鲜活而又富有生命力的特点。

"东北方言是东北历史的活化石"，我们能清晰地看到汉族与满族、蒙族风俗融合的痕迹——婚丧嫁娶习俗，共同生活在一个地理空间，拥有共同的生活习俗。所以，本书将与东北方言相关的满语和蒙语词汇大致分为以下几种。

（一）直接作为东北方言使用的

"开面"，源于古代中国满族的一种婚嫁礼仪习俗，是用来指新娘对于自己面部的一种完美修饰，女子通常一生只需要开面一次，表示自己已经结婚。一般来说，是在双方婚姻当天，日上头之后开始正式进行，由一位具有崇高德行、儿女双全的"全福"型的老妇人用合好的彩色绣花线刀和铰刀剪去了慕颜女子的整个面部和颈部及脖子上的一层绒毛，铰细了她的眉角，然后重新为其修齐了慕颜的额头鬓角，再重新为其涂上一层脂粉，以此方式来象征自己别开生面，也被古人称为"开面"，之后又被古人引申为给别人面子。

"嘎拉哈"，是满族、蒙古族等少数民族对猪、羊等动物腿上膝盖骨的称呼，又发音为"喝什哈"，是过去东北民间十分流行的一种传统游戏，现在仍有人会玩这种游戏，玩这种游戏时的动作被称为"欻（chuǎ）嘎拉哈"。

（二）由满语、蒙语音译而成

"萨其马"，是源于中国古代满族的一种传统糕点，是一种以冰糖、奶油和面粉混合的黄色的食物，形如一粒粒玉米黏合而成，用大量高温奶油焙火燃烧或烘炉将其表层烤熟，遂被制成一种饼状小方块，甜腻可口。

"玛虎"，是满族萨满文化中的一种艺术，它是满族人编出来的鬼怪。后用来吓唬小孩子。

"磕碜"，是从蒙语中音译而成的，意思是难看。

（三）东北地区的一些地名也是来源于满语或蒙语

"牡丹江"这个词就是从满语的"穆丹乌拉"而来，原意则是弯弯曲曲的江。

"嫩江"是从蒙语而来，意思是翠绿的江。

"木兰达河"是由蒙语和满语共同组成的词汇结合而来的，"木兰"在蒙语中是"江"的含义，"达"在满语中是"源"的含义。

当然，不同民族之间的联系和交流非常的重要，这些也是人类文明进程的根源所在，我们无法从单方面认为只是东北地区少数民族的一些词汇给东北方言词汇带来了影响，东北地区少数民族的文化发展离不开汉族，汉族为这一地区的发展提供了许多支持及帮助，例如，"摆谱"这个名词，清政府早在1860年就开放了山海关，东北地区的民众可以互相交流及合作，积极开垦荒地。自古以来中国人就十分重视宗族和血缘关系，民众在入关的过程中会带着自己的家谱，同时还会对家谱进行进一步的分析及研究，了解自己家家谱与其他家家谱之间的区别，在祭祀的过程中，东北满族人民十分注重对不同礼仪活动的分析，积极坚持自身的理想信念，逐渐被东北地区的方言所借用，为了摆架子、撑门面。虽然这个名词多含贬义，却无伤大雅，文化形式和文化内容更加丰富和多元。

列举了以上部分由蒙语和满语转化为汉语的东北方言的词汇，本书简单地举一些其他少数民族语转化成汉语的方言词汇。前面曾经提到，少数民族地区的语言之所以能够对东北方言的词汇发展起到影响的作用，主要是因为这些民族之间相互交流，彼此为了沟通和交流方便，便将其他少数民族语言进行音译，再对其进行翻译使用，例如，"齐齐哈尔"这个词来源于达斡尔语，"落雁"是其原始含义，现被当作东北地区的一个地名使用；"卡伦"这个词则来源于锡伯语，"边防哨所"是其原始含义，同样也被当作东北地区的一个地名进行使用。

从明朝开始，尽管汉语被大部分地区使用，但是依旧有不少少数民族语言在相对封闭的区域内被保留并使用着，也依然被保留在了东北地区的语言体系之中。

除了东北地区的民族语言对东北方言词汇产生影响，从地理角度看，中国地处的东北亚地区的文化也对东北方言产生了巨大的影响。之前提到多民族的融合也使语言出现了融合与碰撞，同理，其他国家的人来到东北地区也会带来一些细微的影响，其他地区与我国进行贸易往来，文化交流的过程中无一不对我们的文化产生了影响。从地形来看，东北地区是一个开放的平原地区，东北方言体系本就是一个开放的语言体系，并极具包容性，在与外界进行交流以及融合的过程之中，文化内容和形式更加丰富，变得更具有一定的吸引力，也丰富了东北方言。因此，在东北方言中有很多音译词语和外来词语，是在与东北亚其他地区的人们活动交往的过程中，吸收部分东北亚地区其他民族语言的文化而形成的。

东北方言中经常出现的一些外来语，例如，"列巴"，是对俄语中"面包"的音译，如果按照俄语和乌克兰语来进行分析，那么"格瓦斯"就是代表发酵，乌克兰和俄罗斯地区中面包的发酵程度比较低，主要代表一种与面包一同发酵的饮料，酒精度数相对偏低。类似的还有"榻榻密"，它是一种铺在床板上的草垫，有隔凉、防热的作用。由日语翻译过来的"抠抠搜搜"这一词，表示不大方、偷偷摸摸的意思，东北的方言"婆婆丁"也是由日语的音译而来，日语中读tanpop，在东北，把蒲公英叫作"婆婆丁"，它不仅可供人们观赏，在早春时期所发出的嫩叶也是完全可以供人食用的。这些外来词汇大多是名词词汇，传入东北地区，由于疆域的开放、生活中的交流，这些外来词汇本属于东北亚地区的其他民族，但是在生活中被我们所用，流传至今，依然在使用。由于它们仅仅是丰富了东北方言，并没有影响东北地区的生活习惯和东北方言的语法习惯，所以它们对东北方言的影响可以说只是丰富了东北方言的词汇。

三、闯关东文化对东北方言的影响

东北地区人口生存主要依靠一定的自然环境，包括特定的气候和地理条件，以及特殊的民族和地域条件等，由于东北地区独特的地理和气候条件，就逐渐形成了东北地区人口的流动性、交错性，以及其融合的特征。而人又是文化的载体，人口流动带来了文化的交流与繁荣，也带动了人类文明的前进。除了上文论述的其他民族及其他地区的文化对东北方言的影响，接下来要例证的是闯关东文化带给东北方言的一系列影响。

在长期发展的过程中，东北地区的移民文化历史比较凸显，一是明代以前，二是明代以后，三是民国时期。早在秦代就已经开始了移民，其中东北移民的历史较为悠久。从两汉三国时期的魏晋开始，北方地区每一次突然遭受外族战乱，就会出现大量的移民，通过这种形式来更好地避难。另外在秦汉之后，国家十分注重对东北地区的经营及管理，政府积极引导民众进行移民，通过这种形式来加强对民众的管理，维持正常的社会秩序及稳固政治，促进军事管理工作的有效协调。其中军队人数呈现不断上升的趋势，东北地区的人口流动率越来越高，这些能够为民族之间的交流和融合提供一定的参考和条件。清初的《辽东招民开垦条例》对人口的转移以及东北地区的发展有非常关键的影响；清末的《沿边招垦章程》突破了传统管理模式的束缚，对东北地区的移民有重要的促进作用。另外在清代之后，社会经济发展速度越来越快，出现了许多自然灾荒，因此河南、河北以及山东地区的农民开始主动移民，东北地区成了首选，民国时期来自山东、直隶（今河北）等各个民族地方的大批国人纷纷开始"闯关东"，形成了较为广泛的"闯关东"浪潮。20世纪30年代，东北地区移民主要有人口规模庞大、速度快、数量众多三大特征。"闯关东"这一浪潮深刻地改变了我国东北地区的居民群体构成，可以说是从客观上增进了东北地区和关内地区之间的联系。

但是无论是哪个时期，汉族人的迁居以及各少数民族的迁徙与融合都对东北方言产生了直接的影响。下面着重以历代的"闯关东"为例，通过这种形式来了解东北方言的发展历程，其中汉族人的移民对东北方言的影响比较深远和直接。人口的迁徙促进了文化发展，同时使语言体系也随之发生了巨大的变化。除了本来就在东北地区土生土长的东北人以外，大部分东北人主要以掠夺的形式进行移民，另外当地政府还会进行协调和宏观统筹，有的民众是自愿移民的，这些移民主要是为了逃避灾难，主动投身于农业建设中。这一部分主要说的是自愿迁徙到东北的这一类人对东北方言发展的影响。这一阶段的移民数量相对偏高，并且文化的交流和融合比较复杂及多元。河北、山东以及河南组成了移民的中坚力量，大部分的东北方言受到这一部分地区的影响，各个地区的方言融合较为深远和直接，随后与东北方言相融合最终形成了我们现在所说的东北方言。例如，"撒丫子"原为一种北京方言，意思是放开手臂和脚步奔跑的意思；"客"一词读成"qiě"，而这种说法应该是一种山东方言。而且这些语言都是在东北地区口口相传。人类的流动与迁徙带来的不仅仅是一种文化的进步、发展和融合，同时作为一种文化特殊范畴的语言，其本身既属于一种文化，又属于一种文化的组成部分，那么随着人口的增加，迁徙在极大地促进了文化发展的同时，也会导致语言产生很大的改变。东北方言到现在已经基本形成了其自身的体系。

东北方言由于受地理环境的影响，所以在语音语调上也是有细微不同的，这样看来，方言并不是统一的、一模一样的，它是有独特的地域特色的。所以东北地区是唯一一个打破了"十里不同音"这一概念的地区。

汉代时，汉文化对东北地区少数民族的影响已在不少具有少数民族特点的文物上有所体现，恰好说明了在当时东北地区的少数民族吸纳了汉文化，并受其影响，从而逐渐形成了东北方言。因此可以证明笔者所提出的"汉文化对东北方言起到很重要的影响"；文化是不断融合的过程，并非一成不变，因此在人员的流动和交往过程中，使语言也发生了变化，所以也证明了笔者所提出的"东北方言又受到中原文化的影响"；再就是东北地区的少数民族在与汉族交往融合时也对东北方言的词汇产生了影响，笔者重点以满族和蒙古族为例，将其词汇分成三类来例证对东北方言的影响，这其中不仅有少数民族语言对东北方言的影响，还有汉族的语言对少数民族语言所做的贡献。另外，在笔者阅读文献和查找资料的过程中发现，有很多少数民族词汇在衍生为东北方言词汇中，出现了可以解释其含义，但是找不到其来源的情况。东北亚地区内其他地区对东北方言所带来的细微影响，其丰富了东北方言的词汇这个积极意义是不容忽视的；另外，受移民文化的影响，东北地区涌入大批移民，他们将自己原有的文化带入东北地区，在沟通交流过程中逐渐融合最终形成带有移民文化特征的东北方言；因此，东北方言的根基与血脉就是在一次次的人员流动和交往中缓慢交融所形成的。

第三节　东北方言语言的特征、特色

早在汉朝年间，民间就已经有人提到过"轻土多利，重土多迟，清水音小，浊水音大"，其意思就是说，一个地处土质疏松的地方的人讲话的速度比较快，处在土质黏稠的地方的人讲话比较慢，处在水清的地方的人讲话的声音比较小，处在水浑浊的地方的人讲话声音比较大。东北方言的特点刚好符合这一规律。

方言是民间的语言形式。在东北的农村里生活并住上几天，早上醒来，就有机会听到爸爸妈妈喊闺女们起床的"叫骂声"——"太阳照得屁股光亮，还不着身，贼拉懒的，改明儿嫁不出去，剩家里可咋整？"听到这番乡土趣味的土话，你会感觉，爸爸妈妈的"叫骂声"充满着对闺女强烈的爱，这就是东北方言的魅力所在。

一、东北方言的生动性和丰富性

（一）东北方言的生动性

民间语言之所以被叫作民间语言，是因为它与普通话不同，说起来更自然、更贴近生活。方言是东北民间口头语言，有的方言只有发音，没有文字，作为一种独具特色的文化形式，东北方言的艺术内容比较丰富及多元，语言非常形象和生动，能够实现不同语言形态的有效组合及分析，确保话语的抽象性、生动性以及形象性。动词在东北方言中的体现较为显著，东北方言中的大部分动词主要以取动性的单词作为主体。以"扒瞎""掰扯"和"拔犟眼子"三个关键词作为典型案件来例证，三者都被认为是专门用来描述和形容一个人的心理状况的且极其抽象的术语："扒瞎"这个词来源于我国农村在秋收期间扒苞米这种特殊的劳作，扒开了没有长粒儿的一个空棒子，称作"瞎苞米"，引申意思就是用来指责并代替扯谎，不但表达得生动准确，而且带有浓厚的感情。同理，"掰扯"也是因为我们扒苞米的辛勤劳作，苞米的叶子在扒的过程中需要一层一层被剥去，到最终才被揭开看到苞米，用来描述刨根问底，辨别其真伪，也是十分形象生动的。东北方言是一种活泼激动的语言，它的幽默有趣表现出一种形象的动感与力量。例如，"掏心窝子话"就比"心贴心"更加生动形象，这种词语要给一个人以触摸感的话语。而且，结合不同的语言转化形式，确保语言表达的形象性和生动性。还有一个名词是用来形容"吓破了胆儿"的东北方言，也是极为形象的"麻爪儿"，这种方言主要是为了表达"动不了"的意思，在东北方言中如果出现了许多的问题及障碍，同时无法找到正确的解决手段，那么则会通过这种形式来表达相关的境地和思想。用相对感性一点的认知来解释也可以这样解释：在老鼠洞前放一只野猫，野猫"喵"的叫一声，把老鼠们吓得一动不动，那此时，老鼠的样子就是"麻爪儿"，身体蜷缩，还直打哆嗦。一旦说到东北方言的形象生动性，就不得不提到一个在美食家们之间出现频率相对比较高的热门词汇——"老鼻子"，美食家需要关注自身的嗅觉味觉，提升自身的灵敏度，凭借嗅觉和能力来准确评价一下美食，因此东北方言中将这一部分群体称为老鼻子，另外在人类文明进程不断加快的今天，老鼻子也成了师傅们的代表，现在很多时候都会说人比较多，也会说，老鼻子人了！由此可见，东北方言的最大特性就是精准、不啰唆。

　　东北方言之所以被我们称为东北方言，是因为它与现代的普通话不同，但尽管如此，东北方言却是与现代普通话最为接近的，本书开头的一部分曾经提过"东北方言与北京方言是同根同源的兄弟语音"，东北方言是隶属于官话的，地域上的间隔和接壤关系使得东北人的谈吐和说话方式、口音更加接近于现代的普通话，尤其是越往北越标准。不管你来自哪里，东北方言都是能被我们听懂的，但南方的方言它不一样，如果你不是当地人，他们一旦说起话来，我们可以说是一点都听不懂的，这就给近些年以来东北方言在世界各地和中国的广泛传播发展提供了一个必要的条件。东北话很具有传染性。就连著名钢琴家郎朗的妻子吉娜，一个德国和韩国混血的外国人因为自己嫁给了地地道道的中国东北人，一讲话都是满满的东北味儿了。

　　地域文化与方言之间的联系和互动比较紧密，通过对地理区域条件的分析及研究可以了解文化发展的全过程，作为我国最大的平原，东北平原的发展速度越来越快。其中东北地区会受到地理区位条件的影响，因为有得天独厚的地理区位元素，所以东北地区的民众很难逾越。另外，在世界地理上，东北地区与日本相隔较近，这种地理上的屏障使得东北与西部地区之间的差距越来越明显，很多西部地区可以积极地引进更多的新鲜元素；在文化交流的角度看，东北地区具备良好的传统文化流通条件，地理环境的差异导致人们的生活风俗及生活习性存在不同，最终导致历史文化的差异。另一方面，从东北史中我们也不难看出，"闯关东"而来的农民，占据大批的土地，带来的旧地方言在东北地区大面积地保存下来，闯关东的山东人、河北人等的方言一部分保留在东北方言里，很大程度上都已经慢慢融入东北方言之中了。

（二）东北方言的丰富性

东北方言的魅力之一是它的丰富性。例如，"喝酒"，不会说"喝"，会用"整""闷""倒""抿"等词。"感情深，一口闷；感情浅，舔一舔。"在东北的酒桌上特别流行"行酒令"，猜拳行令，最显性格。常见的"干啥"内涵最为丰富。有一段对话是这样的，一个人对另一个人说：

"你干啥（ga ha）？"

"没干啥（ga ha）！"

"没干啥（ga ha）你干啥（ga ha）？"

"干啥（ga ha）也不干啥（ga ha）！"

"干啥（ga ha）也不干啥（ga ha），你要干啥（ga ha）？"

"我说我没干啥（ga ha）就是没干啥（ga ha），你这是干啥（ga ha）？"

这段对话如果让外地人听到了，可能就完全懵了，不知道他们俩在说什么。因为其他地区的人问，会说"干嘛"或是"干什么"，而不会像东北方言这样说，不仅所说方言没有具体的文字对应，还让别人听得一头雾水。说到东北方言的内容丰富性，就不得不提到一个字——"整"。

"整"	第一种	第二种	第三种	第四种	第五种
含义	完整的	做	捉弄、陷害	搞破坏、捣乱	说
例证	这一整个大西瓜	我去整饭	你一定得整整他	你可别跟我在这整事儿	你别跟我整这些有的没的
"整"	第六种	第七种	第八种	第九种	
含义	借	搜集	偷窃	喝酒	
例证	咱家没钱了，你出去整点钱去	出去整点消息	趁着早市人多，咱出去整点钱去	拿着酒杯，整点儿	

一个简简单单的"整"字就有九种解释，这还不够说明东北方言的内容丰富了吗？

东北人说话的时候大多喜欢用"子"来充当后缀，"子"基本上是没有实际意义的，例如，"甩脸子"意思是发脾气时的一种表现；"大仰巴壳子"意思是像乌龟的壳朝下一样四脚朝天地躺着。

另外，有关东北方言的一个重要内容就是东北土匪的黑话。东北地区的土匪基本上都是土生土长的东北人，主要是从农村出来的，他们找不到正当的谋生之路，才会走上当土匪这条路。所以说，东北方言是他们的母语，而东北土匪的黑话也是在东北方言的基础上创造出来的，充分利用了东北方言的语音语调及特殊词汇。例如，"瓢紧"意思是"嘴严实，口风紧"的意思，东北人喜欢用葫芦劈开一半用来舀水，这个"舀"的谐音就是"咬"，所以东北人经常用"瓢"来形容嘴，例如，"嘴瓢了"就是说嘴不听使唤说错话了的意思。另一种"瓢"的说法是这样说的："摘瓢"，这里的瓢是指脑袋，"摘瓢"的意思是砍头、掉脑袋。大家所熟悉的"秃瓢儿"意思就是脑袋上是秃的，没有头发。在东北地区土匪的黑话中，也有很多以"子"为后缀的词汇，例如，"楼子"是"太阳"的意思，"弄个天窑子"是"枕头"的意思。

二、东北方言的特殊表达形式

前文提到，东北方言的某些词汇源于劳作词汇，所以东北方言就饱含"苦中有乐"的调侃与幽默,自然有趣。马克思曾经这样评价说,不同的国家和不同地域,在历史上往往由社会共同发展逐步形成各种与不同文化有关的共同语言、共同政治经济社会生活以及共同社会文化和共同社会心理素质的稳定体和人类的社会文化共同体。由于我国东北地区冬季气候严寒且漫长,早期大部分东北人大多居住在偏远农村,冬季乡下居民农闲时孤独难以相逢,夏季则在田里一起耕地辛苦劳作,20公里长的一垄沟,半天的翻铲不动下到地头,人们更可能会因此感到疲惫。于是他们就天南地北、没边没沿地逗乐和闲扯,苦中作乐,以各种方式逗乐来帮助排除寂寞、缓解疲劳。由此可见,东北的方言其幽默性本身就是一种带有讽刺和调侃的幽默。例如,东北人喜欢"埋汰"人,意思就是调侃人,但是东北方言的特别之处在于,无论怎么"埋汰"人,都不会把人搞生气,原因是幽默大于调侃。但是,东北方言的幽默与南方方言的幽默不同,东北方言的幽默是泼辣幽默,让人听了感觉自己被热情所包围,很快就能融入进来;而南方方言的幽默是冷幽默,如大家都知道的粤语。举个例子,有的家长想表达孩子不争气,就会说,"生个叉烧都好过生你",这里的"叉烧"就是肉的意思,意思是生块肉还能吃,生你能干点啥。这就是我所说的南方方言的冷幽默之处。东北地区的这些方言经常有很多种歇后语、俏皮嗑、疙瘩话,都经过了各种游戏性质的变化,诗意地进行处理,来表现出东北方言的风趣幽默、活泼俏皮、诙谐滑稽,语言里都充分透露着东北特有的冰雪精神。例如,为了抵御严寒风雪,东北人发明了"靰鞡鞋",靰鞡鞋面上都是褶子,由靰鞡衍生出许多方言,比方说事情没办好,就说"褶子"了。

(一)诙谐幽默的民间说唱艺术

东北方言中除了以上讲到的方言词汇,还有就是东北的一个"俗",这个"俗"实际指的是东北民间艺术的主要形式——二人转。它通俗,且乡土,而不是庸俗、土气。东北的二人转至今已经有很长一段的文化历史了,以"不隔语,不隔音,更不隔心"的独特艺术和技巧被列入中国第一批非物质文化遗产名录中,和东北的大秧歌一起被称为中国东北民俗和文化中最重要的两块美玉。由此可以看出二人转在东北人民心中的重要地位及其社会价值。而二人转之所以这么有吸引力,当然离不开它的"骨干"——唱词。这具备地域语言特征的"唱词"成为东北方言的特殊表达方式。

　　由东北汉族文化孕育出来的东北二人转，是东北原生态的艺术。这是最独特、最完美、最精彩的地方民间"戏剧"形态。作为一种独具特色的艺术形式以及民间口头文学，说口备受关注，说口可以积极展现不同的生活现象，代表着一种洒脱自信的生活态度，或各种谩骂，或各种嘲笑，或各种夸张，或幽默，或滑稽的各种插科打诨，都淋漓尽致地展现出来，使讲者开心，使听者过瘾。说口的作用，在"唱"中夹杂一些张家长李家短的故事和笑话，为了取乐生趣搞笑，出出气，解解恨，借题发挥，讽刺、嘲笑、咒骂。说口的技巧很高，它通过当地民间口头语言，灵活地利用不同的历史故事、笑话、民间故事来进行分析和研究，构建完善的组织体系和激励结构，加强对人物和故事的分析及装饰，但是无论在哪儿，它们的作用都是为了强化艺术的感染力。在二人转的"唱说扮舞绝"中，艺人们强调了"说"的地位，认为"说"起到骨架支撑的作用，而"唱"有丰满血肉的作用，二者互为依存。"说"离不开"唱"，反之，"唱"也离不开"说"。

　　二人转取材于生活，但在说唱艺术中将生活内容艺术化、舞台化，把人们心中最直接的思想意识用舞台形式表现出来，使得东北语言表现更具艺术性。这是东北方言的特殊性所在。

　　以"荒诞式"来举例论证：民间艺人的语言里，含有一种与现实生活毫不沾边的荒诞不经的语言，饱含着人生自我调侃，幽默情趣。如李青山的《锯大缸》中的一段"扯蛋"嗑：

　　"乐子出门笑呵呵，听我表一表扯蛋嗑。

　　抬头看见牛下蛋，低头看见马抱窝。"

　　这些包袱艺术的生命力在于充分发挥了艺人的诗性智慧，用乡村话语的真实性对主流话语的颠覆，观众在笑声中认可了这种释放和解析。其中方言的应用最为关键，但是二人转并非直接按照简单照搬照抄的形式来进行分析，而是将更多的情感元素融入其中，积极融入不同的艺术化元素，就会让人觉得幽默。

　　二人转演绎时艺人以一男一女两人搭配完成，男的一般演丑角，在演的过程中，多以"男小女大"的演绎形式呈现给观众，这里的"男小"指的是男性的角色和演绎角度以小男人为主,"女大"则是大女人。男性更多的是嘲讽自己以向观众展现二人转的诙谐主调,更易被观众所接受,自嘲这种心态也证明了东北人勇敢的一面。在大家眼里,中国女人的身材比较娇小,同时非常贤惠,这是一种比较典型的人物形象及典范,但是东北女性虽然漂亮,性格却是彪悍的,气质上也是热烈、浪漫、直率、不拘小节的,这在东北二人转中体现得极其明显。在东北这个独特的社会经济环境下,东北女性则展现出彪悍的一面,当然东北的男性也有顶天立地的一面,但正是因为东北一直以来在这样的大环境下,更多地表现出了女强男弱的局势,这些都是由长此以往东北的各个地域文化和传统民俗文化所创造和铸就的。

由此可见,二人转主要是在生活中提取素材,选用特有的语言形式来传递人们生活中最质朴的情感,"语言"成为演员直接传达情感的媒介,也是二人转的感情传递的基础所在。

(二)极具乡土趣味的地方语言

除去前文所讲的,二人转中片状结构体现了东北方言的趣味,二人转中的乡土语言也体现了东北方言的趣味。"趣"在本质上是指人类在精神上生活的一种享受和追求,是对于生命之愉悦的一种体验和感知,是一种审美和感官上的充实和自足。

讲到乡土语言,我们就不得不提到一些我们耳熟能详的小品——《红高粱模特队》,其中有这样一段台词:

A:"你看过真正的时装表演吗?"

B:"电视上常看,不就是头上包个绸子,露个肩膀头子,一身玻璃球子,走道还直晃胯骨轴子。你穿这些,能劳动吗?"

这段台词就比较明显地体现了东北的乡土文化,而语言方面也是体现了东北方言的豪放、趣味。

其实,二人转的特征非常明显,能够更好地体现一定的趣味性及幽默性,除了需要讲笑话之外,还需要注重趣味性之间的分析及研究。

这一点在《王婆骂鸡》中也很典型,《王婆骂鸡》形成于辽宁海城秧歌,出自山西柳腔,源于宋杂剧《目连救母》中的一折,后改编成二人转,其中的情节是:王婆逛庙归来,发现丢鸡,大骂四邻,所骂之句不重样,排比成篇,妙趣横生。"农人偷了我的鸡,撒下种子烂成泥;商人偷了我的鸡,买卖贴本干着急;书生偷了我的鸡,金榜不能把名题;柴夫偷了我的鸡,高山大柴遭雷击……"这段骂得很俏,紧贴人物身份,也更贴近东北地区农村环境下的乡土气息,俗话雅说,恨中含爱,入情入理,有情有味。

二人转习惯于把民间传说、神话故事、历史典故等都揉碎放进二人转的唱词当中,经常使用叠床架屋、罗列堆砌的手法,使俗中见雅、雅中有趣。从其审美的视角来看,更是有《红楼梦》中大石牌坊上的一副对联说到"此等半有半无,半古半今,事之所无,理之必有,极玄极幻,荒唐不经处"的神秘感,其恰在传神,经会意而知之,让观众听起来饶有兴趣。

三、东北方言的语境特点

东北是最讲究"情"的地方。作为我国北方地区的重要代表,东北地域广阔,气候类型多样。东北地区的地理自然条件较好,温带大陆性气候能够为该区域带来更多的发展优势,其中东北方言也在此基础之上实现了繁荣发展,还有煤矿、石油、金刚石、金矿、森林、草原、淡水及海水鱼类等多种自然资源。广袤的黑土地和宜人的气候,使得东北地区的发展速度越来越快,外加客观的地理区位条件,东北地区与外部之间的交流互动比较少。其中农耕文化在该地区实现了快速的发展,因此东北地区的乡土情结比较明显。另外,不同的思维方式和生活方式也使得该地区的民俗性较为显著,这些都可以在东北方言以及区域文化中得到有效的呈现。

(一)特殊地域环境下塑造的"大"语言格局

首先,面对这样一个地域辽阔的地理环境和极度寒冷的生态环境,东北人非常希望自己能将它们——克服并进行改造,这就逐渐形成了东北人坚韧、豪爽的民族性格。而东北方言也因东北人的性格特点有了豪放、粗糙的语言特征,并且这种独特的地理环境与生态环境直接导致了东北地区的社会经济组织结构主要以农业、渔牧为主。大多数东北人生活在农村，守着资源丰富、肥沃土地辛勤地农耕、劳作，很多东北方言来自劳动，同时也会使很多人感觉有种"大碴子"味儿。这种独特的生态环境，不仅影响着东北各族人民的日常生活和工作方式，而且也成了东北方言形成的重要因素之一。

东北地区不同于南方地区那样人口稠密、资源广泛，东北地区地广人稀，日照的时间短，降水少，风大，这些条件导致东北的村庄由于分布的不均衡，有一些距离相对较远的村庄，在以前条件艰苦时都需要赶着马车在空旷的黑土地里走上个几天或者几晚才能抵达，所以东北地区的人感到很孤单。再加上东北所处的地区气候寒冷，冬日里天寒地冻、冰天雪地，所以遇到豺狼虎豹的可能性和概率也相对大一些，所以只要人们见面就会感到分外亲切，没唠上几句话就"大兄弟""大妹子"地叫起来了，顿时就将人与其他人之间的距离拉近了。再加上东北人平日里农作繁重，人们总是会在紧张的生活中为自己找一些乐子，正是因为有这样的社会风俗习惯，东北地区的民众非常热情，往往对他人比较诚恳与真挚，有人说，东北地区的方言是最有亲和力的一种语言，它直白辛辣、质朴简洁。"可劲儿造"这个名词，表现出人与人之间的交流及互动比较紧密，同时互相信任互相尊重，存在许多的人文性和情感价值。"沙楞的"意思是加快速度，很多时候形容一个人做事说话利落麻利就会说"沙楞"。这个"沙"和"骑"发音有些类似，所以大家听"沙楞"就会有画面感："骑"一下的感觉。我们用一个词来形容东北语言就是"短小精悍"。还有一个词，这个词是东北方言特有的，只要一说起这个词，就知道一定是东北的，这个词就是"贼"。普通话"贼"是个名词，小偷的意思，但在东北方言中却当作程度副词来形容，意思是特别、非常、很。"贼漂亮""贼带劲儿"，用"贼"这个词来形容，程度加深，同时也体现出东北方言浓厚的感情色彩。还有普通话"奸"，用作形容词是个贬义词，狡诈、邪恶的意思，但是在东北方言中形容一个人聪明就用"奸"，将贬义色彩转化为褒义色彩。

（二）极具感染性的语言风格

有人说东北方言的感染性比较强，是一种独具特色的文化形式，语言风格较

· 149 ·

为显著。东北文化中的词汇相对较为丰富，代表着东北地区民众的豪爽性格，地方特色非常浓厚。很多人对东北话比较感兴趣，认为东北人能言善辩。其中单口相声在东北地区的发展非常迅速，这些也代表着一定的地域特色和民俗风情。"扬了二怔"本意是一个人的样子看起来很傻很愣，也有装腔作势后的那种滑稽感。其实从汉语的角度来看，"怔""二"都是同一个意思的形容词，都是"愣"的意思，所以看到这个词很容易就知道其中的意思。"稀里马哈"指办事马马虎虎、不够严谨，和"吊儿郎当"意思相近。"虚头巴脑"这个词用来形容一个人很虚伪，用东北话解释就是"不实诚"的意思。我们被欺骗了，可能大多数人会说"被骗了"，但是在东北，我们会说"被忽悠了"。以上这些极其精准的东北方言也极具感染性。

此处笔者所举的例子均是东北话中的贬义词，不难发现，东北方言的直接与精准，给人一种感染性极强的直观感受。

四、东北方言的语音语调特点

"东北方言的特点也是十分突出的，这也许正是东北方言听起来让人觉得很有喜感的一个原因，虽然东北方言实际上是与普通话最相似的一种语言，但是在其声调、辅音、元音和语流音变等各个方面还是存在着较大的差异，而这些差异又是细微的，小到一个声母、韵母的差别。这些差别虽小，但是就是因为一个小小的声母韵母就会导致整个字的读音发生了变化。前文提到，由于受东北地区特殊的气候环境所影响，东北方言在发音上与普通话有所差别。由于东北地区气候寒冷，东北的农作物是一年一收，农民一年耕种一次。因此，东北人民有着宽松的闲暇时间，形成了靠山吃山、靠水吃水的心理，导致东北方言以省力为原则。"[①]以下几个明显区别可以例证此观点：

（一）平翘舌发音的区别

东北方言中的平舌音和翘舌音在发声的时候可能会出现混淆，东北方言一般会把普通话中的绝大多数的翘舌语音发成了平舌语音，又把其中的平舌语音发成

---

① 王姝欢.东北民歌演唱的风格性研究——以《摇篮曲》《看秧歌》为例[D].北京：中国音乐学院，2021.

了翘舌语音。在普通话中，平翘舌的发音要求是需要严格遵守的，而东北的方言则是将平翘舌音混淆使用，就可能会对此造成歧义。例如，"诗 shi（一声）歌"说成"诗 si（一声）歌"，"阻 zu（三声）碍"说成"阻 zhu（三声）碍"。简单的一个发音出现了错误，整个词语可能出现了让别人搞不清的情况。

（二）声母的区别

东北方言习惯于把"r"声母改换成"i"或"y"声母。例如，普通话说"扔 reng（一声）垃圾"，东北方言会说"扔 leng（一声）垃圾"；普通话说"好人 ren（二声）"，东北方言会说"好人 yin（二声）"。东北方言还习惯于把"b"声母改换成"p"声母，例如，普通话说"细胞 bao（一声）"，东北方言会说"细胞 pao（一声）"。东北方言也有把"j"声母改换成"g"声母的习惯，例如，普通话说"解 jie（三声）扣"，东北方言会说"解 gai（三声）扣"。除了这种改变声母的词汇，还有一种本来没有声母，但是在东北方言的读音中加入声母的情况。例如，普通话说"饿 e（四声）了"，东北方言会说"饿 ne（四声）了"。

（三）韵母的区别

韵母在普通话和东北方言之间的区别不大，普通话读"胳膊 bo（轻声）"，而东北方言则会读成"胳膊 be（轻声）"；普通话读"学 xue（二声）习"，而东北方言则读"学 xiao（二声）习"。

（四）普通话和东北方言语调的差别

众所周知，语调可以分成"阴（一声）、阳（二声）、上（三声）、去（四声）"，而普通话与东北方言之间语调的区别就是这四个音调的区别。打个比方，普通话"国（二声）家"，东北方言则是"国（三声）家"；普通话"细菌（一声）"，东北方言为"细菌（三声）"；普通话"比较（四声）"，东北方言为"比较（三声）"；普通话"反复（四声）"，东北方言为"反复（二声）"。这样看来，在普通话转变成东北方言的过程中并没有固定的规律，都是长此以往，人们在说话的过程中留下的习惯所形成的东北方言。

（五）押韵

耳熟能详的著名短篇小品《昨天、今天、明天》中曾经有这样一段简短的台词:"主动和我接近,没事儿和我唠嗑,不是给我割草就是给我朗诵诗歌,还总是在寻找机会向我暗送秋波",这里面的"嗑、歌、波"的语调和韵脚要是用普通话说出来,可能就不算太过于押韵,但是用东北方言的语音和语调却能把它说得很押韵。东北方言讲究重音在后,那它不仅仅意味着一种押韵,还会产生一种幽默生动的语言表达效果,这也充分证实了笔者前面所提到的东北方言艺术具有两个基本的艺术特点——形象生动与自然幽默。押韵在修辞手法中给人一种意犹未尽的感觉,不仅仅是在对于普通话的运用上很频繁,在东北方言的运用上也是出现得颇多,可以说这就给本来就极具魅力的东北方言又一次添上了一抹光彩。

(六)儿化音

儿化音的使用,大家更熟悉的应该是北京话,但是东北方言中的儿化音与其不同。例如,"一份套餐",东北方言的说法是"一份儿套餐"。就是在生活中我们总是自然而然地用到儿化音,且不被大家所注意的,但其实在南方地区,儿化音的使用频率是低于北方地区的。

东北方言在语音语调上尽管出现了以上六种特点,但有一些语音语调的特点源于个人习惯或是所处环境所影响。

五、东北方言的语音特色

我国国土面积辽阔,又有着数千年不曾中断的文明传承。从封建社会至今,尽管出现了众多王朝,但地区与地区之间仍旧存在着巨大的经济和文化差异,而区分地域最大的标签便是方言。方言是在古代交通闭塞的情况下形成的,古有"十里不同音"之说,而中国疆域辽阔,这也是国内方言数不胜数的重要原因。方言可以反映出一个地方的生存状态与人文特色。东北地区地处中国极北,面积广袤,各民族交织共荣,较之其他地区,民风也极其粗犷。在这样的环境下,形成的东北方言有着大开大合的气势。坐在炕头,谈天说地大口喝酒吃肉的东北人不喜欢说话讲平仄,是以东北方言少押韵,直来直去,很符合东北人豪爽处事的地域性格。说东北方言的人很多,基本覆盖了整个东北地区,包括内蒙古东部地区。形成的语言的基础是汉语,但由于东北地区少数民族众多,而且都有自己的本民族语言，加之人口迁移，不断有新的语言注入，近代又受日语和俄语影响等诸多原因，使东北话在普通话的基础上又有一些语音、语调、词汇与普通话不同。但有趣的现象是，越往北，距离中原越远，东北方言就越接近普通话。而越是靠近山海关，距离中原越近，则口音越重。

有些地方说话发音位置靠近口腔内部，由于过于口语化，语音含糊，不够清晰，使听的人有时听得不准确。这是东北方言的一个弊端，但这种现象并不存在于全部东北地区，而是一些地方，尤其是远离城市的地方。

富有智慧和经验的东北二人转艺人用他们的形式化解了这一问题，虽然有些话语不容易听清，但二人转艺人"字正腔圆"的演唱解决了这一问题。使无论何地的东北人，乃至东北以外地区听得懂普通话的人都可以领略二人转的独特魅力，将音不够正的字调正了过来，"直抒胸臆"地表达出来。

六、东北方言的幽默、诙谐特色

每年，参加春晚的东北军团成了很多人新年守岁最期待的惊喜之一。就娱乐性而言，东北方言确实为国内方言中的翘楚。东北地区气候寒冷，有些地区几乎全年挂霜披雪，在严寒的冬季，农村地区的东北人无事可做，最喜欢的莫过于凑在一起，聊天解闷。唠嗑是东北人最喜欢的活动之一，在这一言一语的来回调侃间，就形成了如今东北方言的诙谐特质。在我们的生活中，每一个东北人都热爱幽默，这种对幽默的热爱是由东北地区的文化特点和东北人性格特点共同决定的。东北人面对恶劣的气候，面对一切困难和挑战都以乐观、积极的心态去面对。乔治·桑塔亚纳说过，"幽默能够缓解一切痛苦"，[1]东北人以这种乐观开朗的个性促进了幽默个性的发展。而作为幽默的最佳载体，东北方言把东北人的这种幽默体现得淋漓尽致。

在生活中，有很多语言幽默的例子，让我来列举一二："巧舌头转不出腮帮子""别拿豆包不当干粮""劈柴劈小头儿，问事问老头儿"。这些东北人对谚语和歇后语妙趣横生的运用是东北老一辈人的生活经验，而幽默的色彩就包括在

---

[1] 乔治·桑塔亚纳. 宗教中的理性 [M]. 犹家仲, 译. 北京：北京大学出版社, 2008.

其中。"劈柴劈小头儿"是因为这样做劈柴很容易，是劳动生活中得来的经验；"问事问老头儿"则是因为年长的人知道的事情更多。"小头儿"指木头较小的一端，"老头儿"指上了年纪的老年男性（这是一种幽默化的口语，而并非对人不尊重），看似没有关系的两个事物，被东北话这一"小"一"老"的同音同字不同义的一个"头"字紧密地联系在了一起。这主要也是因为东北方言的独特魅力。我们从以下小品中找到一些例子，来看看东北方言的巧妙运用。

小品《超生游击队》中，"罚得起我就罚，罚不起我跑。我们的原则是：他进我退，他退我追，他驻我扰，他疲我生。我跟你说，我就不信按这选择就生不出儿子"。以上例子明显可以看出东北方言得到娴熟的运用，小品语言通俗而易记的一大特点就是上下句比较押韵，能把整套的台词以"顺口溜"的形式展现出来。既让观众易懂易记，又达到一种出乎意料的喜剧色彩。这就是东北方言的另一种幽默体现，也是被全国人民认可的有着浓重地方特色的语言类节目。可以这样说，每年的春节联欢晚会如果没有东北人和东北语言风格的小品节目，大家就会说看得不过瘾。正是东北人幽默的语言特色才让全国人民印象深刻，也正是因为东北人的智慧和乐观的生活态度，才使得东北方言如此鲜活。在最近几年，东北话流行于全国，历年春晚舞台上最不缺的就是东北笑匠和东北方言小品，很多生在南方操着糯软乡音的人也明白东北方言的重要性，开始有意识地去学习。学习和说东北话成了一种社会风气，即使再不了解东北的人也能随口蹦出几句东北方言。

七、东北方言生动、夸张的特色

东北方言在形容人或事物的时候，在具体情节的表达上可以说是生动无比，形容词非常丰富，而且东北人也是非常善于使用的，让谈话者没有亲眼见到就很容易浮现清晰的画面。杨爱姣曾说："词语的意义如果能抽象地反映所指的对象，而且也有形象的反映，即含有形象色彩成分，那就能够清楚地指明对象，增强意义的明澈性，有助于人们具体认识事物对象。"[1] 东北方言的生动和夸张主要体现在以下几方面。

---

[1] 杨爱姣. 近代汉语三音词研究 [M]. 武汉：武汉大学出版社，2005.

（一）东北方言词汇量丰富

东北地区民族众多，加上历史上几次人口迁入，促进了多文化多语种的交融，这使得东北方言的词汇量非常丰富。词汇对事物的描述生不生动，就看词汇是否可以从多方面来阐述同一个意思。东北方言近义词很多。例如，平常喝酒，我们说"喝一口"，东北人就有以下多种表述方式："整一口""造一瓶""抿一口""舔一口"。再比如说打人，我们说"我打你"，东北人能说出类似意思的词句包括："我揍你""我锤你"。这些近义词既生动形象，同时也大大丰富了语言的意境，尽管表述的是同一个意思，也能体现出细微的差别，这就是语言词汇多样性的魅力所在。此外，东北方言中一词多义的现象也比较常见。比方说"犊子"，有时候"犊子"是中性词，视语境和对话双方的亲疏关系，如果双方比较亲密，"犊子"就代表一种亲昵的称呼。大多数时候，"犊子"是贬义的，意思是让对方滚远点。

（二）东北方言十分形象

东北土地肥沃，河流交织，森林一望无际。这样优越的自然条件促使东北自古以来以发展农业、畜业、狩猎和渔业等经济产业为主。东北物种丰富多样，常年生活在这片土地上的人们通过劳动和所见所闻创造出了动静两相宜的语言体系。东北方言不讲押韵，但富含感情，叙事性也非常强。将生活中一些常见的东西赋予其动词和静词的意思用来表达情感成了东北方言叙事的常见手段。这种方法简单直接，俏皮而且听之余味不绝。比方说，东北地区森林覆盖率高，森林中常有各种动物出没。东北人时常跟动物打交道，自然而然语言中多有动物，这些动物也被赋予了不同的意义。例如老虎，东北虎是东北人的精神象征，东北山野中数东北虎最强，因此东北话中常见虎这个字。说一个人"虎"，指的是此人勇敢无畏，但也有些莽撞，"虎"变成不聪明的象征那是后话。在东北话中，熊是不受待见的一种动物。熊在东北话中被称为"熊瞎子"，熊经常破坏庄稼，危害人畜，因此东北人对熊没什么好印象。对于不喜欢的人，东北人会骂他是熊人熊货，形容一个人品行极差就叫作"熊样"。除此之外，老鼠、驴、猪等都在东北方言中时有出没。东北人管心眼多的聪明人叫"猴精"。除了动物以外，人们常用的器物也是拿来表达的对象，例如水瓢，由于过去的瓢都是葫芦砍出来的，样子像人脑袋，所以形容一个人呆头呆脑，东北话会说"死葫芦脑袋"。

（三）东北方言的画面感极强

如一些歇后语："三九天穿单裤子——抖起来了""土豆儿炖酸菜——硬挺""黄鼠狼下豆鼠子——一辈不如一辈""门槛子拴兔子——里外乱蹦""巴拉儿狗吃碗碴子——满肚子瓷（词）儿"。在这些歇后语中，前半句都是生活中可以见到或想到的实际事物和场景，而后半句往往语出惊人般地道出了语言的中心与核心，并且是看似有关联的前后两句，但在说出道理和真谛时给人以反转的特殊效果。让听的人不但易懂而且还能想象出丰富的画面，如形容心情志忑的一句"里外乱蹦"，前半句用兔子这种以跳跃方式活动的常见的可爱的动物加以"门槛"，这样区分室内与室外或庭院内与庭院外的门的部位，就使得这种"里外乱蹦"没有一丝尴尬。再如"巴拉儿狗"前缀使"狗"马一名词马上赋予东北方言口头语的亲切感，"吃碗碴子"就是指吃碗打碎后的碎片（东北也叫"碴子"，用于形容玻璃碎片），虽然大家知道这种情况是不可能发生的，但丝毫不会觉得这话说得荒唐。反而有助于后句"满肚子瓷儿"的理解。"瓷儿"同"词儿"，实际就是形容人话多，而且说得颇有道理。同音不同义的"瓷儿"就是东北人说话生动、幽默的智慧所在，毫无关系就这样变成了顺理成章。

（四）儿化音的使用

在东北尤其是农村，儿化音的使用往往居多，特别是在名字或名词的使用上，如名字"小四儿""小陈儿""小张儿"多用来称呼年轻人，再如"出门儿""有人儿""去哪儿""办事儿"等，这种儿化音的使用会比普通话"出门""办事"说起来更为轻松，有一种生动又亲切的感情。

东北人在语言表达上，从不吝啬夸张的语言。不论要表述的事情是好是坏，东北话都会以极大的张力使被表达事物的性质扩大化。如"贼"字在普通话里所指的是"小偷"、偷东西的坏人，为贬义词。但放到东北方言中则表示达到极致的情形，没有褒贬之分。加之以"贼"字，就表现得极致了。"贼好""贼香""贼闹心""贼带劲儿"等，把"好""香""闹心""带劲儿"的程度扩大化了，一听就可以明了表达作者的心情。与这些相同的还有"老高了""老远了"等，与"贼"字的表达之意基本一致。还有夸张的语气词,如"哎呀妈呀"表示惊讶。都使表达者直抒胸臆,倾听者闻之有力。以上也就是人们喜爱与东北人"侃大山"的原因吧。

第七章　东北方言会话含义与语言的形式结构

第一节　语言的抽象意义

一、语言形式与会话含义

　　丰富多彩、缤纷复杂的言语意义启示语言学家不得不思考这样的问题：语言如何给我们提供了自足而丰富的表达手段？即我们必须认真挖掘语言形式本身所能提供的意义都是什么，有哪些类型？这是我们理解一切语用现象的前提和关键。人们已经越来越强烈地意识到：我们所要表达的意思与所说话语的字面意义往往大相径庭，甚至截然相反。晚年的罗兰·巴特不再相信"叙事作品是一个大句子"这种天真无邪的看法，这位集结构主义与后结构主义于一身的大师也承认：文学语言是一种"没有底的语言"。他说，在文学语言中，"能指"下边并不是一层固定而确切的"所指结构"，而是由一系列"虚设的意义"所支撑的"纯粹的暧昧"。

　　其实，能指与所指的复杂关系并不仅存于文学语言当中，它几乎存在于一切言语活动中。同时我们还必须认识到：表达者的言外之意、弦外之音无论多么神秘，都必然以语言自身为主要载体。因而我们所要讨论和解决的问题是：话语本身如何给使用者提供了如此大的回旋余地和选择的可能性，即会话含义是如何得以最终实现的？

　　会话含义是一个语义生成、理解的复杂的动态过程，需要众多因素的共同参与才能完成。我们感兴趣的是语言形式本身蕴藏着怎样的语义可能，它是如何被启动的。还应该指出，我们所使用的"语词"这一概念是在语用角度使用的，它包括词、句子、语段等可以独立或不独立使用的语言单位。以便和"词语"相区别（词语仅指词、短语）。

实际上，我国一些语言学家对语言意义的切分和归类即是站在语义实现层面上对语言问题的观照。例如，王希杰在《关于词义的层次性问题的思索》一文中将语义分为两个层次：语言义和言语义[1]；周礼全在《形式逻辑和自然语言》一文中，主张研究意义的三个层次：指谓、意谓和意思[2]；许皓光主张"将语义分为语言义、言语义和背景义三个类别"[3]。

学者们的论述各有自己的出发点和原则，我们认为，对语言意义的切分不是一个静态的范畴。无论是语言意义和言语意义，还是抽象意义和语境意义，它们并不是在一个层面上共存的关系，而是一个立体的递系实现的过程，后一意义的实现以前一意义的实现为基础。言语义必然是对语言义的演绎和提升。语言形式本身是一个积淀厚重的立体的层，它是会话含义产生的前提基础。

二、抽象语义的矛盾构成

抽象语义即语言意义，指的是语词没有进入具体交际活动时的意义。在没有进入交际环境时，语言的意义是抽象的、高度概括的，有待实现性。例如，"房子"这个词，在没有进入交际领域之前，它的意义是抽象的，它的所属、颜色、大小、样式等都是有待确定的、模糊的。在讨论抽象意义时，学者们还注意到语词的多义性。如俞东明举例说："英语'handout'根据辞典有三个基本的字面意义，即分别是'施舍物、广告单和讲座提纲'。脱离语言使用的语境或话语场合，以上三个抽象意义不具有任何交际价值。"多数人都注意到了语词这种同音同形异义矛盾的存在。我们要问的是：话语形式的抽象语义是不是到此就全部讨论完了呢？如果没有，还包括哪些？

其实，语词的抽象语义，它本身蕴含着比研究者所提到的更为复杂的矛盾，抽象语义本身是一个立体的多面魔方，是一个意义的集合，可以称之为"义束"。言语者的人为触击和提升，便可使它形成确切、鲜明的会话含义，形成绚烂多姿

[1] 王希杰.关于词义的层次性问题的思索[J].汉语学习,1995(3)：4-8.
[2] 周礼全.形式逻辑和自然语言[J].哲学研究,1993(12)：29-36.
[3] 许皓光.东北方言词汇的构词和修辞特点初探[J].辽宁大学学报(哲学社会科学版),1994(4)：97-99.

的言语作品。我们认为，抽象语义中存在着多种矛盾：同音同形的矛盾、专指与泛指的矛盾、自指与他指的矛盾、规约含义与语言形式的矛盾等。这种种既对立又统一的矛盾构成完整的意义统一体，给言语世界打下坚实、自足的基础。

（一）同音同形的矛盾

同音同形异义是任何语言中都存在的矛盾，也是语言学家注意得比较多的方面。对于同音同形，学者们多是指一个词语在语音形式、书写形式上完全相同但有若干不同的意义。像前文提到的英语单词"handout"含有三个互不联系的意义："施舍物、广告单、讲座提纲。"汉语中的"花"，既是"植物的器官"，又可表示"消费钱财"等意义。宽泛一点，同音异形结构也应包含在这一矛盾中，因为不考虑书写形式——文字，语音即词语的形式，在口头交际中，同音也就是同形了。像汉语中大量存在的"晴、情""终、中、衷""宫、公、工、攻、弓"等。有的同音词甚至在语境中仍不能消除彼此的矛盾，如"期zhōng（中、终）考试后再说吧"，其中的"期中""期终"还是难以分辨。

同音同形现象广义上讲还应包括一些短语结构，如汉语中讨论得较多的"咬死猎人的狗""鸡不吃了""车子没锁"等歧义结构。这些歧义结构的产生是因为不同的语义结构、语法结构恰巧同音同形，在没有语境强力介入的情况下，无法将其结构关系、语义关系稳定下来，因而语义无法确定。

在言语交际过程中，语境通常会过滤掉不适用语义，而把那个适用于该语境的语词义鲜明地呈现出来。如果当下的语境仍不能消除同音矛盾，言语者会适当做出调整。比如把"期zhōng考试"，换成"期末考试"或"学期中间考试"等。这方面专门讨论的文章不少，此不赘述。如果言语者故意利用词语的同音关系，形成言语作品，会构成双关辞格，取得特殊的表达效果。如：

［黑土］："是，她剪完就禽流感了，第二天。当时，死了一万多只鸡，最后送她个外号，叫'一剪没'。"（《小崔说事》）

"一剪没"谐"一剪梅"之音，使言语效果生动幽默、意趣盎然。汉语中一些歇后语、谜语也利用了谐音双关。外甥打灯笼——照舅（"旧"）是利用谐音构成的歇后语。"一院隔成两家，五男二女分家。两家打得乱纷纷，打到清明才罢。"这条谜语也是利用谐音迷惑人的，久猜不得者往往把"清明"理解为节气，实际上如果把"清明"理解为"清楚、明白"之义，才有利于谜底的猜出（此谜底是"算盘"）。

这些缤纷的言语事实的产生，皆缘于语言在抽象语义层上提供了同音同形的条件。

（二）自指与他指的矛盾

人们说话的时候，总是用词语来指称对象事物，使词语符号与客观现实有机地联系起来，词语和事物之间的这种联系称为"指称关系"。这种联系经过漫长的语言实践之后如此醒目，令人们痴迷地沉醉于语言符号当中，或痛苦或快乐，或忧伤或愤怒。古代的语言禁忌、咒语、祝福语及文字崇拜都体现了语言符号的这一特殊之处，词语符号本身被赋予了强大的现实生命。

但语言的超常之处在于，词语符号不仅仅具有这种他指功能，否则下面的句子就不能完全成立：

A：①桌子是家具。

②桌子是名词。

B：①动词不是名词。

②动词是名词。

C：①虚词不能作主语。

②"的"不能作主语。

D：①我此刻写的句子不符合语法。

②我正在说的话是假的。

这几组句子在言语世界都是正确的，尽管表面上看来，它们彼此互相矛盾。这就涉及了词语的自指和他指问题。任何词语在他指的同时又可以自指。"桌子"既可以指称现实世界中的一种家具，又可以反过来指称其词语符号本身（从而可以进一步指称其书写文字本身）。这样，"桌子是名词"也是可解的，因为此时"桌子"这个词指称其词语自身。B组中"动词"这个词在句①中是他指意义，指称语言中所有的动词；在句②中是自指意义，指称其词语符号本身。C组中"虚词不能作主语"，是在他指的关系上成立的陈述，在陈述对象世界时，"虚词不能作主语"；此时的"虚词"是不能自指的，否则该句在形式和句义上自相矛盾；句②同理。D组两个句子在道理上和C组相似，只不过把自指与他指的矛盾进一步深化到逻辑之上，具有更加困难的解释过程。

抽象语义上自指与他指的矛盾为什么没有造成交际的混乱呢？因为这是两个截然不同的言语领域，简称言语域。在不同的言语域中，词语自指与他指矛盾很容易被化解。他指意义适用于现实言语域中，自指意义适用于语言系统言语域中。在交际过程中，语境已预先规定了言语域，因此双方会在共同的语义场上进行交流。例如，在家具市场、客厅、厨房中，交际者面对着家具时"桌子"这个词语被启用的一般是他指意义，交际情景规定了言语域，他指关系被稳定下来。如果是教师在课堂上讲授语法时，一位作者在一篇语言学论文中，在语言系统层面上讨论"桌子"这个词的话，其自指意义也是明确的。在实际运用中，词语的出现情境、言语域是明确的，所以自指与他指矛盾就被化解了。

只在极特殊的交际情形之下，自指与他指矛盾才有可能被激化，即他指义与自指义各自适用的言语域恰好重合。如电影《甲方乙方》中，甲告诉乙一定保密，绝不说出"打死我也不说"这句话，而且乙也信誓旦旦地保证。当第三者逼问乙时，乙很仗义，昂着头脱口而出："打死我也不说。"然后的情景是乙很懊恼、悔恨，逼问者很气愤，因为乙的强硬态度。后来剧情继续发展，乙在对方恐吓之下，满头大汗、心惊胆战，一个劲地说："打死我也不说呀"，差点急昏过去。这个情节的焦点在于设计了一个语言游戏，乙方保密的话和他在被逼问时为保守秘密而说的话恰好相同，但二者的语义所指是不同的。该情节巧妙利用了语言自指与他指的矛盾，并且把它推向高潮，取得了生动的故事效果。

有的脑筋急转弯的语句也利用了语言自指与他指矛盾来迷惑对象。如问题是"请问北京和天津之间有he吗？"这个问题乍听之下难倒了很多人。因为该句话的适用言语域没有被强调，被问者按常规的指称关系理解"北京""天津"这些词语，自然想到了地理学上的意义，是他指关系。而出题者暗中使用了"北京""天津"的自指意义，指这两个词本身。在他指意义上把它理解为"河"，在自指意义上才被解为"和"。当然这个问题也巧妙利用了同音异义矛盾,同时它只能在口语中才构成矛盾,因为在汉字层面"河""和"是可分的。这对矛盾产生的原因是言语域的不确定,或者说被偷换。

(三)专指与泛指的矛盾

1993年11月21日中央电视台《东方时空》节目有道智力测试题,主持人吴帆问电影演员陈小艺:"贝多芬为什么不用这根手指弹钢琴?"(吴帆同时伸出右手的食指)。陈小艺沉思良久没有回答出来。这可以称得上是带有误导和诡辩性质的问题,被问者自然把"这个手指"类推为贝多芬的手指。贝多芬生活在离我们遥远的年代和国度,这根手指的奥秘不得而知是可以理解的。可主持人宣布的答案是:"因为这是我的手指。"

这个智力测试题涉及词语的另一类抽象语义的矛盾:词语专指与泛指义的对立。主持人的"这"专指他自己的手指,被问者把"这"理解为它的泛指义,泛指人的右手食指。专指与泛指意义的对立在一些代词和名词身上体现得较为明显。例如,"明天",可以专指某个"今天"的下一天,也可以泛指任何一个即将到来的日子;"水果"可以泛指苹果、香蕉、橘子、梨等,是泛指,也可以指其中一种。某个家庭主妇对人说:"我得上街买点水果啦",她特指的是某一种或某几种水果类的食物。

有个笑话说一个店主在自己饭店的玻璃窗上写了一句话:"本饭店明天免费进餐。"第二天人们纷纷来吃饭,老板说:"今天得付钱,因为明天免费。"所以,这些想免费进餐的人永远也等不到"明天"的好事情。此店主启用了"明天"的泛指意义,而阉割了"明天"的专指意义。"水果""明天""这""那"等词既可以专指某个对象,也可泛指一类对象,它的指称意义是不确定的,这是词语语义专指与泛指的对立统一。在正常的交际活动中,这些词语的使用是不会产生混乱的。在具体语境之中,这些词语只要起到提示作用即可,其背后有强大的事理逻辑和合作原则在起作用,交际者能够在基本一致的意义上使用它们。这种专指与泛指的矛盾统一在词语符号之上,为言语活动提供丰富的可能。

（四）规约义与语言形式的矛盾

词语经过漫长的历史发展，词义逐渐发展、演化，趋于相对稳定。语言中有些词语的字面意义（有的是其本义）已经隐居起来，或者已经极度弱化，而规约义起着主宰该词的作用。但字面意义的隐居和弱化，并不表示它已经消失。因而语言形式只要存在，即携带其形式意义，字面意义一直顽固地依托在规约义之下。这样，规约义与字面义其实也是一对矛盾。

例如，古人对蛇的危害比较敏感，因而一见面就问："无它乎？""它"的本义是"蛇"的意思。久而久之，"无它乎"成了人们之间的问候语，只有打招呼的意义，不含有对蛇的惧怕和担心的意味。但是在现代的某一天，一群古汉语学者去野炊，一位老者故作小心地问另一位同仁："无它乎？"弄得大家哄堂大笑。这位老者的智慧表现为在特定的情景之中启用了"无它乎"的字面意义，取得了新奇、别致的言语效果。像汉语中的"吃了吗"，英语中的"how are you""how do you do"等，其文化色彩、规约含义是非常强烈的。虽然在各种语言中，问候语的规约义是明确的，但词语形式本身携带的字面意义一直隐居着，构成一对矛盾。这种矛盾在跨文化交际中表现得最为明显。

在语言交际中，词语的规约义与字面义之所以不产生抵触，是因为强大的文化背景、情境暗示在起作用，也因为人们在交际中有了这一对矛盾，给言语交际留下了充分的创造空间。如：

客人打量着他问："你干什么呀？"

药匣子笑容可掬地回答："我……送药上门来啦！"

客人不明白药匣子说的是什么，疑惑地问："送药上门？"

药匣子这时便展开衣襟，亮出里边的一个个布兜，布兜里面装着各种中草药。

客人点了点头，淡淡地说："那就都留下吧。"

药匣子眼睛一亮，半信半疑地问道："你……你都买了？"

客人装糊涂："你刚才说送药上门，送的意思不就是白给吗？"（《刘老根》）

药匣子到峡谷山庄客房卖药，说自己是"送药上门来了"，客人故意把它理解为"白给"，明显地回避了对方话语蕴含的规约含义，是不合作的态度。但他的高明之处在于巧妙地利用了词语规约义与字面义的矛盾，显得风趣有加。这种应对的机智产生有多种原因，但语言本身肯定给它提供了潜在的条件。

广而言之，日常许多概念也只是建立在人们彼此之间不言而喻的默契之上，无法精确，因而多数词语的意义也是规约的，不可强求精确。比如，"秃子""美女""高个子"等等。什么是"秃子"？秃子显然不同于光头，那么头发又该少至什么程度？

"美女"，什么是美？没有精确的标准。"高个子"是多高？一般而言1.75米就算是高了，可在NBA赛场1.80米还是矮将军。这些模糊的语义之所以不对人际交流构成威胁，是因为它们在东北方言的话语模式研究交际者的生命空间中大体还有确切的位置。我们依靠一定的语境能够大体相对地理解它们，我们把这种理解也放到规约理解中去，其背后也隐含着语言自身形式意义的威胁。

第二节　关于"语境"的讨论

一、"语境"的界定

对语言意义（抽象意义）和言语意义界定的关键在于是否考虑了语境，对言语意义的研究必然涉及"语境"范畴，甚至我们对抽象语义的深入讨论也无法绕开语境这一概念。逻辑研究、语用研究、语义研究、修辞研究无不涉及语境。但学术界对"语境"一词的使用还很不一致，界定范围有宽有窄。

薛玲认为，"语境是指一个词被运用时的环境，包括时间、地点、交际者的身份、关系，交际者与语义所指对象的关系，认知背景，社会背景等"[1]；李传全在《交际冗余与语境》中认为，"语境是在研究某表意单位的意义时提出来的，是不同于被研究的目标表意单位以外的语言材料或非语言材料"[2]。前一种概括偏重于话语的非语言环境，更强调话语的背景信息；后一种概括则包括语言环境和非语

---

[1] 薛玲，赵云生. 现代汉语指要 [M]. 昆明：云南民族出版社，1988.
[2] 李传全. 交际冗余与语境 [J]. 海南大学学报（社会科学版），1996(1)：91-94.

言环境两方面。实际上,认为语境包括语言语境和非语言语境两个方面的学者居多。王希杰把"语境"分为语言内语境和语言外语境,张宁把语境分为"语言语境"和"非语言语境"两大类十二小类。我们在考察语境的分类时发现,如果语境包括语言语境和非语言语境两类,在逻辑上、运用上容易引起混乱。

顾名思义,所谓"语境",指语言的环境、话语的环境。那么,语言语境的提法未免不妥。张宁认为"语言环境"包括语音语境、语法语境、语义语境和上下文语境。把语言自身的因素视为"语境"来考察,那么,"语境"中的"语"又是什么呢?

语境中的"语",必定是交际中表意的话语片段,包括一篇或一段话语,也包括一个句子、短语或词语。这些话语片段必然携带自足的语音、语法、意义形式,才能走入具体的语境,完成各自的表意任务。所以,我们觉得,语音、语法、词义本身不宜视为语境。其中"上下文语境"也应重新界定,这个提法可以有两种理解:(1)当下言语的前言后语,应仍属于语言自身范畴。(2)当下言语的话题环境,应在语境范畴上来理解。因此我们认为把"上下文语境"规范在(2)意义上,为了明确起见,不妨把它叫作"话题"语境。

其实,有些学者已经在不自觉地把语言自身因素排斥在"语境"之外。例如,陈宗明在《中国语用学思想》中写道:"语用学研究在特定的交际环境中,说话者如何应用话语,准确表达自己的思想感情,从而实现自己的意图,而听说者又如何准确地理解说话者所表达的思想感情及其话语背后的意图。"[①]英国语言学家利奇认为,"意义涉及说话人表达某一个意义的意图,这个意图在信息中可能很明确,也可能不明确。因此受话者对这个意义的理解很可能要依赖语境"[②]。其中的"交际环境""语境"无疑指的是排斥了"话语"本身的语言环境,是语用学的主要研究对象和内容。贾彦德在《汉语语义学》中这样写道:"语境也可以是上下文(context),人们同样可以通过上下文认识他所不懂的义位。""人们在凭借上下文掌握义位时,语境(此处不含上下文)也仍然起作用,这一点口

---

① 陈宗明.中国语用学思想[M].杭州:浙江教育出版社,1997
② 利奇.文化与交流[M].卢德平,译.北京:华夏出版社,1991.

语更为明显。"① 可见，话语与语境混淆不清使我们如何陷于表述的困境。

因此，我们把"语境"描述为：某语言表意单位的背景信息。更确切地说，在语用学研究领域，"语境"的含义通常如此。就语境对语义实现的限定功能方面来考察，把语境分为显语境和潜语境两大类。显语境指交际的时间、地点、交际的话题、交际的正式程度、参与者的相互关系等为交际者所共知的语境因素；潜语境包括特定文化的社会规范等会话规则、参与者的相互了解程度及合作心态，可能影响交际的其他隐性因素等。其中，潜语境是造成交际障碍和产生双关语义的重要因素。

二、界定"语境"的意义

当我们尝试把语言因素和语境因素分开探讨的时候，很多问题的研究会显得眉目清楚，提纲挈领。

首先，语言与语境的对立可以很好地解释修辞学中零度和偏离的问题，理清偏离（此处仅指正偏离）实现的根本原因。言语表达如果遵从了语言规则、规约的语境要求，那么就是零度表达；如果言语表达变异了语言规则或适用语境，那么就是偏离表达。如此，就可以把言语表达的偏离归纳为语言规则（语音、语义、语法）的变异和语言环境的变异两大类。例如，

（1）十一月，广州还是秋高气爽的季节,北国名城哈尔滨早已"草木皆冰"了。

（2）她已经青春过好几次了。

（3）几个女人有点失望，也有些伤心，各人在心里骂着自己的狠心贼。（孙犁《荷花淀》）

（4）飞流直下三千尺，疑似银河落九天。（李白《望庐山瀑布》）

例（1）中"草木皆兵"被写作"草木皆冰"违背了词义规则；例（2）中"青春"不是动词，不能带补语"好几次"，违反了语法规则。因此例（1）（2）是由于语言规则变异导致的言语偏离表达；例（3）妇女们对自己心爱的人称为"狠心贼"，显然不是事实，于情理有悖，是情感变异。例（4）"飞流直下三千尺"

---

① 贾彦德. 汉语语义学 [M]. 北京：北京大学出版社，1992.

明显违背了事理常情，应属于事理变异；那么例（3）（4）应归为语境变异导致的言语偏离表达。

由此还可以进一步得出结论：仿拟、别解、飞白等辞格是语言规则变异的结果；比喻、比拟、借代、夸张等辞格则是言语规则变异的结果。

其次，语言与语境的对立可以让我们更准确地认识语言自身和语境自身，把语用研究推向更便捷的轨道，如"语言"与"语境"的对立可以很有力地支持歧义的分类问题。邹韶华等在《歧义的倾向性研究》一书中认为，"歧义，一般来说有如下两大类：一类是由于句内某一片段可以分析为几种结构或句内某一成分包含几种不同的意义造成的（言内歧义）；另一类歧义是随背景的不同而理解各异（言外歧义）"[①]。按照我们的观点，可以简单表述为：由语言规则要素引起的歧义为言内歧义，由语境因素引起的歧义为言外歧义。例如：

（1）补充材料（动宾）——补充材料（偏正）。

（2）我看见了杜鹃。

（3）知识分子有一技之长。

例（1）产生歧义是因为结构关系不同，例（2）产生歧义是因为"杜鹃"是同音词。因此例（1）（2）应属于言内歧义。例（3）可能说"知识分子"比起"一无所长"者要好，也可能说"知识分子就那么点能耐"，其因具体语境不同，既可是褒义，也可是贬义，应属于言外歧义。因此区分语言自身和语言环境，很多问题的研究会更便捷、清楚。

第三节　语境意义

一、语境与会话含义

自索绪尔区分了语言和言语之后，语言研究便有豁然开朗之感。我们上文讨论的抽象语义，即是语言意义。语言意义虽然是丰富、深厚的，但由于没有进入

[①] 邹韶华，马彪. 歧义的倾向性研究[M]. 北京：中国社会科学出版社，2007.

语境，没有进入交际运作，故而其意义是抽象的、概括的、待实现的。由语言转化为言语、由语言义转化为言语义，即产生会话含义。语言一旦进入交际运用过程，这种转化就已发生，这一转化的催化剂无疑是语境。

人们已经认识到，语境对语境意义即会话含义的产生具有重要的限定功能。语境的介入，就像计算机上某个关键的菜单，一下子激活了沉睡的语言意义——抽象语义，使言语世界焕发出勃勃生机和光彩。

那么语境是如何激活抽象语义、实现语言的语境语义的呢？王殿珍曾有一段话概括了语境的语义制约作用："语境是言语所在的环境或言语活动的环境，语境规定着各种语言结构的所指，它对语义的限定功能，通过选择、限制、调解或变异后，才能确切地言情达意，帮助各种信息的传达与交流。"①

语境是在研究某表意单位的意义时提出来的，它的实质不是它们的外在形式，而是这种形式或社会文化背景所表征的语境意义。从信息论角度看，交际的实质是信息的传递，而语境也是一种信息，这种背景信息的加入，势必缩小、强化语言意义的内涵，排挤掉与背景信息不协调的、相冲突的抽象意义，保留下与之相容的语义要素，形成确切的言语义。

背景信息量越大，言语义越明确。因而交际者视语境信息的变量，组织适合的言语形式。交际者在言语输出时，隐含着假定：信息接收者对这些与目标信息相关的背景知识如社会文化、交际情境等是了解的。表达者据此决定言语形式的简繁。正如中国人能理解的一句话对于不具备该社会文化、交际情境及相关信息的外国人而言，很难被解码，必须相应调整语言形式，使其尽量繁复，到对象完全理解为止。因此会话含义的表达和理解均具有特定的社团文化模式。

二、言语义实现的途径

在言语交际中，由于语境介入情况极其复杂，导致言语义实现有不同的情况。依据语义实现的效果及显语境与潜语境错综复杂的关系，语义实现可以分为两种类型：语义的积极实现和语义的消极实现。

---

① 王殿珍. 言语风格论 [M]. 长春：吉林人民出版社，1998.

（一）语义的积极实现

语义的积极实现指言语者利用各种表达手段，准确地表达了自己的话语意图，并被接收者正确理解的过程。由于语义的积极实现是一个复杂的动态过程，所以任何一个语词在具体语境中都有两种命运：一种是语义得以常规实现，一种是语义发生偏离。影响语义实现的因素可以分为微观和宏观两大方面。微观因素包括语义组合规则、语法组合规则；宏观因素指语境，包括文化、情境、心理、事理、论域等。依据抽象语义在具体语境中的不同实现方式，语义的积极实现又可以划分为语义的常规实现和语义的偏离实现两小类。

A. 语义的常规实现

所谓"常规实现"，有两个方面的含义："一是词语在句中没有改变抽象意义，实现的是词语的常规意义。二是实现意义的手段，是常规手段，是语言规则的正常运用。"

语义的常规实现即语境语义是对抽象语义的常规演绎和提升，遵守了抽象语义对语境诸要素的原则要求，使词语出现在适当的言语域、适当的情景和规约义场中。例如：

（1）很难抵御这样一个漂亮而多情的雌性动物的目光的。（高建群《边界非礼案》）

（2）你可真行啊！

在这两个句子中，如果"雌性动物"和"真行"所具有的言语义是其语言义的常规实现，我们可以断定"雌性动物"是指一种动物，"真行"是对对方的由衷称赞。这两句话的语境语义是语义的常规实现，语义的常规实现在言语实践中占绝对优势的比例，表现为对微观和宏观要素的尊重和认可。在语言层面，使语言系统具有相对稳定、平衡的特性，保证了其作为交际工具的功能。

B. 语义的偏离实现

词语的抽象意义在句中可能被改变，改变了的言语意义偏离了词语的常规意义，这种情况是词语意义的偏离实现。词语意义的偏离实现必须紧紧依附于语境或语篇，其有效的强力介入使语义的超常实现成为可能。语境把逻辑因素、事理因素、情境因素都加进来，从而实现了语言运用中对语音、语法、语义的偏离使用，形成各种妙趣横生的辞格，使"语义偏离"成为一种生动别致的语用现象。

前文举的例（1）、例（2）中，如果"雌性动物"是指一个女人，"真行"是反语，那么"雌性动物""真行"两个语词实现的就是偏离语义，而不是常规语义了。又如：

（3）走过马路，她不禁回头狠狠地挖了校长一眼。

（4）我是喝啤酒的，既然你们都喝白酒，我也白酒一回。

（5）听到妈妈的声音，6岁的晶晶便从屋里飞了出来。

例（3）中"挖"使用的不是其抽象语义，它的抽象语义是使用坚硬的工具从物体表面取出一块，而此时"挖"是"看"的意思。在具体的语篇中，和"一眼"搭配的只能是"看"，这符合语法、语义规则，而且符合语境情景。"挖"的语义已被限定。这是语篇对"语义偏离"现象的宽容，使语境语义更加生动、别致，充满生机。例（4）中"我也白酒一回"，"白酒"的常规意义被语法结构否定了，后面接"一回"作补语，制约着"白酒"的词性，在此处只能是动词，在当下语境中是"喝白酒"的意思。这是语篇对语法规则的宽容，从而实现语言运用的新异性特点。例（5）是语篇对语义偏离实现予以支持的又一例证。晶晶是6岁的孩子，只能"跑出来"，"飞"的"跑"义已被语境限定，同时又渲染出孩子活泼、灵巧、天真的性格特点。

语境对语音、语法、语义偏离使用的宽容和支持，形成了丰富多彩的辞格，使言语世界多姿多彩。以上谈的都是显语境与潜语境统一时产生的语义偏离现象。双关和指桑骂槐辞格的产生则利用了显语境与潜语境不一致的因素。例如：

（6）宝玉走进来笑道："哦，这是做什么呢？才吃了饭，这么空着头，一会子又头疼了。"黛玉并不理，只管裁她的。有一个丫头说道："那块绸子角还不好呢，再熨他一熨。"黛玉便把剪子一撂，说道："理他呢，过一会子就好了。"

（《红楼梦》第二十八回）

这段引文中黛玉的"理他呢，过一会子就好了"这句话，使用的是双关辞格，因为这是先前宝玉在王夫人房中说黛玉的这一句话，恰巧被黛玉听到了，此时便拿来回敬宝玉。这是潜语境。裁衣服场景是显语境，旁人只能听出这句话的显语境义，只有黛玉和宝玉能领会潜语境义，因为潜语境为他二人所共有。

（二）语义的消极实现

潜语境与显语境不一致，能导致语义实现的两种结果：如果交际双方共同具有潜语境信息，且输出者一方主动利用了潜语境以达到自己的交际意图，属于语义的偏离实现范畴。如果输出者一方无意，接收者由于他自己一方的语境因素造成对语义的曲解或误解，属于语义的消极实现。这时潜语境不为双方所共有，从而产生语义的误导性偏离。例如：

（1）韩大芹过来，一见马艳华买了两筐擀面杖，忙问："华姐，你买这么些擀面杖干啥呀？"

"没事儿摆弄着玩儿呗。"

"你得了吧。"韩大芹笑了。"华姐，我还不知道你？你买回这么多玩意，往后你家我姐夫下晚睡觉都得睁着眼睛睡了……"

山东人搭腔说："那是啊，俺的擀面杖好，不紧看着点儿，让贼给偷去就可惜了！"

马艳华和大芹一听山东人这话，都笑了。（《圣水湖畔》）

韩大芹和马艳华是亲戚，彼此比较了解，自然能猜到马艳华买那么多的擀面杖是为了吓唬黄老四的，所以才有她们那样的对话。对二人来说，双方共有一种潜语境：马艳华习惯用擀面杖打或者吓唬黄老四。可这个潜语境不为卖擀面杖的山东人所有，所以引起山东人的误解，他的主观解释引起二人大笑。

交际者心理期待、关注焦点不同，也会引起交际失误，这也是显语境与潜语境的矛盾所致。

（2）丁香说："你知道啥呀？我看你不知道。不就是一个人吗？她要当服务员就让她当呗，还差她一个了？"

刘老根终于发火了，瞪着眼睛说道："是我不知道还是你不知道？你咋就知道不差她一个？我要是拉开这道口子，过两天就得有人给我送老太太！"

丁香没听懂这话的意思，一听说送老太太便急了，惊慌地问："给你送老太太？啥样几个老太太，给你送老太太想干啥？"

刘老根哭笑不得："哎呀，我这是打比方，打比方你懂不懂？"（《刘老根》）

冯乡长要把眼睛有毛病的侄女安排在刘老根的峡谷山庄当服务员，刘老根不愿意，理由是"我要是拉开这道口子，过两天就得有人给我送老太太！"意思是不是什么人都能当服务员，自己要把好关。但因为丁香一直喜欢刘老根，所以对"给我送老太太"这句话本身特别敏感，根本来不及反应其话语含义，因此十分惊慌，引起误会。分裂的心理语境导致误解的产生。我们把这种由听读者受到语境因素影响而产生对语义误解的现象称为语义的消极实现。

还有一种情况也可以归入语义的消极实现中去。在具体交际情景中，由于语境的参与，某些交际本可以顺利进行。但如果接收者不愿或没有考虑语境因素，也容易产生误解。例如：

（3）一个大娘指着柜台里的黄瓜问售货员："姑娘，多少钱一斤？"

（4）在饭店里，服务员高声喊："您的肠儿来了！""这是谁的肚儿？"

（5）在操场上，一个同学问另一个人："你玩儿完了吧？"

这几个例子在具体语境中，可以说表义是清楚的、省略是合理的。但有时也容易引起接收者的反感，稍一脱离语境，接收者极不愿意接受这种问话方式。所以偶尔也容易激化矛盾，造成不愉快的局面。这是语境对语义实现的制约因素削弱，话语的文化义、色彩义占上风的原因。这类引起语义误解的情况我们也称为语义的消极实现。

（三）语义偏离实现的类型

语词意义在言语实践中发生偏离，是言语者的个别和偶然行为，是其对语词抽象语义的某一侧面的人为提升和关注。例如：

（1）白云："现在不行了，现在是头发也变白了，皱纹也增长了，两颗洁白的门牙去年也光荣下岗了。"（小品《昨天·今天·明天》）

（2）白云："他就是——主动和我接近，没事儿和我唠嗑，不是给我割草就是给我朗诵诗歌，还总找机会向我暗送秋波呢！"

黑土："啥呀？"

白云："秋波就是秋天的菠菜。"（小品《昨天·今天·明天》）

"下岗"使用的不是该词的规约含义"从原有工作岗位被裁撤"，而是启用了字面含义"从原来的位置离开"。"暗送秋波"被解释为暗地里送秋天的菠菜，是利用同音矛盾而作的别解。语义偏离可以产生两种效果，一种是产生新奇、别致、生动的言语义，在语用上能够得到合理的解释，具有特定的会话含义，有利于表达效果的提高，称为有效偏离或正偏离，例如上文（1）（2）两例；一种是产生病句、错句，在语用上得不到合理的解释，不可以解读，称为无效偏离或负偏离。例如，"你牙齿什么呀""我绿了你"，等等。无效偏离表述既已失当，便谈不到语义实现问题，因而不在我们的探讨之列。

语义偏离现象的发生是言语者对制约语义实现因素的人为控制和调节，某个或某几个因素的变异诱导人们对语词意义做出超常的判断和解释。语义偏离具体表现为：语词意义偏离（包括词汇意义偏离、句段涉义偏离）、语法意义偏离、色彩意义偏离。前面例中"下岗""暗送秋波"即是词汇意义偏离。再如：

（1）黑土："实话告诉你吧，你要的那只鸡让儿媳妇炖了，吃着就是。不过按你的要求做法不一样，你说的是炒，但我们是炖……"（小品《策划》）

（2）只那双美目，清亮如星，暗淡了天上所有的星辰。（王泽群《漠风不相识》）

在小品《策划》中，牛策划要炒作下蛋公鸡，而黑土把"炒作"中"炒"理解为一种做菜的方法，是故意曲解原词义，为自己的违约行为辩解；"暗淡"本是形容词，却获得了动词的语法功能，带上了宾语。这都是语义偏离的表现。至此，我们不禁要问：语义偏离现象是如何产生的？其根本的制约因素是什么？薛玲认为："实际上，超常意义的实现，并不是违反语言运用规则的结果，却是对这些规则的巧妙利用……语境制约着联想方向的定向控制。"[①]王殿珍认为："语言中有些形式结构不具备某种能指意义，但由于特定语境的作用，它的意义变异了，从而获得了本来不具备的意义。"[②]

语义的偏离诚然是在更深层地遵循了语义及语法规则的前提下实现的。如：

---

① 薛玲，赵云生. 现代汉语指要 [M]. 昆明：云南民族出版社，1988.
② 王殿珍. 言语风格论 [M]. 长春：吉林人民出版社，1998.

第七章 东北方言会话含义与语言的形式结构

（3）房门被轻轻推开了，一个面上"锈"着蝴蝶斑的女人在门外探头探脑。①

"锈"在句中语义发生了偏离，不再是其常规意义的实现。"锈"在句中是什么意思呢？我们只得求助于语义规则和语法规则。在"X着蝴蝶斑"这个语法格式中，"X"只能是动词，在女人脸上这个语义场中，"X"只能是"长"的意思。如此，这句话才是可解读的。对"锈"偏离语义的解读源于对语义、语法组合规则的遵守和利用。概括而言，语义偏离现象主要有两种类型：语言义层面偏离和言语义层面偏离。以上我们所举的例子多属于语言偏离，即语词在语音、语义、语法方面发生了变异。这种情况讨论得比较充分，此处不再赘言。言语义层面偏离主要是语境因素发生了变异，导致话语意义发生异常（包括表达和理解）。根据各制约因素的不同，我们把言语义偏离归纳为以下几种类型：言语域变异、情景变异、事理变异等。

1. 言语域变异

我们把"言语域"定义为：那些使语词具有唯一、确定意义的言语场。在言语实践中，语词任何特定的抽象语义均有其适用的、相对稳定的言语域。"鼓励"和"煽动"都是鼓动人去做某事。但各有自己的言语领域，在劝人去做好事的时候，用"鼓励"；劝人去做恶事的时候，宜用"煽动"，二者一般不能乱用，须各司其职，形成互补分布。

再如，"钱"有两个互不相干的意义，一个是"货币"的意思，一个是重量单位。由于它们各有自己的言语域，所以不会产生混乱。在市场上，有人问"一公斤白菜多少钱"时，肯定使用了其"货币"义；数学课堂上，在老师讲解重量单位的换算关系时问"一公斤是多少钱"，应是启用了"钱"的重量单位之义。在明确的言语域中，语义是确切实现的，但是，如果有人不遵守这个规则，人为变异语词的言语域，语义就会发生偏离。例如：

（1）一公斤黄瓜的价钱是一块钱，一公斤白菜的价钱是五毛钱，请问一公斤辣椒是多少钱？

这是一个智力游戏题。在语言形式上，出题者似乎给定了言语域，是在货币

---

① 莫言. 爆炸 [J]. 人民文学. 1985 (12).

单位这个语义场下讨论"一公斤辣椒是多少钱"的问题。但我们不能根据给定的条件推断出答案来,百思不得其解。其实出题者只是诱导读者,他悄悄地变异了"钱"的言语域,把问题中的"钱"放在重量单位这个语义场中来发问,"钱"的指涉意义已经改变。当出题者得意地公布答案"一公斤辣椒是200钱"的时候,我们虽然觉得有些勉强,却也无法辩驳。使用者偷换了言语域,"钱"的意义也就不再是我们预期的意义,而发生了变化。又如,

(2)国民党元老于右任,有一次回到故里泾阳县,信步游到一小寺,只见僧房中堂悬挂一副自己当年书写的对联:"凤来禾下鸟自去,马到芦边草不生。"于右任一惊,立即令随从取10块大洋去买这副对联。不想和尚哈哈大笑,说:"这是赫赫有名的反袁靖国军于总司令亲笔题写,别说10块大洋,就是给百块、千块大洋也不能卖!"①

和尚珍视这副对联,一是它为名人所写,二是因为此联他指意义是很有意境、趣味的,此联使人联想到现实世界的凤、鸟、马、芦,动静结合,意味深长。此对联的特殊之处在于其语义在文字自指这一言语域中也是可解的。如果把"凤""禾""马""芦"词语语义释为自指其文字本身,则对联含有"秃驴"二字,难怪于右任为自己少年时的行为愧悔,不惜重金赎回。此联的双关语义是因为恰好适用于不同的言语域,因而不同的人可有不同的解释。于右任借用了对联的现实语域,才蒙过了和尚。

一些谜语的谜面也是利用偷换语域而形成的。如"喜上方楷",此成语义早已约定俗成,被广为了解。所以猜谜者很难摆脱其通常的言语域,而变换到其文字自指的语义场中,理解谜面的真正指涉意义。此谜面偷换了言语域,误导人们步入歧途(谜底是"声"字)。

2. 情景变异

有些语词指涉意义的确定与特定的情景相联系。在特定情景之下,其指涉义是明确的、一定的,并且形成习惯的运用模式。如有人向我们借留声机,他一定是要听音乐或跳舞;表示祝人健康,就说"给您祝寿"。如果有人故意剥离开当

---

① 朱玉婷. 古今楹联故事 [N]. 市场星报,2011-1-31.

时的情景，对言语义作偏离的运用，也可造成别致的言语效果。

（1）村里有位老人过九十九岁生日，村长前来祝贺。他高兴地说："老寿伯，衷心地祝贺您。我希望能给您庆祝百岁大寿。"老人很仔细地打量了村长一番，说："为什么不能呀？你身体好像很结实。"

（2）有人问邻居说："请你把唱机借给我一个晚上好吗？""当然可以，你要欣赏音乐吗？""不。"他答道，"今晚我要安安静静地睡一觉。"

例（1）中我们不得不为高寿老人的幽默感到惊讶，在当时的情景之下，村长话语意图是明确的，有约定意味。老人却故意无视情境，对村长话语的指涉意义作另外的解释，使其偏离了话语的能指意义。这种接收者对语义理解的偏离，不同于语义的消极实现，因为在此没有误解的可能，有的只是解读者的故意曲解，对言语效果而言，仍然是积极的。在此，接收者不再是被动的，已转为积极的表达者了。向人借东西是为使用，这在人们的头脑中已形成根深蒂固的联系，例（2）中那个邻人在惊愕之后恍然大悟。这其中有情景暗示：邻居、唱机、音乐，原来嫌邻居的唱机太吵了。但他的"请把唱机借给我一个晚上好吗"的话语潜在语义过于曲折，不容易被解读。

有些语词的意义对情景有强烈的依赖关系，脱离开现实情景，语义即是模糊的。两个熟人在公共汽车上争着买票，都说："我来，我有钱。"在此情景之中，"有钱"表明有零钱，有现钱。而在"旧社会，是有钱人的社会"这个句子中，"有钱"则指拥有相当财富和地位之意。"有钱"的意义是模糊的，依赖于情景来澄清。有一次，鲁迅对"有钱"作了别样的解释，也源于对情景的变异。

（3）鲁迅在厦门大学任教时，和同事们非常不满学校当局常常克扣教学经费的做法。一次，校长竟公然说："对于经费问题，你们没有发言权，学校是有钱人掏钱办的，只有有钱人才可以发言，在这个问题上应充分重视有钱人的意见。"他的话音刚落，鲁迅霍地站起来，从长衫里摸出两个银元，"啪"的一声拍在桌上，说："我有钱！我有发言权！"[①]

鲁迅显然对"有钱人"作了偏离的解释，办法是变异了校长的谈话情景，而

---

① 王政挺.中外诡智技巧集鉴[M].北京：东方出版社.1996.

另辟新径，显示超人的智慧和勇气。我们总觉得已深知语言，总是大胆地运用它，却不料其处处有陷阱。甲方跟乙方签了一份合同："甲方买乙方200头猪，杀完后付款。"可乙方等了几个月都收不到钱，原来甲方杀了199头猪后，剩一头迟迟不杀。这个简单的经济纠纷显然是由于甲方没有履行合同，但在他设计的情景里，又没有违约。有些别解辞格的产生也是因为情景变异。"听说新中国成立前的贵阳，只有几条又窄又小的街道，老百姓称它天晴是'洋灰路'、下雨是'水泥路'……"这句话里，"洋灰"和"水泥"意义偏离了规约含义，启用了其字面意义，语义发生偏离。"新中国成立前""窄""小"这些词构成的情境起了暗示作用。

3. 事理变异

言语是对客观世界及其关系的表现，因而，事理逻辑在语义实现中起着重要的制约作用。有些语词的变异使用最终取决于对事理逻辑的变异。例如：

（1）我把吃进眼里的景物慢慢往外吐，又看到窗玻璃，一只苍蝇在玻璃上吐着唾沫刷翅膀。[1]

（2）白发三千丈，缘愁似个长。[2]

（3）三间破草房是在院子的西南角上，这房子它单独的跑得那么远，孤零零的，毛头毛脚的，歪歪斜斜地站在那里。[3]

例（1）中的"吃""吐"显然运用的不是其抽象语义，在句中两词的意义发生了变化，变成什么意思了呢？只能向事理逻辑去寻找答案。"把景物吃进眼里又吐出来"显然在事理面前是荒诞的、不可解的。解读者只有回到现实逻辑中来，用现实逻辑去框定"吃""吐"的言语意义，"吃"的"看"之义、"吐"的"把目光从远处景物上收回"之义才能体现出来。如果解读者是合作的，会做出合乎逻辑的解读。例（2）中"白发三千丈"，显然，东北方言的话语模式研究也是违反事理的，解读者明显地只能接受极言其长的意义，对"三千丈"作模糊的解读。夸张辞格的形成即源于对事理逻辑的变异。例（3）把房子描写得像人一样，也是违反事理的。在该语境之中，读者能够想象出那三间破草房子的样子以及作

---

[1] 莫言. 爆炸 [J]. 人民文学 .1985（12）.
[2] 出自李白《秋浦歌十七首·十五》.
[3] 萧红. 呼兰河传 [M]. 香港：星岛日报 .1940.

者独特的心理感受。这一类语义偏离的实现源于对事理逻辑的人为变异，使语词产生令人耳目一新、充满活力的新义，并有特殊审美意味。语义偏离的可解读性在于该偏离不是任意的，一方面因为其抽象语义层提供了潜在条件，另一方面因为语境及文化等因素提供了某种暗示或联想制约。否则，即是无效偏离。

当然，引起语义偏离实现的因素很多，还有文化、心理等因素，语义偏离的产生也可能是由于多个因素同时变异而成的。

简而言之，语义偏离即说者或听者对语言规约性的人为冲撞违反了合作原则，便产生了格赖斯所说的特殊会话含义。会话含义是修辞学研究的重要课题，也是语用学讨论的中心问题。

根据语言意义到言语意义的实现途径，语义的积极实现分为常规实现和偏离实现。语义的常规实现使语言保持了相对稳定、平衡的整体状态，保持了语言符号与现实世界的依存关系，也表现出个体运用的灵活性和生动性，并且使语言系统体现出个体渐变的特征。正如丁金国所言："个体渐变，是指在历史发展的某一时期内，具体语言社群中的某一成员在语言运用中所表现出来的个别偏移现象，这种偶然的个别的偏移现象，有的可能被言语社群所接受，有的则可能受到语言社群的抵制。那些为特定语言社群所接受的偏移现象，在语言发展过程中就成为某一特定语言的成员而存在，这种变化就叫作个体渐变。"[①]

语义偏离是语言系统新陈代谢的原动力。一方面产生了一些别致、生动的辞格，如比喻、借代、双关、别解、仿拟、拈连、移就、夸张、易色、转类等；另一方面使语言原有的平衡被打破，引起词语义位的减少或增加，使词语意义发生变化，同一语言的古今差别，就是这种由个体渐变到总体系统变化的结果。

第四节　潜在语义

语境语义的实现似乎已经表明语言意义在交际领域得到了完全实现，事实却远非如此。《周易》中就有"书不尽言，言不尽意"的说法，其实这是一种慨叹，

[①] 丁金国．语言学基础 [M]．哈尔滨：黑龙江教育出版社，1990..

反映了古人对语义实现的反思。汉语中的"言外之意""弦外之音""词不达意""此时无声胜有声"等词语包含了一种这样的诘问：话语是否总能准确地反映说话者的话语意图呢？我们把依托在语境语义上的话语意图概述为"潜在语义"。

对说话人潜在语义的准确把握和理解标志着言语交际的最终完成，是语义的完全实现。虽然话语意图的理解要以语境意义为基础，但二者之间的关系并不是绝对一致的。接收者对潜在语义理解的好坏取决于潜在语境信息拥有量的多寡。比如"It's hot in here！"这句话的话语意义是不难理解的，即指屋里热这一事实，但这并不意味着我们一定能理解其言外之意。它既可表示赞扬，也可表示责备；既可表示请求，也可表示命令。对非本族语者来说，准确理解说话人话语的潜在语义往往比理解话语意义本身要困难得多，特别是在缺乏足够的对象国语言文化背景知识的情况下，情形更是如此。

因而，潜在语义是语义实现的最高层次，它是对话者本次交际意图最根本、最直接的诠释。交际中对潜在语义的把握不是很容易。大多数时候，潜在语义与显语境语义是一致的，因而听读者可以依据语境去把握说写者的话语意图。但在有些交际活动中，由于受各种因素影响，人们并不总是直截了当地说出自己的意图，表达的意思往往超出话语本身的字面意义，甚至截然相反。俞东明先生曾在他的一篇文章中谈到一个例子，一个英国语言学家在某次会议上谈论一位未出席的学者时说："Her work has become very popular."大多数与会者把谈论的语义理解为赞赏。但一些了解这位英国语言学家的人知道他对那个学者的评价一直不怎么样，因此准确地把 popular 这个词理解为 non-academic，准确地理解了说话人的潜在语义，对潜在语义的理解取决于交际双方共有信息的多寡。双方共有的背景信息越多，双方间的语境盲点越少，对潜在语义的理解和把握越准确。

影响潜在语义表达的因素很多。首先受该民族人的思维习惯的影响。西方人直率，话语意图与言语语义一致性的程度就高；东方人含蓄、委婉，话语意图与言语语义一致性的程度就低。

通常西方人要请你吃饭，他一定主动定好时间、地点，你可以直接去；可当一个中国人说："明天请你吃饭。"你一定要三思：他是简单的客气，还是确有诚意。这是由语言习惯、文化习惯造成的。

潜在语义表述的显、隐，还和表达者的心态有关，比如，对事态没有把握、不好意思等等。影响潜在语义表达的另一个原因是可能在场的其他人（徐盛桓，1991），"可能在场的其他人"即"第三方"。在言语交际过程中，兼顾第三方是明智甚至是必要的，起码体现为礼貌原则或一种语言修养。言语事实中的婉曲、双关等都有言在此意在彼的效果。对第三者隐性评价的期待是表达者掩饰话语意图的主要原因。有时第三者是确切的，即在现场；有时第三者是不确切的，即不在现场。言语表达者习惯上顾及身份、面子、可能的影响等问题，使话语意图委婉、含蓄，甚至极其隐蔽，既达到交际目的，又迷惑了第三者。

例如，《红楼梦》第30回写道：

林黛玉听见宝玉奚落宝钗，心中着实得意……便改口笑道："宝姐姐，你听了两出什么戏？"宝钗因见黛玉面上有得意之态，一定是听了宝玉方才奚落之言，遂了他的心愿，忽又见问他这话，便笑道："我看的是李逵骂了宋江，后来又赔不是。"宝玉便笑道："姐姐通今博古，色色都知道，怎么连这一出戏的名字也不知道，就说了这么一串子，这叫《负荆请罪》。"宝钗笑道："原来这叫《负荆请罪》！你们通今博古，才知道'负荆请罪'，我不知道什么是'负荆请罪'！"

这一段貌似平常的对话充满了火药味儿，众人听了莫名其妙，只有"宝玉黛玉二人心里有病，听了这话早把脸羞红了"。宝钗素来以宽厚仁忍著称，况有众人在场，面对宝玉的奚落虽然大怒却无法发作。恰逢黛玉面带得意之色的问话，宝钗借题反击，虽表面上风平浪静，实际却谈锋锐利。因为此前宝玉曾和黛玉发生摩擦，宝玉刚把黛玉哄好。宝钗借着说戏，暗涉此事。言语形式与显、潜两个语境观照得天衣无缝，使潜在语义表露得恰到好处，当解者解矣，当迷者迷矣。表现了高度的语言运用技巧。

有的时候，潜在语义由于过于含蓄或其他原因，不被听话人理解，话语意图就会失落。如：

郭子孝一进门，看见黄金贵、王老板、唐会计、黄老三、巴特尔几个人正在商量着什么。他自己找个地方坐下了。

黄金贵看了看郭子孝说:"子孝,我们几个要核计点儿事儿。"意思叫他回避一下。没把自己当外人的郭子孝没有听出村长的意思,问:"还差谁没来了?用不用我再找去呀?"

为了支开郭子孝,黄金贵说:"那你去把我大哥找来吧。"(《圣水湖畔》)

郭子孝一心想要做村长黄金贵的左膀右臂,极力表现自己。黄金贵又很反感、瞧不起他,只是有时碍于情面,或者为了偶尔利用他而不能直露心意。在这种情况下,对黄金贵的排斥性话语,郭子孝就听不出来,还把自己当成村长的得力助手,主动请求工作。黄金贵的话语意图在郭子孝那里彻底失落了。但本质上,这种潜在语义也是给第三者解读的,因而讽刺意味就更大。

一般而言,潜在语义与语境语义是不能截然分开的,准确理解了语境语义,就能领会潜在语义,领会言说者的话语意图。由于语境是一个无限密集的集合空间,如果交际双方在此有至关重要的盲点,就可能导致潜在语义失落,影响话语意义的完全实现。

基于以上的讨论,我们认识到,会话含义的产生是一个动态、连续的过程:说写者根据自己的主观意图,视具体的交际语境,精心选择词语、句段,完成自己的交际过程。从语言这个角度而言,词语或句段进入交际过程,借助语境实现其潜在意图,这是一个开启、选择、优化的过程,这个过程可以过滤掉一切可能的歧义。这样一个复杂的层积状态的语义的开启、激活过程,即是会话含义的实现过程。语义的激活、启动和最终实现虽然困难重重,但语言机制表现了无与伦比的从容和坦然,它总是近乎完美地完成自己的使命。人类文化哲学家恩斯特·卡西尔在《语言与神话》中说:"语言的精神深度和力量惊人地表现在这个事实中:言语本身为它超越自身这最终的一步铺平了道路。"①

也诚如格赖斯所言,话语的生成和理解之间存有一种能使话语连贯下去的"默契",他把这种"默契"称为"合作原则"。按照我们的理解,合作原则是指,人们愿意站在尽可能相同的生命空间和文化背景之下来运用语言,这样,彼此才有可能理解话语的真正含义,甚至言下之意、弦外之音。因此,对具体言语社团的亚文化解读、对言语模式和策略的针对性研究就显得尤为迫切和必要。

---

① 恩斯特·卡西尔.语言与神话[M].于晓,译.北京:生活·读书·新知三联书店,1988.

第八章　东北民歌方言艺术

第一节　东北方言历史发展

　　东北方言是北方方言的一个分支，是构成普通话的主要基础语言，东北三省面积78.73万平方公里，人口2022年统计为9643.69万人，东北方言是东北三省的官话，有着广大的群众基础，千百年来人们一直说着东北话。"东北方言形象、幽默，极具亲和力，充满了张力和情趣。幽默的东北话所具有的极强的形象性，使得它走出了地域的限制。"东北方言包括的地区是东北三省，不包括辽宁丹东和大连，还有内蒙古东部、河北东部、天津和北京。东北在古代称作幽州，《周礼·职方》中有"东北曰幽州，其山镇曰医无闾"，东北方言是先秦幽州语的延续，连接东北的辽西走廊是东北方言的核心区域。这一地区经济发展相对缓慢，保护了当地的民俗文化，也保护了当地的语言的原生状态。从辽到近现代，随着政权的更迭、人口的流动，东北话经过发展和融合，逐渐地演变成北京方言的主要来源，慢慢地形成了东北话。现今所说的东北方言，主要指的是狭义的"黑吉辽"三省流行的本土语言，和北京话又有一定的区别。在读音上和北京话也有明显的不同，东北方言没有入声字。东北方言中，有相当一部分的字的发音与普通话的发音是不同的，"其中，有一部分，能在古代语音中找到依据；有一部分，符合通语和方言的音变规律；有一部分，与其他方言的读音相通。没有任何理据的方言读音，基本不存在"。东北方言分三大块，一是黑龙江、吉林地区本地人讲的臭糜子味儿，二是沈阳地区本地人讲的苣荬菜味儿，三是并非纯正的滦县、滦南、乐亭、昌黎话的老奤味儿，本书所选的发音是"臭糜子味儿"的东北言话，因为全东北乃至全中国的人都能听懂，语音和黑龙江话发音极其接近，比较接近普通话。

第二节　东北民歌方言艺术概述

在广袤的黑土地上，人们随时随地唱着东北民歌，添丁进口要唱，婚丧嫁娶也唱，节庆之日也唱。东北民歌更多地存在于二人转的小帽之中，东北二人转是东北民歌的宝库，蕴藏着丰富的东北方言，亦可说是东北方言的活化石，可以说二人转就是东北民歌的根，就是东北民歌的魂。二人转的小帽，抑或称之为民间小曲，在流传的过程中，不断地和外来的艺术形式相融合，不断地丰富和发展，最终形成了被广大人民群众认可，乐于观看、乐于演唱的艺术。二人转具有鲜明的艺术特点，其中之一就是"女追男的爱情故事"。所以说民歌也好，戏曲也罢，无非就是"情和爱，花为媒，千里万里，梦相随"。爱情离开了人，离开了男和女，再好的旋律也不会有人喜欢，因为那没有"我"的影子在里面，就不会产生共鸣，不会被人所接受，所以说东北民歌离不开二人转的滋养，也就是说，东北民歌在演唱的时候也要有"演"的成分，并且有人物的跳进和跳出，还要转换得很快。既然说东北民歌离不开二人转，从东北民歌男女对唱的形式里边也很容易发现二人转的影子。

第九章　东北方言的文化艺术价值及发展

第一节　热力不减的东北方言艺术

随着赵本山、范伟等人的影视剧和小品的热播，东北方言传遍了大江南北，东北话也成为一种比较时髦的流行语。一些出镜比较频繁的东北话还走进了普通话的行列，比如，"忽悠"一词就因为在春节联欢晚会上频频露脸，使得无论大人还是小孩，无论是东北人还是南方人，都能比较准确地恰当地运用"忽悠"，而且有很多人常常用东北话来调侃获得一种轻松快乐的感觉。为什么东北影视剧和东北方言受到如此的青睐和热捧呢？原因是多方面的。除了表演、创作以及东北民间艺术特色之外，其中一个不能被忽视的重要因素就是东北方言贴近普通话和其自身所具有的独特的语言艺术。可以说，如果没有东北方言，东北的影视剧、小品等也就不会有这么大的艺术感染力和这么高的收视率。本章从语言要素本身出发，着力探讨了东北方言的艺术魅力，并且进一步提出要正确规范地使用东北方言，这样才能更好地丰富我们的语言生活，提高语言表达的效果和张力。

一、贴近普通话的优势

东北方言之所以能够红遍大江南北，有的词语甚至成为社会流行语，其最主要的原因就是东北方言非常贴近普通话，突破了语言交际的障碍。众所周知，普通话是以北京语音为标准音，以北方话为基础方言的。东北方言是北方方言的一个分支，在语音、词汇以及语法等方面都非常接近普通话，东北方言在语音上与普通话比较接近，东北人的说话腔调也接近普通话，这成为东北方言被广泛接受的一个突出的优势。试想，如果东北方言像南方方言那样与普通话距离较大尤其是语音方面，那么就不可能出现"东北方言热"这一现象。经研究发现，东北方言的语法系统和现代汉语普通话的语法系统差别也不大，使得其他方言区的人大体上能够听明白东北话，可以说从语言体系上来看，东北方言就是略欠标准的普通话，这就为近些年来东北方言在全国范围内广泛传播提供了客观上的必要条件，同时加上赵本山、范伟等艺术家的表演和创作，通过东北二人转、小品和影视作品等艺术形式将东北方言带上了一个新的艺术高度，使得东北方言插上了艺术的翅膀，飞进了千家万户。

二、东北方言的词汇魅力

词汇是语言中最活跃最富表现力的要素，可以说，词汇的面貌是语言发展状况最直接最显著的表现，作为语言的分支方言也是这样。东北方言作为汉语北方方言之一，之所以具有独特的艺术特色和非凡的表现力，是与东北方言中的词汇艺术息息相关的。东北方言除了因为贴近普通话而广受青睐外，其词汇方面的特色也为其增添了无穷的魅力。

在词汇方面，东北方言突出的表现就是词语的附加色彩特别浓厚，无论是形象色彩还是感情色彩都比较突出。东北方言表情达意也好叙事说理也好，很少使用抽象、笼统的字眼儿，而经常采用日常生活中那些具体的、可以触摸的形象来表达。因此不但语义明朗而且使人受到感染，特别是一些习惯语，非常生动形象。例如，"瘪茄子"这个词就非常富有表现力，在方言词典中，"瘪茄子"解释为：茄子因被霜打或日晒而呈现出来的蔫巴状，引申为变得老实、蔫巴了。例如，刘爱富这回可瘪茄子了，连声答应着，畏畏缩缩地出了院儿。[①]用人们熟悉的具体可感的"瘪茄子"来形容人老实、蔫巴了的样子，形象生动。其次，东北方言词汇还有一个比较突出的特点就是一字多义现象特别明显。这种现象引起了非东北方言区的人的兴趣，觉得这些使用频率相当高的词非常有张力，鲜活有趣。东北方言中的一些动词往往有多个意义，并且都是在口头语言中运用，如"整""造""扯"等，它们的词汇意义复杂丰富，并且具有很强的口语色彩和夸张意味，往往都带

---

① 徐明和. 代理队长 [J]. 辽宁文艺, 1975(6): 6-10.

有说话人的主观评价，王凤兰曾经就"整"这个词写了一篇文章系统地探讨了"整"的用法。东北方言词汇还具备浓郁的乡土气息，贴近老百姓的生活，于平凡普通中折射出东北人的热情和智慧。

三、东北方言的语音艺术

在语音方面，东北方言特别注意使用押韵、叠音方式，也利用东北方言中的一些方音土调，创造了独特的表达效果，悦耳又幽默。在2001年春节小品《卖拐》中，有这样一句话："脑袋大脖子粗不是大款就是伙夫"，此句中利用"粗"和"夫"同是姑苏辙而创造了押韵之美。再如2005年春晚《功夫》的开场白：

听说他不当厨师改防忽悠热线。

竟敢扬言再不上当受骗，

残酷的现实已直逼心理防线。

今年我要是不卖他点啥，

承诺了三年的话题没法跟他兑现了。

这段话中的韵脚"线、骗、现"非常和谐、非常押韵，从而产生了极强的韵律感。谢旭慧曾经探讨了喜剧小品的语言之美，她在文章中说："喜剧小品的音美一方面突出地表现为韵律美，即运用汉字特有的合辙押韵现象，创作大量的'上口段子'，在舞台时空中传播，形成回环往复、错落有致的音响效果。"[①] 其次，东北方言中有大量的象声词和叠音词，这些词语的使用使得语言有了声音效果，更增强了语言的表现力。如："那年我记得是七月份连雨天呐，那家伙从早上下，一直下到中午，哇哇的。"（《拜年》）再如，赵本山拍摄的《马大帅》中，"彪哥"经典语"杠杠的"一词。"杠杠的"其本意为硬物撞击声，形容硬度极大，在东北方言词典中的解释是表示朋友之间相处非常好，达到了一个极点。"这些方言词语的使用增强了作品的表现力，与普通话的词语共同使用融为一体，成为语言的花边儿，有锦上添花的语用效果。同时某些富有表现力、感染力和生命力的词语融进了民众的口语之中，丰富了汉语的词汇。"

---

① 谢旭慧. 喜剧小品语言幽默艺术[M]. 广州：暨南大学出版社，2009.

四、东北方言的修辞艺术

东北方言向来以幽默俏皮、简洁生动而著称,这主要是因为东北话的修辞艺术使然。要想获得良好的表达效果,必须积极调动语言三要素,对其进行必要的加工和调整,从而获得表达的艺术性和感染力。东北方言广泛地利用了各种修辞方法,获得了无穷的修辞魅力。综观东北方言,我们可以看到有的比喻形象,有的联想奇特,有的夸张惊人,充满了幽默感和生动性,风格色彩不一,各尽其妙。

东北方言的修辞艺术最突出的表现就是创设幽默感,尤其是在一些喜剧小品中,表演者创造了许多令人捧腹大笑的幽默表达,幽默情愫贯穿在喜剧小品语言表达的全过程之中。在由赵本山、高秀敏、范伟合作的《卖车》中,作品就使用了双饰辞格创设了幽默。所谓的"双饰",就是利用词的多义或者修辞义,使同一个词先后表达两种不同的意义。在小品中,赵本山问:"你们家的小狗为什么不生跳蚤?"范伟回答:"因为我家的小狗讲卫生。"高秀敏便裁判说:"错。因为狗只能生狗,生不出别的玩意来。"在这里作品就用"生"的两个不同含义创造了幽默的效果。东北方言的修辞艺术也表现在创造形象性特别强的表达。语言的形象性主要是指采用比喻、比拟等方式表达抽象的事物和思想感情,或者是把平常词语艺术化,使它产生不平常的艺术效果。形象性比较强的词语被东北人所钟爱,广泛地使用,为平常的话语增添了无穷的魅力和表现力。如形容一个人因受到外界刺激而非常恐惧时,东北方言就用"掉了魂""腿肚子转筋""吓傻了"等来表现,又如在《刘老根》中,丁香被刘老根辞退,丁香说:"老根把我撸下来了。"一个"撸"字既贴近乡土生活,又形象逼真,比"撤职"要好多了。东北方言善于利用比喻、比拟等修辞方式创设形象性特别强的表达,或者把平凡的词语不平凡化,使其出人意料、新颖别致。

第二节　东北方言文化艺术价值体现

我们从巴赫金的狂欢诗学研究中了解到,方言成为一条寻绎主体身份的线索,构成了多重主体的对话，并把流失的广场文化纳入影像的艺术规范中，使人们获得久违的话语狂欢。这种话语狂欢在某些艺术形式中表现得较为突出，使某些艺术形式具有独特的魅力与特色。

一、二人转艺术中的东北方言演绎

二人转史称小秧歌、双玩艺、蹦蹦，它根植于民间乡土文化，属于东北一种民间说唱艺术，边说边唱，且歌且舞，人物跳进跳出。二人转承载着多种艺术形式，可以称二人转为不全是戏曲的戏曲、不全是曲艺的曲艺、不全是歌舞的歌舞、不全是小品的小品。二人转是东北民间艺术中最具代表性的艺术形式，对于演员的表现手法，主要是"四功一绝"。"四功"即唱、说、做、舞；"一绝"指用手绢、扇子等道具做出的特技动作，俗称"绝活"。四功"唱"为首；"说"指说口，以插科打诨为主。二人转作为东北民间的一种说唱艺术，说与唱是二人转中重要的组成部分，语言在二人转中的地位就显得尤为突出，而东北方言的运用不仅使二人转具有显著的地域特色，又使二人转中的人物具有了鲜明的性格，说口更富有幽默感、诙谐感、亲切感。

1，表现二人转鲜明的人物性格

方言是一种民间口头语言，具有鲜明的地域特色，从某一个角度上讲，方言也是一种"异型"的艺术，在普通话中夹杂着一些方言，使人感到格外的新鲜、亲切有趣。然而二人转并不是将普通话和东北方言简单地相加，而是将其化入关东人的性格之中，成为表达思想、表现鲜明人物性格的外衣，寓鲜明的个性于绘声绘色、声情并茂之中，使观众听后有如临其境、如融其物、如见其人、如闻其声之感。

如陈功范的二人转《窗前月下》，大量地运用东北方言，表现出兄弟媳妇敞亮、直率的个性，大伯哥被误以为是自己弟弟的不好意思的心理活动。

女：玉钗我胳膊轻轻把他一拐，小才你立眉瞪眼发的什么呆？既然你不愿进屋咱就在院外，何必还假假咕咕站这世秋秸。说完我伸手把他胳膊拽。

男：我心里扑扑直跳像把兔子揣。有心要当着弟妹将我身份摆，大伯哥兄弟媳妇有多磨不开。我这里别别愣愣紧往一边败。

又如，隋程雁的拉场戏《有病治病》一对老夫妇的对话，老伴颇显泼辣、豪爽的人物性格，而老葛则忠厚老实，有点妻管严。

老伴：哎呀，你快走啊！咻。驾咻的咋一点不挺实呢？老葛哎，别看人熊货不囊，老实厚道也吃香，老实人不吃亏啊。

老伴：树叶掉下来都怕打脑袋的熊，敢惹祸吗？

老葛：这辈子也是让你给管萎（窝）能了。

老伴：黑瞎子伸巴掌，天生就是熊手！是我管的？

老葛：老实厚道人常在，光棍到头是非多，这几年种韭菜我也没少卖钱。

老伴：别又显你种那点韭菜啦！快点去割韭菜，上集去卖菜！

2. 体现二人转独特的语言情趣

东北二人转的特征不仅表现为诗意的思维、诗意的情调、诗意的结构，还表现为"诗化"的方言和土语。二人转的语言既有"诗化"意蕴，又有极强的接受性审美及"狂欢"气质。这使二人转具有独特的语言情趣，而这与东北方言和土语的运用是分不开的。

（1）"诗化"的合辙押韵

首先，我们所说的"诗化"意蕴并不是说二人转的语言像其他曲艺形式或传统经典的剧种那样曲高和寡，它那"诗化"的合辙押韵使人读起来或听起来朗朗上口并趣意横生，独有"诗化"意味儿，我们从很多二人转唱词或是剧本中找到很多合辙押韵片段，如陈功范的拉场戏《墙里墙外》中的嫂子和大乏一段对话，每句句末都是儿化，"跟前儿""卖呆儿""打单儿""撒欢儿""磕破一圈儿"，这些儿化的东北方言的运用，使人感觉亲切形象、朗朗上口，"诗化"的意味油然而生。

嫂子（唱）：繁星眨眼月牙弯儿。

大乏（唱）：夜风轻携柳树尖儿。

嫂子（唱）：二嫂大乏我贪黑巴火来到墙跟前儿，蹑悄的探头探脑往过卖呆儿。

嫂子（唱）：墙里是寡妇家——

大乏（唱）：墙外我耍光杆儿。

嫂乏（唱）：两边都空的捞地缺心又少肝儿。

嫂子（唱）：二嫂我自打守寡一直也没找伴儿。

大乏（唱）：大乏我苦熬干修没着着妇女的边。

嫂乏（唱）：好政策打开我心中的门两扇儿，多年的干巴树又冒那小牙尖儿。

大乏（唱）：好没秧的返老还童越活还越添彩儿。

嫂子（唱）：打爽我成价好乐不愿意再打单儿。一看见光棍大乏心里就打闪儿。

大乏（唱）：一瞅着寡妇二嫂我心里就撒欢儿。

二嫂（唱）：别看他憨的呼的说话好红脸儿，竟能够在我心中占个大地盘儿。

大乏（唱）：别看这墙里墙外隔的不太远儿，可我总咧咧钩钩不敢到跟前儿。

二嫂（唱）：怕只怕惹出是非两下都不够脸儿。

大乏（唱）：光屁股推碾子整不好得磕破一圈儿。

（2）极强的接受性审美及"狂欢"气质

"接受美学认为，文本要被阅读应受制于两个方面。一方面，为了被阅读，它就必须使得自己被理解，就必须根植于读者所熟悉的代码、框架、类型等，以增强其可解度。"把这种接受理论在语言的传播乃至二人转欣赏与接受性审美也适用。"二人转最初是大量运用各种戏曲、曲艺的书面语言，由于民间艺人的文化差异，他们往往用自己习惯的方言土语给予'异化'地改写，甚至'声腔也随方言变'，并且在宽广的语境和语区里自由传播，给语言以俗化和重新命名，成为可观可听的语言世界。"[①] 人们交流和沟通的第一要素当然是民间日常应用的方言和土语，这些让观众熟悉的方言和土语给二人转注入了鲜活的生命力，并给东北人一种语言情境的回归感。同时，二人转东北味十足的通俗唱腔是任何文化层次的人都能听得懂的，使东北人感觉亲切如话家常，就连外地人也感觉新鲜不费解。

而二人转语言情趣的"狂欢"气质突出表现在它幽默滑稽的说口上。二人转作为东北民间的说唱艺术，"说"与"唱"在二人转里是密不可分的，如果只唱不说，不算完整的二人转，"唱丑唱丑，全仗说口，若不说口，就算肚里没有"，可见"说口"在二人转中的地位尤为突出。二人转的说口，来自东北猫冬消磨长

[①] 耿瑛. 二人转经典唱本 [M]. 沈阳：春风文艺出版社，2012.

夜的娱乐形式，主要是"讲瞎话""打俏皮""扯闲嗑""插科打诨"，俗称"耍嘴皮子"。说口有时嘲讽、有时夸赞、有时讥骂、有时搞笑，给人以幽默、滑稽、诙谐之感，说着开心，听着过瘾，同时蕴藏着东北人直率、机趣、酣畅、丰富的美好情感，而这些林林总总如果用普通话或是书面语远远达不到以上效果，正是离普通老百姓最近的方言和土语的运用，才使"说口"魅力十足，彰显二人转的艺术感染力。

如陈功范《窗前月下》的一段说口，此段中嫂嫂和兄弟的说口，嫂嫂为了不让兄弟把养兔技术公开，劝说兄弟不要让兄弟对象牵着鼻子走，而兄弟则为了和对象处得和睦，跟嫂子的对话则是幽默诙谐中表态坚决。

［说口］

女：瞧！可惜你这男子汉，原先我瞅你挺不善，归其越长越回旋。

男：我咋的啦？

女：没过门就把媳妇惯，尽随人家手腕转，像块大白尊，一揹就稀面，不是嫂子嘴冷好揭短，你比你大哥还下厮烂！

男：那你说得咋办呢？

女：要我说就这么办，咱也别哄，也别劝，她黄就黄，散就散，掰就掰，断就断，这事嫂子有经验——跟老娘们儿可千万别发那份贱！

男：这叫啥话呢！人家那是感情达到那步了，她也板不住啦，我也憋不住了，所以就恋恋乎乎和和睦睦了，基本上到了六十度了，我生活里也就像加了味素了。

女：得了吧！就算你俩能处妥，玉钗有点太过火，这可是一家破财千家得，你没问她差啥这么扯？

男：问啦！那天我把玉钗问，没曾想让她好顿训。人家是由浅入深，长篇大论，用词得当，语言通顺，环环扣紧，层层递进，连怨带损，造得挺甚，本来你兄弟脸皮就嫩，整的我成价挂不住劲，不着她拽我底大襟，我真想顺着河坝往下奔——

女：要投河自尽？

男：哪儿啊，我寻思找个马蹄窝儿，吐点唾沫往那一口心！

女：还怪刚强的呢！

男：嗯哪！可后来我越听越上瘾，越听气越顺，越听越精神，越听越兴奋，一直听到月亮落，我还眼珠子湛亮一点不困！

女：让人家迷住了！

男：嗯！所以我就啥也不顾了，要耍绝招帮大伙致富了，这事是你也拦不了，我哥也挡不住了，你俩也就得蛤蟆生气干鼓肚了！

大量东北方言、俏皮话、歇后语的运用使整个说口诙谐幽默、搞笑滑稽、趣味横生。

二、小品、影视剧中的东北方言文化艺术价值

近些年来，作为视听艺术的东北小品、影视剧的热播可谓是席卷全国，俘虏了众多观众的心，其中东北小品已成为央视春晚少不了的一道当家大菜，使得传统国粹和其他艺术形式在赢得观众上都望其项背。作为社会转型期的一种文化现象，在大时代的背景下能够跨越区域文化的空间阻隔，赢得天南海北不同阶层群体的喜爱，能在多种传统艺术形式中争奇斗艳，原因是多方面的，除了表演、创作之外，其中一个重要因素就是东北方言的使用。东北方言不仅在很大程度上成就了其吸引力，同时彰显出黑土地的地域特色、文化底蕴与幽默俏皮、热情洋溢的生态。以下我们从三个方面进行举例阐述：

1. 艺术真实与生活真实的高度统一

作为东北民间艺术与地域文化载体的东北方言，具有形象生动、真实质朴、感情色彩浓厚、丰富性、表现力、亲和力强等语言艺术特色，它的乡土气息给人一种回归自然的原始美感，极大地缩短了观众与作品的距离，看小品、电视剧犹如话家常。著名剧作家、国家一级编剧何庆魁在吉林艺术学院学术交流讲座中谈到：所谓"真实"，是指对观众的真诚，对真善美的追求；"生活"则是指作品要贴近生活，贴近时代，贴近观众。艺术作品的真实性与生活的真实性的高度统一打动了每一位观众。

例如，

赵本山、宋丹丹小品《策划》：

"儿媳妇啊，整俩硬菜，家里来客儿啦！"

电视剧《刘老根》：

"李哥，你咋整的，咋还干拉（在没有菜的情况下自斟自饮）上了你？"

电视剧《乡村爱情》第2集：

"刘英，你真完犊子（没有出息），你就不会一哭二闹三上吊啊？"

2. 打造浓厚的幽默气氛与喜剧效果

近年来看到的东北小品和电视剧给我们印象最深的就是幽默、逗乐，春晚的舞台上东北小品已经连续多年是压轴节目，当我们被演员幽默的语言、夸张的神态和动作逗得捧腹大笑时是否想过，这些笑声应归于东北方言的幽默诙谐风趣的语言艺术特色及特殊的表现力。

例如，

赵本山、高秀敏小品《拜年》：

赵本山："瞎么杵子上南极——根本找不着北，脑血栓练下叉——根本劈不开腿，大马猴穿旗袍——根本就看不出美，你让潘长江去吻郑海霞——根本就够不着嘴。"

赵本山、宋小宝、赵海燕小品《相亲》：

宋小宝："别瞎问，我是男的！你说你们这几个人儿，谁逮谁问，谁逮谁问，这几个小老太太一天把我问裳里了都，把我问得我各个都不道各个咋回事儿了，这一天天的，现在上厕所我都不知道蹲着好还是站着好了。"

赵本山、小沈阳小品《不差钱》：

小沈阳："这是按我们苏格兰风格包装的，再说了，这也不是裙子，这是七分裤，没看这有腿的吗？你看，妈呀，着急穿跑偏了，哎呀妈呀，我说走路怎么没裆呢？！"

3. 人物形象个性化、丰满化，作品特色化

语言是思想的外衣，小品和电视剧通过演员的语言、动作、神态来表现人物形象及整个作品，语言成为小品和电视剧重要的组成元素，富有鲜明地域特色、浓厚感情色彩。表意极大的丰富性的东北方言运用于小品和电视剧当中，使人物

形象个性突出、更加丰满，作品也与众不同。

例如，

赵本山、小沈阳小品《不差钱》：

赵本山：你们这急头白脸地吃一顿多少钱？

小沈阳：吃饭咋还吃急眼了呢？

"急头白脸"指由于不冷静，心里不痛快或者不满所表现出的言语尖刻、脸色难看等不愉快的表情。赵本山用"急头白脸"来形容最大程度地吃贵的、吃好的、吃饱的，来表现小品中的人物要面子但又不想花太多钱的心理活动及个性化的人物形象。

赵本山、黄小娟小品《相亲》：

赵本山："我儿子净整这隔路事儿，让我这当爹的替他相媳妇儿，现在都啥年代了，我这当老人的还掺和啥劲儿。不来吧，他就跟我来气儿，那孩子哪点都好，就是有点驴脾气儿，这也不怪他，我也这味儿！"

如果把其中的"隔路"和"掺和"换成普通话"新鲜""干预"，虽然意思相同，但是"隔路"更有与众不同或是古怪的意思，"掺和"更有自身否定的意思，使用东北方言后的艺术效果更加突出，作品更加特色化。

方言是历史与空间的产物，东北人在这块广袤的黑土地经过历史的沉淀、民族的融合、地理的阻隔，在广阔的空间里自由组合、释放情感，逐渐形成了形象生动、幽默风趣、直白夸张、感情色彩浓厚、丰富性和表现力、亲和力强等特点的东北方言。语言的个性即艺术的个性，东北方言以其独特的审美魅力使东北民间艺术别具一格，具有鲜明的地域特色。随着东北方言与东北民间艺术的不断传播和发展，文艺百花园中的这朵奇葩将经久不息！

三、塑造了生动的人物形象

东北话与普通话的发音形式和方法相类似，东北方言使普通话通过变调的形式表现出来，不但给观众生动的理解，而且使人觉得新鲜合理，以此来使人物形象更加丰满、人物性格更加突出，或纯朴憨厚，或豪放不羁，将细致的人物性格表现得淋漓尽致，接近社会生活的人物原型。《乡村爱情》主要讲述发生在东北新农村的日常生活，该剧中最大的语言特色是全剧均采用铁岭地区的东北方言，使人物性格和形象富有个性和感染力。如长贵和刘能为保护谢大脚时的一段情景，长贵、刘能的经典对话，长贵说"消停对你有好处"，刘能说"靠边站是你唯一的出路"，长贵说"任务艰巨啊！"刘能说"决不含糊"。这段情景对话中，使用东北方言将两个人独特的性格直接表现出来，观众可以看出长贵对谢大脚的爱慕之情，也可以看出刘能爱耍小聪明、做事圆滑的性格特点，几句简单的对话，不但给人们带来了极大的幽默感，而且使观众看待事情的视角更加开阔。

四、艺术真实与生活真实相统一

东北方言幽默诙谐，真实感极强，语言直白泼辣。东北方言正确运用自己生动形象的方言土语，凸显乡土气息，深入挖掘日常生活中的口语，亲切自然，地方特色浓郁。这种具有浓厚乡土气息的东北方言，拉近观众与艺术作品间的距离，加强艺术作品的真实性。因此，在进行艺术作品创作时，必须要遵循几点原则。第一，将作品的真实性与艺术性高度结合起来，将东北方言中幽默的话语与当代艺术各种形式进行有机结合；第二，运用东北方言进行口语和对话活动。当今东北方言小品的创作作品不计其数，喜剧小品中佼佼者仍是赵本山老师。"哎呀妈呀""爱咋咋地""我的天儿呀"等，这些直白辛辣、诙谐幽默的东北话，使舞台气氛更加和谐热烈，表现了东北方言所代表的小品诙谐俏皮的艺术风格。

五、传播了地域文化

从原有的文学艺术作品的分析和研究来看，人物的语言表达不仅可以窥视文化价值选题背景下的地域特色和文化历史特点，还可以表现作者创作的动机。东北方言的艺术表现作品融合了我国各地方独具特色的方言形式，将幽默感和地域文化有机结合在一起，因此，很多人对东北话的理解和掌握还是较容易和全面的。在一定程度上削弱了人们在了解东北方言时出现的多重障碍，为东北方言的地域文化传播奠定了良好的基础。在阅读东北方言时，可以直接体会东北地区独特的风土人情，蕴含着深层次的文化意义和价值，凸显东北文化浓郁的幽默感以及独特的风俗习惯，极具感染力和亲和力。这些存在于东北地区山野乡村、风俗习惯中的东北方言，弘扬了独具特色的地域文化，推动了东北方言的历史前进过程和迅速发展，促进了南北方之间的文化交流和融合。

第三节　东北方言与民间艺术

东北二人转唱腔音乐有着浓厚的东北地方特色，二人转的唱词和东北方言体系以及东北的民风文化紧密相连。直白豪放、形象生动的东北方言成就了二人转唱词的核心，同时，东北方言缺少押韵，有很多田间地头的白话，用这种语言体系构筑民间艺术表演形式，自然是通俗与娱乐性十足。东北方言词汇量极其丰富，这也让二人转的念白表现形式多种多样，且富含情感和戏剧张力。这些唱词背后是东北历经沧桑的变化，反映出的是历史经济和人文的岁月变迁。东北二人转的前身是东北民歌小调，小调是田间艺术，反映内容广泛，具有极强的叙事色彩，长短不一，演绎下来便能构筑出一个完整的故事，这也是二人转故事性和诙谐性的由来。可以把二人转看作讲故事的戏曲节目，比方说传统的剧目《西厢》《蓝桥》等都是叙事性的戏曲节目。这些故事在其他表演艺术形式中也有所演绎，但是二人转唱词的句法构式却别有韵味，并用其语言的通俗性和幽默性将戏曲的张力放大。唱腔音乐词汇与东北方言唱腔音韵有密切的联系。虽然语言和音乐是不同的学科类别，但是两者也是相辅相成的关系。艺人们常说，"字随腔行，腔随字转"，就是对唱词与音乐曲调的辩证关系作出的总结，二人转唱腔的音乐语汇，必然是从东北生活化民间语言中提取出来的。

一、二人转唱词的通俗性

（一）二人转中的俗与随意

随着东北军团在春晚的火爆，二人转的表演艺术形式被大江南北所熟知，而二人转也成了大俗文化的象征。事实上，很多民间戏曲艺术形式都很俗，这是因为这些戏曲大多起源于农村，主要是农民忙完农活取乐所用，农民喜爱下里巴人，自然这些戏曲就难以走上高雅的发展路线，二人转正是大俗戏曲中的代表。东北地区气候寒冷，民风粗犷直接，所孕育出的二人转俗也是俗中的基本。事实上，俗并不能完全被当作鄙夷的对象，正像美丑善恶在现实生活中分分明明，但到了戏曲中经过艺术加工后就会呈现出别样的氛围。通俗性是二人转的本质属性，没有了这个俗，二人转就失去了存在的根基，没有俗的二人转就不叫二人转了。二人转的通俗与东北的文化历史有着很大的关联，二人转是农民辛苦之后苦中作乐的结果，渗透着民间智慧和幽默韵味。历史上，艺人地位低下，走街串村，往往采取乞食式的表演方式，为博众人眼球，常常卖傻卖乖。通俗性正是对此的集中体现。二人转的通俗渗透到了它的唱说舞演之中。二人转是典型的唱舞结合，表现故事内容的唱词是整个表演的核心部分。二人转的主要表现手段是化入化出，用声音来表现出戏曲张力和人物性格，为了配合说唱会加入一定的舞蹈成分，但有时为了烘托唱词的效果，舞蹈也可以舍弃。二人转将有限的表演形式贯穿在一起，最终形成一个完整的整体。东北民间的文化氛围决定了东北二人转的通俗属性，不管是内容还是表演形式，二人转始终离不开自田间地头萌发的乡土味。和脱胎于绅士阶级的阳春白雪大相径庭，就算不懂得二人转的基本表演形式，但是在观看的过程中也完全不会产生审美障碍。

东北二人转的唱词和东北方言的特殊关系决定了东北地方文化在二人转艺术中的深厚根基。和东北方言一样，东北二人转没有过度的修饰和矫揉造作，和老百姓距离紧密，没有隔阂。这种通俗性也沾染了东北人的直接和洒脱。东北地区远离中原核心文化地带，在严寒冷酷的环境培养出了人们大方直接的性格品质。东北人直来直去，从不拐弯抹角，这在二人转文化中也多有体现。东北二人转十分幽默，这是它最重要的特性，就算是表演中含有悲剧元素，也往往是通过比较喜剧的方式表现出来，这种幽默性广泛地存在于东北二人转的各处，不仅表演具有幽默性，唱词更加具有幽默性，二人转将东北方言的幽默洒脱表现得淋漓尽致。东北方言和其他地区语种比起来，语言更富有张力，对情感的表达也十分到位。

二人转唱词的产生，与东北大地的语言滋养密不可分。二人转之所以在东北被认可，尤其是在农民中广为流传，就是因为它的唱词通俗易懂、易记、易流传，而这种通俗易懂的根源则是东北方言在其中起到的作用，这在二人转《蓝桥》的唱词中就有所体现：

女：你可是河东魏奎元？

男：莫非你是蓝家女？

女：奴家正是瑞莲。

男：你不说我还没敢问。

合：今日见面我想起了从前。

女：咱两家从前处的好，东邻西舍多少年。

男：那咱你才十一二。

女：那咱你才十二三。

合：咱俩就是亲兄妹。

男：学走一块打连连。

女：仁兄你帮我。

男：我帮你挖过苣荬菜，贤妹你教我。

女：玩过九连环。

男：去河边一块烧过。

女：烧过野鸭蛋，住家玩我扮娇妻。

男：我扮夫男。

合：一年小二年大长了心眼儿，有多少贴心的话不能当面谈。

这段唱词中东北方言词汇使用得比较密集，"咱两家"就是指"我们两家"；"处"，交往、相处的意思。这一句唱的是我们两家从前关系相处得非常好，"那咱"指那个时候，"打连连"是常在一块玩，而之后的"苣荬菜""九连环""烧野鸭蛋""扮娇妻扮夫男"更是更多东北人儿时难得的回忆。所以这一段唱词中的"东北话"使用得可谓是淋漓尽致，让观众们一听就觉得是身边的人、身边的事，是过往经历的事。最后一句"长了心眼儿，贴心的话不能当面谈"，虽然话没道破，但结合上面的唱词观众们早已"心如明镜"。

又如《夫妻回门》：

说笑来的快呀

来到丈人儿门儿呀

七大姑八大姨儿

迎出了人一群儿

丈母娘接过外孙亲了一个嘴儿呀

看一看我的小外孙儿

肥头大耳有精神儿

高鼻梁儿双眼皮儿

不像他舅像他姨儿

这孩子活蹦乱跳好像个虎羔子儿

二人吃完饭呐

太阳偏了西儿

小两口收拾收拾要回家门儿

丈母娘留啊留也留不住哇

我们回去儿要开会儿

研究生产大问题儿

选种子儿买化肥儿

再买一台拖拉机儿

等社里放年假

我们两个再串门儿

对

我们两个再串门儿

这段唱词也体现出了很多生活劳动的场景。劳动的场景体现为"开会""研究""选种子，买化肥""再买一台拖拉机"，这些劳动场景的再现，也是一种对新年新生活的向往，极具时代气息，也是广大农民再熟悉不过的事情了。唱词中还有对生活场景的描写，如"来到丈人门""迎出了人一群""丈母娘接过外孙""小两口快收拾收拾要回家门""丈母娘留哇留哇也留不住",这些描写不但是生活的场景,同时也是情感的体现,让人听了之后又亲切又温暖。亲在生活中,暖在亲情里。当然也有对人物的描写,主要体现为小外孙的外貌特点。东北方言在其中的体现为生活化的语言描写,如儿化音的运用,使这段唱词唱起来有味儿,就是符合东北人的口味。

以上列举的例子就是东北方言在二人转唱词中的作用。听到如同看到,仿佛身临其境。都是自身和身边发生的事情,而这样的唱段如果换成普通话来演唱,变得书面化起来,观众们虽也可理解,但画面感、认同感不会如此深刻,会产生距离,失去原本乡土的气息。所以,二人转流传下来被大众认可,语言必然是其中的核心。东北二人转的音乐形式流传已久,表演形式丰富多样,由于以唱为主、舞蹈为辅,所以对唱功的要求较高,在我国民间曲艺中算是比较另类的存在。在二人转中唱功讲究"咬吐字",这也是二人转的基本功。在"咬吐走收"四个方面发挥得好,唱就能发挥出很高的实力。咬说的是唱念的力道,也就是说,表演的时候每个字都要咬上劲儿,每个字都要咬得干净有力。吐就是我们平常说的吐字清晰,要能把唱词吐出来,这讲究的是冲劲和爆发力。吐字重点在于唇齿舌的配合。走是运字的功夫,让每个字跟着自己的意念而行,张口就来,要字发出什么音就发出什么音,通过气息来维持声音的稳定,做到收放自如。收即使发音之后确保每个音收尾收得准确。声音要回归到气息上,不要憋在喉咙里发不出来。

(二)二人转中的幽默诙谐

二人转的幽默来自东北文化和东北方言中的特性。东北方言中的幽默属于典型的热幽默,热幽默和冷幽默的冷静和不动声色不同,根本不需要听众去思考话语中的幽默元素和逻辑关联性。热幽默的特点是动情的声色表演,通过表情和直白的语言直接达到搞笑的效果,也许听众不会觉得那么有趣,后劲儿也不足,但是被热幽默感染的人也会会心一笑。热幽默门槛较低,着重于人类情绪的直接沟通,少带隐形的讽刺。从思维的角度来看,热幽默不是很缜密,全凭感情冲动来支持,这种直白火辣的幽默方式正好和东北文化的性格相契合。有学者认为,东北文化中体现着一种苦中作乐的精神,因此东北人的生活离不开喜剧,他们在这样的文化氛围下自然而然就喜欢上了开心和逗乐，这也是二人转沾染幽默特性的重要原因之一。有学者认为，东北人凑在一块就能演绎出一部喜剧大戏，他们经常凑在一块扯闲篇，用一种寻开心和逗乐的自由精神来面对生活。这种唠嗑的喜剧效果在二人转中有所体现。东北人喜欢欢乐的氛围，通常表现在待人接物的日常生活活动里。在过去，东北人忙农活总有道不完说不尽的嬉笑怒骂，晚上和宴会上也能"整"出大量的瞎话和荤段子。东北的喜剧带有欢乐，带有戏谑，也带有性暗示。彰显了人欲对文化的渗透，东北文化少有对此的压抑，民间文化充分发挥这些来打发寂寞困苦的生活。爱热闹、爱逗笑是东北人共同的审美需求，也是满足生存需要的必需品。二人转荡人心神的音乐配合男女演员的狂舞与旦角勾魂的嗓音，"二人穿红着绿，高腔本嗓，狂歌劲舞，嬉笑怒骂，铺排渲染，大起大落，见棱见角，道着民间痛痒，其词质朴直白，虽妇孺亦能解；其音慷慨，血气为之动荡"，凡是看过二人转的人，对它的第一印象就是热闹、高兴，这是对二人转表演艺术最直观的评价。

二、二人转唱腔曲牌与唱词的紧密联系

只有掌握了这些调子，才能将二人转的表演内容完整地演绎出来。基本的曲调分为胡胡腔、喇叭牌子、吱儿调、文嗨嗨、武嗨嗨、快流水。在正式表演中无须那么一板一眼，往往会根据表演内容的不同酌情安排曲调的排序。基本曲调的相关介绍如下：第一，胡胡腔，这是二人转表演最开始的几句话，大多是对这个故事讲了什么内容、场景如何、人物有哪些进行简要的介绍，也就是所谓的开场音乐。由于这种曲调十分活泼，而且伴有大量舞蹈和唱词，又唱又跳对活跃舞台气氛十分有好处，从而起到将观众注意力吸引到台上的效果。第二，喇叭牌子，这是一种自古流传的曲调，往往是小帽音乐配合一段舞，加上激烈的胡胡腔。二人转是两个人的表演，全程两个人，持续时间长了，演员自然会感到乏力，这个时候喇叭牌子就起到了为演员争取休息时间的作用。这曲调有喇叭配合，或者还有伴唱，演员可以趁机休整一下，因为喇叭牌子功用性很强，所以又被称为大救驾。这是一个可以在适当时机插入的曲调，不一定要在胡胡腔的后面。第三，吱

儿调，它的表现形式和喇叭牌子差不多，所以缀在喇叭牌子后一点也不突兀。这种曲调分单双，两种曲调一般都是连在一起使用的。这个曲调的娱乐性很强，常常用来烘托剧目氛围，逗观众一笑。这个曲调视情况使用，在表演时往往会加上一些表演动作来稀释它的低俗性。第四，文嗨嗨，这个不一定要缀在之前的曲调后面，这是一种抒情唱词。和其他的曲调比起来，文嗨嗨的调头比较优雅，甚至脱离唱词使用。文嗨嗨主要写情，能够蕴含和表达的情感和内容很多。第五，武嗨嗨，除了开头和甩调外，曲调会随着唱词语气的变化而变化，曲调唱起来引人入胜。曲调适合表现激烈的情绪，烘托紧张气氛。甩腔要看准时机，甩得好能将表演气氛推升至高潮；甩得不好，很容易让表现显得死气沉沉。第六，快流水，这是一种快板曲调，它的节奏非常快。根据过去的曲牌安排，快流水都是在二人转表演的最后亮活。快流水在整个表演中所占比重一般较大，这主要是过去流传下来的本子快流水念词有时候多达几千句，就算放在如今，缩减后的快流水，也有几百句的念白。如果是唱大戏，快流水是很少使用的，之所以将它放在结尾的位置，是因为快流水多为念白，无法插入表演动作，因而显得有些僵硬。

除了基本曲调，还有配合基本曲调的副调。副调分为十三嗨和冯嘴枪。第一，十三嗨和胡胡腔相比，更加掷地有声、豪放粗犷。在曲调的结构和表演的风格上，十三嗨和胡胡腔的关系紧密，具有相似性，两者连起来使用不会让人感到突兀。第二，冯嘴枪，这是从胡胡腔的第三板中演变而来的，这种曲调十分逗趣，唱词轻松。在唱完胡胡腔后，表演者可能会出现乏力的问题，为此，有人会选择这种曲调来转接，适当地使用可增加表演效果。除了基本曲调和副调，还有一种是应用曲调。它和副调相差不大，对基本曲调具有辅助功能。这些曲调很多是从别的民间戏曲中借鉴过来的，但是在二人转长期的发展过程中，已经没有了本来的颜色。这种曲调类型较多，常见的有民歌调子、模仿大鼓调、悲调、喇叭调子等。第一，民歌调子，这是为了抒情和叙述人物内心情感而存在的调子，适合配合舞蹈表演，不管是在表演的开头还是结尾使用，都能获得较好的效果；第二，模仿大鼓调，这是模仿梅花大鼓形成的曲调，很美，唱起来也让人动容，而且唱词长短可以根据内容自由配置；第三，悲调，顾名思义，表述悲苦心情的调子；第四，喇叭调子，在表现形式上和喇叭牌子类似。

二人转唱腔"字随腔行""腔随字转"的辩证关系有如下几个方面。

（一）字随腔行的关系

二人转唱腔曲牌音乐，不管节目中的唱词内容是什么样的，唱词都和音乐搭配密切，词句配合唱腔定长短押韵。但二人转唱腔曲牌的"框架式"的包容性，说明它的音乐曲调并不是为哪个故事或哪个唱段专门设计的。在二人转婉转多变的唱词中能够看出它这种无所不包的特性。音乐与唱词有融洽的表现，且在词曲结合中先是"字随腔行"。

（二）腔随自转的关系

中国戏曲以曲伴奏，并非只有唱，而是说唱结合，唱法随着戏曲种类的不同，也有自己的特点。很多地方戏曲的唱都要配合自身方言的语言特点，曲艺艺人讲究依字行腔，根据汉字在语法中的音调，安排唱词唱法的升降。

构成"字调"的相对音高及其升降的实际情况是每个字的调值。唱词语言字调的"调值"一般都按着语音学记录字调变化的方法，及通用的"五度制标调法"。又将"调值"变化归纳成不同的类型，即"升、降、平、去"四种，统称为"调型"。还将语音中字调的类别叫作"调类"。

中国汉语中的语言极为丰富，北方语言字调的调值一般分为四声，南方分为五声。北方语言字调调值的四声，即阴平、阳平、上声、去声；南方语言字调调值的五声，即阴平、阳平、上声、去声和入声。北方语言因地区不同，其字调的调值也存在着差别。按着五度制标调法，拿沈阳语言和北京语言相比，也就是人们常说的沈阳话和北京话相比较，字调的调值存在着差异，其平、上、去、入四声的度数则是不同的。

在二人转唱腔曲牌音乐中，音乐语汇有着浓郁的东北地方语言音韵特点。一些乐音的音高和旋律，往往和唱词的字调调值结合得非常贴切。

（三）唱词内容的情感与唱腔曲牌功能和音乐情绪对号

二人转《蓝桥》是表述蓝瑞莲和魏公子追求美好的婚姻的悲剧故事。由王二乐、胡景岐演唱，周文谟记谱的版本中，由十一个曲牌组成，即"胡胡腔"、"大救驾"、"喇叭牌子"、"文咳咳"、"西口韵"、"四平调"、"文咳咳"套"武嗨嗨"、二流水"武嗨嗨"、二流水"喇叭牌子"、快板"喇叭牌子"（当时叫流水）。

开始的"胡胡腔"和"大救驾"以载歌载舞的唱腔音乐情绪和功能，介绍故事梗概；接着用"喇叭牌子"的动感音乐情绪功能，叙述了魏公子回家祭祀，无心观景，而唱词却描写了一路的风光景色；往下转用比较抒情的"文咳咳"叙述蓝瑞莲由婆母吩咐去挑水的一系列行动；随着故事的发展，用"武嗨嗨"进入大段的中心叙事和人物的对话；之后，用"西口韵"唱述蓝瑞莲的婆家住在何处，然后转唱古人传说典故；接着，话题转向蓝瑞莲的身世和如何嫁到周家，用"四平调"描述东北地区的民间婚礼习俗全过程；接着正面进入魏公子和蓝瑞莲的真实感情描述，用"武嗨嗨"的朴实音乐情绪叙述二人一见钟情表白，用"文咳咳"套"武嗨嗨"，叙述魏公子说服蓝瑞莲要勇敢接受他的求婚，情绪由慢到快，音乐版式从慢板、中板到快板，情绪激昂；版式继续用慢打快唱和快打慢唱描述二人定下私奔，结果天下大雨，河水暴涨；最后用二流水"喇叭牌子"和快板"喇叭牌子"动而急的音乐情绪，唱述蓝瑞莲赴约，见到一片洪水，桥被水淹，只见一件兰衫不见魏公子的惨情，故事在悲愤中结束。

三、二人转演唱的韵味

欣赏二人转表演的时候，不仅看演员们精湛的艺术技艺，还有那艺人一张口就知道有没有的韵味。这个"味儿"对了，就怎么听都好听、都舒服。在这韵味中，既有艺人们的好嗓子，又有对生活的体会、对情感的把握、对人物的理解、对语言的运用。

东北方言在体现二人转的韵味上发挥了极大的作用，它主要体现在两方面，首先是情感。说到韵味，感情是排在首位的，演唱不同的角色就要投入不同的感情。比如，《猪八戒拱地》，演员在演唱猪八戒这一角色时，就要先揣摩猪八戒这一人物的个性。猪八戒的人物形象在中国人心中早已根深蒂固。所以演唱得像不像，每个观众都有自己衡量的标准。这要求演员不但要把握人物形象，还要把人物内心的活动展现出来。用猪八戒的感情来演唱猪八戒，感情到位，以情带声，才会有韵味。除此之外，演员的发挥也是关键。那懒惰、胆小、好色的状态在演员的表现中体现得淋漓尽致。二人转表演艺术家盛喆说："要把二人转唱得有味儿，就要对人物和故事有了解。进入人物，并以人物的角色特点出发。唱孙悟空，你唱出来就要像从孙悟空嘴里唱出来的；唱猪八戒，就要像从猪八戒嘴里唱出来的。没有这两下子，唱出来都一样，那就没味儿了。"由此可见，这韵味是多么重要。

把韵味二字分开来看，"韵"名词有和谐悦耳的声音之意，形容词则有含蓄、情趣之意。"味"名词为舌头尝到东西所得到的感觉和鼻子闻到东西的感觉，这里指"有趣，意义"。合二为一就是指含蓄的意味、情趣的风味。二人转演唱的情趣则表现在演员的形态表情、字里行间。无韵则无趣，无味则不感。这二人转能把观众吸引得"宁舍一顿饭，不舍二人转"的地方，就在于这娓娓道来、句句动听、声声入耳、直抒胸臆的表达上。虽是"跳出跳入"的表演形式，但一听观众就知道唱的是谁，是谁在唱，看得明白，听得亲切，这其中韵味的奥秘难以言喻。

其次是修辞。东北方言词汇量极其丰富，一个意思能够找到几个词语，一个词语也能修饰好几个意思。东北方言词语的丰富在二人转中得到了极好的应用。二人转大量使用修辞策略，这样既能够使唱词显得丰富俏皮，又坚固了艺术性和文学色彩，在强化表演效果的同时让观众捧腹一笑。二人转使用的修辞手法主要有五种："比兴""夸张""排比""双关""迭韵"。

事实上，二人转采用的唱词修饰手法并非只有这几种，不过这几种比较常用。所谓比兴，指的是比喻，就是将剧中的人或物拿来作比，让他们的特性变得一目了然。而比兴中的兴字是用其他东西作为唱念的开头，作为引子引出要唱的内容。比如，《十八里相送》里有这样一段：

弟好比一朵鲜花招人爱，兄何不变个蜜蜂，采花来？说什么变个蜜蜂把花采，兄弟间这么比方不应该。

祝英台在这里以鲜花自比，就是为了吸引梁山伯的关注，并将自己的爱慕之情表达出来。苍白的描述难以让人动容，比喻可以增加文词的情趣，同时让表达的意思更为到位，让观众更容易消化唱词蕴含的内容。

你们家苍蝇饿得叮门框，耗子饿得啃泥墙。

这两句生动有趣，十分夸张，但恰如其分地表现出了牛老大家穷得叮当响。在表演中应用夸张可以对事物进行到位的描写，同时提升作品的趣味性。

排比是类似事物或相同语句的串联排列。比方说在《杨八姐游春》有这样的唱段：

你写上金镯银镯要八副，金簪银簪要八根，金柜银柜是要八对，那金砖银砖要它八斤沉。

排比提升了唱词的流畅度和文学性，不仅听之悦耳，还能把剧中人物的感情和性格烘托到位。

双关就是一词两意，比如，《十八里相送》里提到的"蝶"和"花"，这里指的就是梁山伯和祝英台。祝英台一直在梁山伯身边用语言暗示，但是梁山伯却始终没有看透祝英台的真心，这让祝英台感到十分沮丧。但即使如此，祝英台还是用双关的方法向梁山伯表达自己的爱慕情愫。双关的使用有效结合了人物内心活动的彰显和唱句的艺术性。

叠韵就是多个字之间的韵母是一样的，这个和押韵类似，不再赘述。

二人转以幽默多变的语言为人们带来民俗艺术的享受，在这之中，为了让语句变得更吸引人，修辞作用非常大。二人转采用的东北方言丰富多样，充分发挥了北方语言体系的韵味，同时也彰显了修辞内涵。将两者结合在一起，二人转语言的技巧性和戏剧张力都得到了提升，这也是二人转经久不衰的重要保障。

第四节　东北方言在当代的发展与演变

一、现代媒体与当代的流行语言

1994年中国的互联网正式进入国际网络的大家庭中，从1994年到今天为止，中国的互联网发生了三次大的转折，第一次是在1994年中国正式与国际互联网接轨的时候，第二次是在2001年中国互联网协会成立的时候，第三次是在2009年，社交网站开始活跃起来。在中国互联网正式进入人们生活的这25年，可以说中国的网络科技飞速发展，其中人类文明进程的加快也能够更好地体现人民生活质量和生活水平的提升要求。例如，社交网站开始活跃起来之后，人们喜欢在网络上交友、聊天，在这聊天的过程中，都在使用普通话，不管你是说粤语的广州人、说四川话的重庆人，还是说东北话的长春人，打字聊天时出现在电脑屏幕上的都是标准的普通话，这就导致了方言被使用得越来越少，这个现状对于方言来说是不利的，这也是互联网发展出现的弊端。当然，科技是把双刃剑，有弊端，也就有好的一方面，那就是网络流行词的盛行。网络流行词在我们日常生活中出现的频率逐渐变高，而这些网络流行词有的时候也会带有一些方言的成分。例如，前几年比较著名的东北方言"扎心了，老铁"主要是指哥们之间的义气，通过对这一个方言的分析及研究可以了解个人在社会生活实践之中比较触动的事件，存在一种比较悲观的情绪以及消极态度，这样一来，也是推动了方言的发展，不同地区的方言都出现在网络这个大环境下，也使得某些地区的方言被大家所熟知。

随着科技的进步、传媒的发展，各种新的媒体应运而生，网络媒体发展非常迅速，同时成为人们生活的重要组成部分，一旦出现各种社会热点，就会传遍大街小巷。例如，前段时间，某个农村题材的电视剧中的一句台词"她扒拉我"一夜之间火遍全网，其原因就是"扒拉"一词说起来顺口，感情性强，画面感油然而生。再说这个电视剧中的台词，演员在说这些台词的时候可以说是很少出现普通话，大多数说的都是东北话，单从语音语调上是很难听出是普通话的，甚至有很多台词在说出来的同时，字幕直接就呈现出普通话，因为很多方言是呈现不出某一个准确的汉字的。

以上体现了角色人物在演绎台词的过程中展现了东北方言的直接准确，东北方言的俏皮率真让人感到质朴，这是基于东北文化自身的幽默特质，其文化价值也蕴含其中。但是目前东北方言中出现了大量粗俗粗糙、不精确、信口胡说、随意性过强的情况，这种情况给语言规范化带来了不少的麻烦。

再说2019年火遍全中国的一首歌《野狼disco》，乍一看这歌名，没什么特别的，但是，细看其歌词内容，句句都是东北方言。歌手老舅是地地道道的东北人，他用 rap 的演唱方式，将东北的特色以东北话的形式展现在大家面前，这歌词不仅押韵，而且通俗易懂。例如，"干啥""整"这类的东北方言，再配上曲调，大家都觉得既好听又好玩，容易唱。除了歌词部分吸引人，这首歌的 MV 也完全展示了东北地区的特色，例如，大秧歌、大绿棒啤酒等，无一不体现了东北的文化特色。而这首歌中最有特色的不仅是东北话贯穿整首歌，中间还穿插了粤语部分，虽然后来出现了港星翻唱中间粤语部分，但还是有很多听众说好像东北味儿的粤语更有趣、更有味道一些。东北话和粤语的结合，也是文化的融合，这首歌也再一次把东北方言推到了更多人面前，使得更多的人喜欢东北方言，让更多人想要说东北方言。

在欣赏某种艺术时，我们每个人对其的喜爱可能都会出现腻了的情况，其实方言也是一样，我们生活在一个区域，每一天听的和说的都是同一种方言，如果身边来了一个说其他方言的人我们会很新奇。所以说，东北方言现在处在一个被其他地域的人好奇的一个地位，人们对东北方言有一种猎奇的心理。

二、东北城乡流动人口对于方言的现实影响

在我们生活中，我们不乏会听见身边出现方言土语的声音，然而这些声音大多来源于岁数大一些或者是身处乡村或是市级以下的地区的人口中。例如，回到农村老家，村里的人普遍接受教育的少，大家交流比较自然亲近，使用的多是方言，如果在村子里听到一句字正腔圆的普通话会觉得格格不入。再比如，我们在小区里散步，很多年龄大一些的爷爷奶奶们，聊天的时候也会时不时地蹦出几个我们听不懂的词，而这些我们听不懂的词语，便是方言土语，这样的方言现状我们仔细想一下，再过几十年，这一批老人的迁移或离世再加上当时国家对于农村"城市化"建设，越来越多的中国乡镇居民从农村地区走进了城市，来到城市中发展，这样，说方言的人就可能会变得越来越少。但是，由于社会发展的现状，人口是流动的，难免会有说东北方言的人到其他地区去发展，交流的过程中也会自然而然地流露出东北方言。因此，人员的转换使得民间文化一点点被"稀释"，但是不管怎样发展，方言还是会有人说，所以方言并不会消失。

三、普通话的普及与方言的现状

在人们日常生活的互动交流和传递信息过程中，最重要的是语言，国家的统一、民族的团结、社会的发展进步离不开这个民族共同语言的普及和发展，所以这个国家才会大力推行普通话。普通话是遍布全国的一种现代通用性地方语言，它的主要特征是以北方话的拼音汉字为其语音书写形式，并以其书写标准的拼读写法和声调为主的一种方言，以较为典范的中国现代汉语白话字和文学学术著作语法形式为其标准语法书写规范。在推进我国加快建设中国特色的现代社会主义体系的伟大光荣历史进程中，大力推广宣传、积极推广普及各国和地区乃至全国广大民众普遍认可通用的优质汉语普通话，有利于促进我国广大民众有效克服国际文化上的隔阂，促进国际社会交往，对于我国社会主义的国家经济、政治、文化等体系建设都具有十分重要的指导意义。随着当前我国深化改革和创新开放与中国特色社会主义市场经济的初步形成与基本建立，人类文明进程不断加快，普通话的推广备受关注，实质的标准以及要求越来越高。营造良好的少数民族性和传统特色的语言文化氛围，有利于有效促进少数民族商品贸易从业人员的就业率及商品的正常流通。公众越来越关注对普通话的使用，主动调整自身的社会行为，充分彰显普通话的重要作用，真正地实现活学活用。

普通话的广泛推广，符合国家以及民族发展的实质要求，对构建和谐社会、推进国家的稳定建设有非常关键的影响和作用。一个民族和国家、各个少数民族之间关系是否应具有统一、规范的国家文字和民族语言，是直接关系到整个国家的民主独立性和一个民族核心凝聚力的具有重大历史政治实践价值的事件。

现在，全国都在普及普通话，每个人都要会说普通话，由于许多工作性质上的原因，更要求考取普通话等级证书。再加上儿童在接受教育的同时就很少出现方言，所以现在越来越多的儿童根本不会说也听不懂民间语言。说的人少了，就会导致民间语言逐步被大家所遗忘。为了实现顺畅的交流以及沟通，普通话的学习非常关键。普通话的社会影响力较高，因此，在学习的过程之中需要进行进一步的界定，紧跟时代发展的要求，但是这一点并不代表着直接放弃方言，而是需

第九章　东北方言的文化艺术价值及发展

要在融合的基础之上实现共同发展，在表现思想感情和体验当地文化等各个方面，方言较之于普通话则更具有优势。当两个同乡人在自己家乡之外的某个地方见面或者相识时，两个人彼此认同的最直接、最可靠的基础之一便是乡音。所以有些海外华人只会讲某一种方言，却并没有学会说普通话，原因之一就是他们只会讲自己的家乡话，出国后什么都能够改掉，但是口音是根本改不掉的。所以这些方言都是连接自己与祖国之间的一种情感象征。

从当代主流媒体的发展角度入手，讨论东北方言的现状问题，可以得出：即使普通话在全国被普及，但是在主流媒体的推动下，本已逐渐没落的东北方言文化又慢慢地走进大众的视线，东北方言得以"重拾信心"。因此，尽管东北方言随着人员的流动和改变，会出现被"稀释"的情况，但其始终是在发展，所以并不会消失。

东北方言是东北人不可或缺的语言，东北方言较其他地区方言更接近现代普通话，较其他地区方言更容易被人理解，这也就是东北方言近年来能够广泛传播到全国各地的必要条件。东北方言的社会影响力也比较明显，同时社会覆盖面和应用率较高，因此东北方言的传承以及弘扬不容忽略。东北地区作为唯一一个完全打破了"十里不同音，百里不同俗"这一传统说法的地区，其文化——东北方言，它的形成与发展，其主要是由于受到了地理环境的影响。由于东北地区地处于东北平原，独特的地理环境和优势，使得东北地区能够拥有极大的地理和文化的包容性。正因为如此，东北方言拥有了另一方面，就是它受到了人文方面的影响。在过去的悠久历史长河中，东北方言在辽阔且平坦的地理环境的基础上，在与周边地区的经济贸易往来、人口的流动及其文化的交流等基础上发展得逐渐成熟且饱满。

方言是我国重要的文化代表之一，在长远发展以及成长过程之中经历了漫长的时间，对人类精神文明有重要的促进作用。在东北方言初成时，也是通过民族的融合、人员的流动，受外来文化的影响及地理环境的不同等因素逐渐形成我们现在所说的东北方言，因此，方言永远不会消失。

四、东北方言的传承和发展

（一）东北方言的传承之美

每种语言都是经过历史的洗礼一步步形成的，当然，在它形成的过程中，也会不断地传承，直到现在。东北方言也是在传承着以前的文化的精妙之处，在发展的过程中，不断保留着它自身的历史特色，推陈出新，历久弥新，从而发展成如今的东北方言，为人们所熟知。随着时间的推移，形成了东北地区独具一格的风土人情和地方特色，这里的语言也受到了历史中各个少数民族人民的熏陶，变得很有特色，这便是东北方言多元化相互融合的结晶。

（二）东北方言的发展之美

东北方言如今成为影响人们生活方式的语言之一，它以通俗易懂的词语、朗朗上口的音调以及独有的艺术美感给人们留下了深刻印象。从美学视角来讲，这是一种语言的美，能给观众带来共鸣，让东北当地人民对这种语言感到亲切，北方人民感到通俗易懂，而南方人民觉得这种语言别具特色，具有新鲜感。

东北方言在发展过程中，经过历史传承，并且经过时间的洗礼，再与普通话进行融合，有了一定的体系。在此过程中，也间接地对人们的思想变化产生了影响。人们通过语言这种实体，可以学习到其中蕴含的艺术气息，在潜移默化中接受了文化的熏陶，提升了自己的思想境界。

东北方言以其幽默的语言特色、通俗易懂的风格给人们的日常生活带来了很多趣味，人们可以从方言中体会到一个地区的文化底蕴和历史的厚重感，使得人们的娱乐生活丰富多彩。最直接的便是赵本山的娱乐小品，画面感极强，人物的对白均是东北方言。正是有了东北方言在日常生活中的熏陶，人们才能感受到文化之美带来的快乐。

第十章　东北方言认知心理透视

　　语言和思维的关系十分密切，这一点可以从惯用语中得到印证。依据惯用语表意双层性的特点，其语义不是构成成分字面意义的简单相加，而是通过此事物的表象同彼事物的寓意建立起合理的逻辑联系，形成完整的语义。生活在不同地域的人们，思维方式不同，认识事物的角度也不同，由此造成了不同地域存在不同的方言。在本章，笔者试图从东北方言惯用语中分析东北人的思维，包括积极心理与消极心理，以达到对东北人认知心理的宏观透视，进而更好地理解东北文化。

　　1. 天人合一的认知心理

　　天人合一是中国传统文化精神的核心，同时也沉淀为中国人深层文化心理结构。中国古代思想家反对将天人关系割裂，主张天人合一。天人合一就是天与人、天道与人道、天性与人性的和谐统一。这一认知心理同样也体现在东北方言惯用语中。

　　（1）与"神灵之天、命运之天"相关的东北方言惯用语

　　早期的天人合一的天是神灵之天、命运之天，天主宰人，人敬奉天。东北地区普遍信奉萨满教，萨满教将"宇宙分为三层，最上层为天界"，天界居住着天神阿布卡恩都里和日、月、星、辰等神祇，天神创造人类和万物，由此人们崇天、敬天，将天作为最高主宰。

　　惯用语"祭杆子"意指祭天。祭天的仪式神圣庄严，神杆长九尺，代表着九层天，神杆需人们从高山上精心挑选砍来，笔直挺拔。在祭天时，在神杆顶端涂满鲜血供天神享用，同时也要在顶部绑五谷杂粮和猪杂碎供奉神的侍从乌鸦和喜鹊。祭祀者需准备酒和五谷，以祈求天神赐一个丰收的秋季。从祭天的过程中不难看出，东北人对于天的敬重，在天面前，人渺小无力，不能抗拒天的意志，能否生存与收获，人将全部希望寄托于天。

天还是命运之天，上天不仅能决定人的生存，还决定人的命运。命是与生俱来的，好坏皆由天注定，例如，

"走马星"，形容人天生是东奔西走的命。

"小姐身子丫鬟命"，形容命运不佳。

"心强命不强"，指虽有愿望，却缺少机遇。

运气是随时变化的，人的一生会有顺境和逆境，顺境时就会"撞大运"，逆境时挫折、磨难接踵而至，像"走背字""犯小人""喝口凉水都塞牙缝"。

（2）与"道德之天"相关的东北方言惯用语

道德的终极源于天，上天赋予人道德本性，也以强大力量监视人的道德行为。"人在做，天在看"，符合天的意志，会得到福报，违背天赋予的道德准则，自会得到相应的惩罚。鉴于天对人道德行为的威慑作用，人时刻敬畏于天，不断完善仁、义、礼、智、信等道德观念。

礼是社会道德的规范，包括孝、慈、恭等具体内容，以孝为例，孝即尊老敬老，尊敬老人长辈是传统美德。东北方言惯用语中与老年人有关的都是年老体衰、好吃懒做的意思，即使是引申出的意义也具有贬义色彩的陈旧、过时之义。例如，

"老饭粒"，形容老年人爱吃饭。

"老干枣"，形容年老、干瘦的样子。

"老面豆"，形容人老没能耐。

"老眉咔哧眼"，形容人衰老不堪。

还有引申出的"老八板""老掉牙"等，这些都是从反面义来主张尊老敬老意识。

智代表智慧、见识。具有知识、学问及非凡见识的人受到大家敬仰和尊重，缺少真才实学之人就会让人鄙视和嘲讽。如：

"半瓶醋"，比喻某人对某种技术略知一二、技艺不高。

"二把刀"，比喻技术不高的人。

"菜包子"，比喻素质低的人。

"二百五"，形容做事傻气，不精明。

"二大喝"，比喻傻乎乎的人。

这些带有嘲讽义的惯用语间接表达人们对于智的向往和追求。

（3）与"自然之天"相关的东北方言惯用语

天人合一的天是指自然之天，天人合一是人与自然的和谐统一。东北地区具有地广人稀、沃土千里的优势，但纬度高，冬季寒冷漫长，气候条件恶劣。为了生存，东北人民不断地努力拼搏，不断地了解自然，尊重自然规律，顺应天时，做到春种、夏长、秋收、冬藏。如"晚三春"比喻已经来不及。农历正月称孟春，二月称仲春，三月称季春，三春是春种时间，错过三春，农作物无法成熟，影响秋收。晚三春就是告诫人们在适宜的时间播种，顺应天时。

与顺应天时相关的惯用语还有像"生摘糖瓜""天不留地不收""二八月庄稼人""强拧的瓜不甜"等。

有时，大自然也有变化无常、冷酷无情的一面，这需要人们充分发挥主观能动性，做好抵御灾险的准备，如"无水先别坝"。

惯用语里有很多用来喻人的自然界中的动物，人们熟知它们的不同特点和习性，这也是人与自然和谐共处的一种表现。如：

狼给人以贪婪、凶狠、狡诈的形象，像"白脸狼""狼崽子""装大尾巴狼"。

老虎是丛林之王，凶猛、强悍，如"把家虎""一山不容二虎"。

猴子具有聪明、性子急、黏人的特点，所以就有"猴主意""猴拉稀""翻脸猴""酸脸猴""快嘴猴""闹心猴"等喻人的惯用语。

2. 包容豁达的认知心理

包容豁达即宽容大度，心胸开阔，能容人容事，它是东北人积极认知心理的一种。具体表现为对外来人不欺生，对外来宗教不排斥，对本地区妇女贞洁观念的淡化和包容。

东北是一个移民社会，自清中期以来，大量山东、河南、河北等关内汉族人口多次向东北进发，他们到达东北后，没有受到东北人的孤立和为难，反而被接纳和帮助。外来人与东北原住民相互尊重学习，共同发展，和睦相处，在风俗习惯、语言等方面相互影响和渗透。

（1）与佛教、道教、基督教相关的东北方言惯用语

东北自古就是满族、蒙古族、朝鲜族、赫哲族、达斡尔族、鄂伦春族等少数

民族的聚居地，这些少数民族共同信奉萨满教，随着闯关东运动及俄罗斯、日本的入侵带来外来信仰，东北原住民与外来移民共同生活在一片土地上，移民把带来的宗教信仰在东北地区传播，在东北兴建了大大小小不计其数的中华传统佛寺、道观及俄式教堂与日本佛教建筑。具有代表性的佛寺有黑龙江省极乐寺、吉林省般若寺、辽宁省慈恩寺，最大的道观建筑是辽宁省的太清宫。"在哈尔滨，俄式教堂建筑更为突出，以道里的圣索菲亚大教堂和南岗大直街的修可鲍克罗夫教堂及阿列克谢耶夫教堂为代表，其外部造型典雅、新奇，具有欧洲巴洛克式、文艺复兴浪漫主义式等多种建筑风格。日本的宗教入侵发生在满铁正式建立前，包括净土真宗大谷派、曹洞宗、日莲宗等十几个宗教派别，共在满铁附属地建立67个宗教机构，其中长春吴淞路一条街上就建有近10座日本佛教建筑。"移民和东北土著居民将彼此的宗教信仰相互吸收和包容共处，在宗教格局上形成了以佛教、道教为主，萨满教及基督教兼容并存的局面。东北方言包含很多与宗教有关的惯用语。

与佛教有关的惯用语：

"烧高香""扯西游""没咒念""现世报""口头禅""开眼界""见阎王""活菩萨""母夜叉""上西天""摸阎王鼻""一个庙里的和尚""不看僧面看佛面""不见真佛不烧香"。

与道教有关的惯用语：

"鬼吹灯""鬼把戏""鬼眦牙""鬼打墙""鬼道眼""鬼点子""催命鬼""成气候""丧门神""夜游神""三千鬼画符""马王爷三只眼""能请神不能送神""龙磺气"（仙气，比喻道行）。

与基督教有关的惯用语：

"替罪羊""见上帝""吃禁果""抛橄榄枝""背十字架"。

（2）与"妇女贞洁淡化"相关的东北方言惯用语

小农经济是中国传统的经济模式，一直以来维系着男耕女织的生产方式，这种生产方式最大的特点是妇女被囚禁在家，很少出门抛头露面，加之三从四德、男尊女卑、烈女不从二夫等封建思想的束缚，使得妇女的地位尤为低下，所以她们对贞洁对舆论看得极为重要，从一而终、贞节牌坊是她们的信条。与之不同的是，东北自游牧社会、渔猎社会进入农业社会后，由于气候的原因，除极少区域外，不适宜耕种棉花，东北妇女同男人一样去田间耕种，野外放牧，所以东北妇女地位高，她们可以改嫁，例如，

"出一家，入一家"，指妇女改嫁。

"带葫芦"，指母亲改嫁时带来的孩子。

"带犊子"，指改嫁妇女带来的孩子。

对于东北妇女的改嫁，东北人以尊重、谅解和包容的心态对待。

中华人民共和国成立前，在东北还有一种特殊的现象是一女二夫，惯用语叫"拉帮套"，旧时男人体弱多病或家中人口众多，生活负担沉重，无法维系一家人的生活，需要找一个能帮助家庭渡难关的人，经夫妻双方同意，说和人作证，会招一位单身男人来到本家协助生活，谓之"拉帮套"。拉帮套的劳动力归女方所有，所生子女归拉帮套之人，在那个贫穷年代，单身男子有了媳妇，本家生活也有了改善，算是一件好事。拉帮套虽是陋习，但大家心里也是默许的，从中不难看出东北人对于妇女贞洁观念的淡化及对妇女在贫穷年代为了养家糊口不得已而为之的包容。

3.崇尚仁义的认知心理

东北人崇尚仁义，仁义即讲义气，乐助人，朋友有难时挺身相助，待人时倾其所有。对暗地整人、阿谀奉承、唯利是图、自私自利的不仁义行为，东北人是采取嗤之以鼻的态度对待。

崇尚仁义之风自古代就在广阔的东北大地盛行。鄂伦春人有一则民间故事，讲述一位猎人豢养一只山中狼仔，猎人朋友苦口婆心地劝说猎人为避免日后生祸杀掉狼崽却引来不满，两人遂有了隔阂。后猎人带着养大的狼和猎犬进入山中，一整天也没有收获猎物，饥饿至极的狼显示出了凶狠吃人的本性，正当猎人做牺牲的准备，他的朋友不顾危险来到猎人的身边，与忘恩负义的狼搏斗并杀之，救了猎人。从故事中可以看出，虽然两人因为狼而生分，但是朋友还是将猎人作为好兄弟，危险时刻仍不顾自身安危挺身相救，说明了仁义之风自古就在东北人心中深深扎根。

（1）与"讲求仁义"相关的东北方言惯用语

东北方言惯用语把乐助人、讲义气的仁义心理淋漓尽致地展现了出来。如表

达乐于助人、关怀人的有："破车好揽载"，东北农村多为土路，道路坑洼，人们出行多有不便，如果此时出现一辆车，车老板就会热情招呼行人坐上车，车虽破，但车老板尽量把在路上遇见的行人都拉上车捎一程。单从这一件小事上就可看出东北人的热心肠，虽然能力有限却是竭尽全力帮助人。

"可怜不识见"，形容十分可怜，值得同情怜悯。

"瓜子不饱暖人心"，指关怀他人，虽然给的东西不多，却让人倍感温暖。

东北人遇事不喜躲避、拖累他人，如：

"包葫芦头"，就是比喻由一人承担所有赔偿。

"买卖不成仁义在"，指不能因为事情协商不成而伤了交情。

"炒豆大家吃，砸锅一个人兜着"，意指有福同享，有难一个人担的仁义之举。

他们坚持原则，一视同仁，不怕得罪人，像"肉烂在锅里"形容好处没有超出大家的范围，都得到了；"一碗水端平"指公平待人；"唱黑脸"比喻不怕得罪人。

（2）与"违背仁义"相关的东北方言惯用语

以上皆从正面展示仁义心理，因惯用语反面义较多，有关阿谀奉承、唯利是图、暗地整人的不仁义之举皆可看作是东北人对仁义的崇尚和追求。

阿谀奉承指出于某种目的讨好、屈从、迎合他人的奸佞之为，对上谄媚至极，摆出一副奴才相，对下颐指气使，肆意欺人。如：

"发洋贱"，洋是洋气、洋人之意，犯贱程度严重到一定程度，堪比国际最先进的犯贱方式，它使犯贱者展露出以卑贱的态度讨好他人，受吹捧者因谄媚之语沉迷其中，难以自拔，为东北人民痛恨和不耻。

还有一心想和地位高之人结亲戚的"攀高枝"，显示出拼命巴结他人的媚态，再有像"吹喇叭""擦屁股""顺杆爬""捧臭脚""扯顺风旗""吃下眼食""啃脚后跟""打顺刷子"等低姿态奉承他人的行为，皆为不仁义之举。

君子爱财，取之有道，但总有一些人违背道德原则，摒弃仁义，公然做出唯利是图、自私自利之事。如：

"挖墙脚"，墙脚的下半部分被挖会导致整堵墙倒塌，后比喻为了获得利益最大化采用一些见不得人的方式从对方挖取相关人员技术，给对方造成巨大损失，自己获利。

"不打鱼，搅拢水"，在河边或江边打鱼，最怕有声响，鱼儿受惊则不会进入陷阱中，偏偏在最需要安静时出现使坏者，自己不想打鱼也不让别人安生，自私自利行为被人唾弃。

还有像"挖门子盗洞"，比喻为了达到目的不择手段；"吃黑食"比喻采取众多门路的、有好事、丰厚利益自己独占的；"躲清静"形容逃避责任。这些惯用语生动形象地将自私自利、唯利是图之人的面目展示出来。

上述两项行为虽说不是仁义之举，但也可被人们当面看穿，了解阿谀奉承、唯利是图之人奸佞嘴脸，日后小心提防即可。但古语讲"知人知面不知心"。还有一些人，专在背地里搞为人所不知的整人活动，更为不义。如与"栽赃、陷害他人"相关的惯用语"安膏药""泼汽水"，与"打击报复他人"相关的惯用语"穿小鞋""泼凉水"，表达"暗中使坏，阻挠某人，破坏某事"的惯用语"使绊子""下笊篱""抠沟子""藏奸心眼""半当腰插杠子"，与"暗地里打压他人"相关的惯用语"踩人肩膀头子""大口压小口"，皆从不同方面凸显了背地整人的不仁义之行为，为人所痛恨。

4. 追求和睦的认知心理

追求和睦是指追求个人与集体、个人与他人的融洽相处。具体表现在与集体相处时的团结一心，共同协作，与他人交往时遵循以和为贵，注重人情，言行有度的为人准则。

（1）与"团结一心，共同协作"相关的东北方言惯用语

东北人具有极强的群体意识和团队意识，从古代的捕鱼、打猎、采参到现代的成功创业、发展经济都是通力合作的结果。东北人很早就意识到个人的力量是有限的，而集体的力量却是无穷的道理。

如"拜把子"，旧时东北多以行业为载体，从事同一行业的人为了生存和更有战斗力，便结成同盟，共同协作，其行业的龙头老大被称为把头。像采参行业，约有三五人或五七人结伴入山。内部有具体分工，由把头、外棍、里棍、初把、端锅的组成，入山之后，按横字排开，每个成员间隔一棍长，棍棍相接。这个群体的终极目的是找到人参，所以齐心协力，统一步调和叫棍语言，一切听从团队

核心把头的指挥。

再如"拉大帮""拧成一股绳""齐下火龙关"表达对团结一心、共同协作观念的向往。还有个别的惯用语像"吵窝子""窝里斗"是用来比喻家庭内部斗争，"拔香头子"用来比喻结义兄弟翻脸，"狗咬狗，一嘴毛"指相互吵架，这些都是与"分裂斗争"意义相关，可认为是从反义角度展现出对团结协作观念的追求。

（2）与"注重人情"相关的东北方言惯用语

东北是一个人情社会，人情就如一张巨网笼罩在人们头上，不论是红白喜事、上梁乔迁，还是结婚生子、过寿升学，大事小事都要有亲戚、邻居、同事、同学、战友等出席参与，以东北人的话概括就是，"有钱的捧个钱场，没钱的捧个人场"，一切都是图个热闹的场面。在外人眼中，东北的人情味过重，礼尚往来过于频繁，可东北人自己知道，人情是与他人和睦相处的桥梁。

"凑份子"指即使手头紧，即使借钱，也要把礼钱凑齐，这不关乎死要面子，而是关乎人情。

"随份子"意指随人情、花钱，份子的多少随关系亲疏而定，份子钱花出去不用担心，日后定会被加倍奉还。

"不落过"指在礼尚往来方面不疏忽，东北人最忌讳对人情的无视，大家共同生活在一片天空下，难保有天灾人祸，人情的积累正是日后遇到不测的安全保障。

日常生活里，人与人相处时难免会有纠纷和矛盾，大事化小、小事化了是以和为贵最好的解决方案，此时，人情就发挥了至关重要的作用。如：

"拉关系"用来形容与关系疏远的人增进情感，密切联系。

"托人弄"意指求人办事，虽是出于私心，但有时依靠他人的力量和关系能够和平解决矛盾和纠纷，避免走向极端。

还有像"套近乎""买关节"等，它们所表达的内容与提倡廉洁的现今社会早已不相符合，姑且可以看作是东北人为了与他人和睦共处、避免关系僵化所做出的相应努力。

（3）与"言行有度"相关的东北方言惯用语

东北人给外人的印象是行为举止粗犷，谈吐直率坦诚，这不代表东北人说话做事时不经大脑，他们的言行总是留有分寸的。他们深谙与他人保持深厚情感之道，即切勿搬弄是非，言语刻薄。众所周知，东北人有猫冬的习俗，为打发无聊的漫长冬日，总是自发地去街坊邻居串门溜达、打发时光，人多的地方是非就多，你一句我一句，时间久了难免会有闲言碎语传出，对邻里朋友关系有潜在威胁。

如"扯老婆舌"比喻背后议论人，爱传闲话，爱搬弄是非，对邻里朋友的和谐关系具有相当大的破坏力。还有像"闪舌头""胡嘟嘟""赖大玄""乱呛汤""编瞎话""唱王大娘""闭着眼睛说胡话""串门子数扁担""东家长西家短"都与"搬弄是非、胡编乱造"相关。

好言一句三冬暖，恶语伤人六月寒。言语刻薄也是一把伤人于无形之利剑。如"吃枪药""疵缨子""三七嗑""粘苞米嗑""冲肺管子""舌头淹死人"等是与"言语刻薄"意思相关的惯用语。

搬弄是非和言语刻薄皆与言行有度相悖，因惯用语的贬义色彩，可认为是东北人用贬义惯用语提醒自己和他人说话做事留分寸，为个人与集体、个人和他人的融洽相处提供条件。

5. 稳中求实的认知心理

稳中求实指不投机不冒进，脚踏实地，以平稳的心态一步一个脚印地求得经济社会的发展。东北人重视农业，辛苦劳作，踏实肯干，是大家有目共睹的。

（1）与"重视农业"相关的东北方言惯用语

农业是国民经济的基础，是人类生存之根本，社会的发展与生产都需要农业做支撑，工业和第三产业的发展也不离开农业作为坚强的后盾。东北自游牧、渔猎社会进入农耕社会之后，先民同残酷恶劣的气候作斗争，在广袤肥沃的黑土地上播种适宜的农作物满足自身生产生活。中华人民共和国成立后，更是在茫茫荒原开垦荒地，建设农场，保证全国粮食供给。随着国家对东南沿海的开发与扶持，曾经辉煌的东北日渐衰落，面对此种情况，东北人不冒进不急躁，稳中求实，继续重视农业，将东北打造成全国最大的商品粮基地，为日后经济再一次腾飞打下良好基础。

在东北方言惯用语中，最常见的植物就是农作物，如玉米、荞麦、水稻，是典型的粮食作物，像"乱掺苞米""苞米瓢子嗑""造一脸苞米面子""串荞麦皮""捞稻草"等；再如萝卜、茄子、黄瓜、土豆、冬瓜、柿子是东北人饭桌上常见的蔬菜，是典型的蔬菜作物，像"瘪茄子""扒茄子""茄子色""面土豆""软柿子""拔出萝卜带着泥""咸吃萝卜淡操心""指冬瓜骂葫芦""黄瓜茄子搅一起"等。

除农作物之外，与动物相关的家禽家畜类惯用语也占有一定比重，如鸡、鸭、鹅，是家禽的代表；像"抱窝鸡""铁公鸡""落蛋鸡""公鸭嗓""鸡飞狗跳墙""鸡争鹅斗"等；牛、马、驴、猪、狗、猫是典型的家畜。如：

猫："老猫肉""猫洗脸""猫一天，狗一天"。

牛："老黄牛""孺子牛""牛犊子""牛鼻子""憋死牛"。

马："望山跑死马""人老奸，马老滑""赶马说马、赶驴说驴"。

猪："好猪头""猪耳朵""猪脑袋""猪腰子""老母猪打圈"。

驴："被驴踢""顺毛驴""驴肝肺""倒驴不倒架""好心当成驴下水""驴唇不对马嘴""磨道驴听喝"。

狗："狗咬狗""哈巴狗""狗打连环""傻狗不识臭""狗眼看人低""癞狗扶不上墙""狗肚子里装不下二两香油""狗坐轿子不识抬举"。

以上所列举的农作物是人们赖以生存的重要保障，作物把人与土地牢牢拴在一起，给人以踏实稳重的心态，家禽家畜也是农耕社会中人们经常饲养的，体现了小农经济特有的生产方式。东北人把与农业相关的作物和家禽家畜融入惯用语中，反映出了对农业的重视。

（2）与"踏实肯干"相关的东北方言惯用语

稳中求实心理的另一个表现是脚踏实地、踏实肯干。新中国成立之后，东北成为全国最大的商品粮基地，仅吉林省榆树市所收获的粮食就足够全国人民吃一个月。东北也是最大的重工业基地，新中国的第一辆轿车、第一辆卡车都是从这里生产的。这里还有新中国最重要的油田大庆油田、重要的钢铁生产基地鞍钢。通过四通八达的铁路网，将粮食、石油、木材、汽车等源源不断地输送到祖国各地，支援建设。这些辉煌的成就都离不开东北人踏实肯干的心态。

如"起五更，爬半夜""披星星，戴月亮"都是形容贪黑起早，非常辛苦。东北人不怕苦不怕累，不埋怨不抱怨，凭着脚踏实地的心态，建成了大油田，筑出了大粮仓。再有像"摸着石头过河"比喻办事谨慎小心，边实干边摸索经验。新中国成立时，在那个一穷二白技术有限的年代，东北人克服困难，踏实肯干，生产出了第一辆解放牌汽车。

当然，还有像"坐香油""吃等食""磨洋工""吃闲饭""吃粮不管穿"与"坐享其成，好吃懒做"相关的贬义惯用语，时刻告诫人们要脚踏实地、吃苦肯干。

6. 粗犷率直的认知心理

粗犷率直的认知心理是指东北人的粗率豪放、真率爽直的心理，很多外来人喜欢与东北人做朋友的原因正是他们处世时的率性而为，说话时的直来直去。

（1）与"粗犷豪放"相关的东北方言惯用语

白山黑水，山高林密，河流交错，冬季漫长酷寒，夏季短促炎热，白雪与黑土形成的强烈鲜明的自然反差，渗透进人们身体，造就了粗犷豪放的心理。

如"指着造"形容吃相粗犷，东北人在吃饭的时候没有南方人的斯文和讲究，指袖子，拿筷子，对着美食，尽情享用，边吃边高谈阔论，大到国家时政，小至邻里鸡毛蒜皮之事，一顿饭的工夫定会让你收获良多。在东北的饭桌上吃饭，千万不要扭捏作态，不拘小节、放开吃喝是对主人的尊敬。

谈到吃饭，必然离不开喝酒。据《三朝北盟会编》记载："至食罢，众客方请主人就座。酒行无算，醉倒及逃归则已。"以此描述了东北人自古即喜欢喝酒。东北人爱喝酒，且喜豪饮，不论男女老少，酒量都大得惊人。先用盅，再用杯，用完小碗对瓶吹是豪饮的真实写照。

想要得到东北人的认同，首先要拿出诚意，尽最大能力，抱着喝醉的打算。感情深，一口闷。只要敢喝，敢于豁出去，东北人就认定这是一个实在人，日后可成为朋友。当然，如若滴酒不沾或喝一星半点，则是虚伪、不真诚的表现，东北人断不会与之做朋友，更不要奢望遇到困难时会得到他们的帮助。酒不仅是御寒、交朋友的纽带，也是加深彼此感情的桥梁，像"酒后话真情"。日常生活中，人与人之间难免会有误会和小矛盾，此时喝酒就发挥了至关重要的作用，在酒精作用下，敞开心扉，矛盾也就迎刃而解，这也看出东北人率性豪放的处事方式。

上面所列举的与酒有关的惯用语大部分是贬义，大家心中定会有疑问，既然东北人爱酒，为什么还要如此戏谑酒呢？此处就像东北人喜与朋友说脏话一样，与朋友关系越好，脏话越多，同样，东北人与酒经常打交道，因为过于亲密，所以才会打趣酒，也是一种粗犷豪放、率性而为的态度。

（2）与"真率爽直"相关的东北方言惯用语

在有些人眼中，东北人总是带有"另类"标签，缺少圆滑头脑，做事直截了当，说话直言不讳。

如"开口见喉咙"，形容说话爽直。东北人待人完全凭感情。如果他们欣赏某人，认定某人做朋友，就会"掏心窝子"般对待。相反，如果厌烦某人，那真是"掐半拉眼珠子都看不上"。因为率直的个性，在东北，吞吞吐吐、转弯抹角与雷厉风行、开门见山相比，必然败于下风。

再如"出马一条枪"，形容性子直，做事欠思考。"嘎嘣脆"形容说话办事干脆、爽快。东北人在处事上是一竿子捅到底，对自己看不惯的事情总要发泄一下。轻者也就是"咂舌头"，从嘴里发出啧的声音，再严重些，面部表情十分丰富，如"筋鼻子瞪眼睛"用来表达不满，更严重些就会毫不客气地指出对事情哪些方面不满意，如"屎不赌屁户门子不拉"是形容事情做得慢，"连汤水不涝"比喻办事啰里啰唆，理不出个头绪来。

总之，东北人的粗犷率直不仅不让人讨厌，反而让人觉得他们真诚、热情又朴实，因此许多人都喜欢与东北人做朋友。

积极认知心理折射出了上文所阐述的众多东北文化，如粗犷率直心理就是植根于以粗线条为特点的东北饮食文化中形成的，厚重笨拙的服饰文化及简单加工就地取材的居住文化对东北人崇尚自然、求稳求实的心理形成有一定的影响。追求和睦、崇尚仁义、天人合一等认知心理来源于以和为主的制度文化。像反对地主压迫、向往平等的政治制度及家本位观念的家族制度是人们追求和睦和谐的心理来源。

参考文献

[1] 王洪杰,原永海.论东北方言谚语的地域文化特征及其精神价值[J].通化师范学院学报,2022,43(9):13-18.

[2] 聂鸿英.东北方言名词略析[J].延边大学学报:社会科学版,2015(4):109-114.

[3] 欧阳国亮,孟乐.东北官话方言本字考释续[J].辽宁工业大学学报:社会科学版,2021,23(2):54-57.

[4] 蒋维,汪启明.接触语言学视角下的东北方志方言研究[J].楚雄师范学院学报,2022,37(6):79-85.

[5] 吴昌昊.东北方言动作动词"秃噜"探析[J].齐齐哈尔大学学报:哲学社会科学版,2023(1):100-102.

[6] 张瑶.东北方言四音节词的韵律特征研究[J].今古文创,2021(6):109-110.

[7] 张宏霞,王艾宇,杨金波,等.浅谈东北方言歇后语辞格运用[J].2021(7):339.

[8] 郑义香,李圣贤.中国东北方言韩国语学习者单元音产出实验研究[J].韩国语教学与研究,2021(1):4-15.

[9] 徐杨.地域文化视角下的方言探究与保护——以东北方言为例[J].大陆桥视野,2022(7):57-59.

[10] 李光杰.近百年来汉语东北方言词汇研究述评[J].辽宁大学学报:哲学社会科学版,2015(1):125-130.

[11] 方勇.东北方言语义探源研究三则[J].鲁东大学学报:哲学社会科学版,2022,39(2):81-84.

[12] 李玉明.东北地域文化与东北方言的关系分析[J].戏剧之家,2015(11):

259-259.

[13] 杨云惠，杨付辉．滇东北次方言老苗文与苗文谱的田野调查与研究（下）[J]．内蒙古大学艺术学院学报，2021，18（4）：10-17.

[14] 付常玉．东北方言中重叠形式的分析与研究 [J]．辽宁经济职业技术学院学报．辽宁经济管理干部学院，2021（3）：3.DOI：10.3969/j.issn.1672-5646.2021.03.018.

[15] 杨丽娟，杨娜．东北方言网络表情动态造型创作手法探究 [J]．参花，2021（9）：45-46.

[16] 孙玉龙，范立君．东北方言的文化艺术价值及其应用研究——评《东北方言与文化》[J]．领导科学，2021（2）：128-128.

[17] 洪志涛，张绍波．东北三省朝鲜族方言分布特点初探 [J]．文化创新比较研究，2022，6（5）：49-54.

[18] 武业沛，李光杰．清末民初东北移民对东北方言形成的影响 [J]．长春师范大学学报，2022，41（7）：67-70.

[19] 董晓奎．编派 扯老婆舌 有多少方言出自"她"的日常生活 [J]．东北之窗，2023（2）：76-77.

[20] 尹丽红．浅析东北方言的语音 [J]．黑河教育，2022（6）：23-24.

[21] 董晓奎，杨峻一图．"老铁""奇匠"直播间有多少东北话值得细品 [J]．东北之窗，2022（12）：72-73.

[22] 董晓奎．嘚瑟，忽悠，咋呼 东北方言里的"福海二哥们" [J]．东北之窗，2022（9）：70-71.

[23] 霍焱．说东北方言"拉倒" [J]．佳木斯大学社会科学学报，2022，40（2）：151-153.

[24] 欧阳国亮．民国以来东北方言中濒危词语汇释——兼论濒危词语的调查收集 [J]．现代语文，2022（7）：24-29.

[25] 尤昕然．主观性视角下东北方言副词"老"的语义研究 [J]．汉字文化，2022（6）：21-23.